SOCIÉTÉ
DES
ANCIENS TEXTES FRANÇAIS

ŒUVRES POÉTIQUES
DE
BEAUMANOIR

II

Le Puy, typographie de Marchessou fils, boulevard Saint-Laurent, 23

OEUVRES POÉTIQUES

DE

PHILIPPE DE REMI
SIRE DE BEAUMANOIR

PUBLIÉES

PAR

Hermann SUCHIER

TOME II

PARIS
LIBRAIRIE DE FIRMIN DIDOT ET Cⁱᵉ
56, RUE JACOB, 56

M DCCC LXXXV

Publication proposée à la Société le 25 janvier 1882.
Approuvée par le Conseil le 22 février 1882, sur le rapport d'une commission composée de MM. Meyer, Paris et Raynaud.

Commissaire responsable :
M. G. PARIS.

JEHAN ET BLONDE

JEHAN ET BLONDE

J̲E retrai qu'il avient a maint : *(f. 57 a)*
  Qui honeur cace honeur ataint,
  Et ki a peu bee a peu vient.
De ce retraire me souvient
5   Pour aucune gent si preceuse
  Qu'au mont ne sevent fors d'oiseuse
  Ne ne beent a monter point
  N'aus alever de povre point.
Tex hom demeure a son hostel
10   Qui a grant paines a du sel,
  Que, s'il aloit en autre tere,
  Il savroit assés pour aquerre
  Honneur et amis et richece.
Et ki ce pert par sa perece,
15   Il en doit estre mains prisiés
  Et des preudommes desprisiés.
Vous avés maint homme veü,
S'il ne se fuissent esmeü

---

5 preceuse *M*] pereceuse

Hors de leur lieu, que ja ne fussent
Si honeré ne tant n'eüssent
De sens, de richesse, d'avoir;
Car cascuns moustre son savoir
Miex en autre païs qu'el sien
Et plus tost en vient a grant bien.
Quant povres jentiex hom demeure
En son païs une seule heure,
On li devroit les iex crever;
Car il ne fait fors que grever
Lui et tous ses parens qui l'aiment,
Et li autre caitif le claiment   *(f. 57 ᵇ).*
Et eskieuent sa compaignie.
Li hom qui demeure en tel vie
Est d'oneur aquerre precheus
Et chaitis et maleüreus.
Ou pour s'ame sauver se rende,
Ou a honeur conquerre entende!
S'il dist « Je ne sai u aler »,
De chou le doit on mout blasmer;
Car cascun jor ot on retraire
C'on a de bone gent afaire
Outre mer ou en le Mouree
Ou en mainte estrange contree.
Icist dont je ce conte fas
Si preceus estre ne vost pas,
Ains ala en estrange terre
Pour preu et pour honnour conquerre.
Honeur cacha, a honeur vint.
Or vous dirai comment ch'avint.

Il qt un chevalier en France,
Qui ot esté de grant vaillance

---

19 fuissent — 32 hōm

Tant comme il les armes maintint;
Mais par aage ki li vint
Fu a son ostel demourés.
De ses voisins fu honerés
55 Par le bon ostel qu'il tenoit.
Mout bonne dame a fame avoit,
Dont il eut enfans dusk'a sis :
Deus filles et quatre fix vis.
Tere avoit bien cinc cens livrees,
60 Se toutes fuissent delivrees
De detes et d'assenemens.
En sa joneche a fait despens
Pour les tournois k'il maintenoit,
Dont or volentiers s'aquitoit.
65 Sa tere estoit a Dantmartin,
Illuec estoit soir et matin.
Ses ainsnés fiex ot non Jehans,
Sages, courtois et biaus et grans;
Son eage a vint ans puis prendre.
70 Cil Jehans vaut a honour tendre.   (f. 57 ²)
Sa mere que envillir voit
Et son pere qui mout devoit,
Ses sereurs, ses freres aussi,
Voit que tuit sont avoeques li.
75 Un jour pensa que son tans pert;
Assés ert ki son pere sert
Sans lui, si li vint en talent,
Com cil qui n'eut pas le cuer lent,
80 Qu'il s'en iroit en Engletere.
Ne veut pas despendre la tere
Que ses peres tient folement,
Ains conquerra, s'il puet, plus grant.

Ainsi comme il pensa le fist.
Son pere et a sa mere dist

85 L'emprise que il voloit faire.
Onques ne l'en porent retraire
Pour riens qu'il li seüssent dire,
Dont il eurent al cuer grant ire.
Jehans a tant son oirre atorne,
90 Il li samble que trop sejorne.
Un cheval sans plus, bien portant,
Et vint livres tant seulement,
Et un garchon qui le siura :
Tant sans plus mener en volra.
95 S'il volsist, plus eüst assés,
Mais il dist que trop est d'assés.
Puis a parlé a ses amis
Et a a aus tous congié pris.
Ses freres, ses sereurs baisa,
100 Qui il pour lui plourant laissa.
A tant s'en part o son varlet,
Que on apeloit Robinet.
Sa mere et son pere a laissiés
Plourant et de courous plaissiés,
105 Et il de son païs s'eslonge,
Com cil qui le repos ne songe.
Ne fina ains vint a Bouloigne.
Illuec pourcacha sa besoigne
Tant que il eut quis un vaissel,
110 Sur coi il passa le ruissel. *(f. 57 d)*
En une nef as marceans
Arriva au Douvre Jehans.
C'une nuit n'i vaut sejorner,
Ains fu montés a l'ajourner.
115 Vers Londres son chemin akeut,
Car c'est la vile u aler veut.

92 l *(abréviation de* livres*) a été ajouté plus tard d'une autre main —* 99 baissa

Un jour, si comme il ceminoit,
Ataint un conte ki venoit
De besoignier devers la mer
120 Et devoit a Londres aler,
Ou ert d'Englès li parlemens.
A sa maisnie enquist Jehans
Qui il ert, et il li conterent,
La verité n'i oublièrent,
125 Que c'ert li quens d'Osenefort,
D'un riche castel bel et fort.
Et quant Jehans l'a entendu,
A lui vient, plus n'a atendu :
En son Franchois l'a salué,
130 Et li quens n'i a delué
(Que le Franchois seut bien entendre,
En France eut esté pour aprendre),
Ains le bienviegne, et li enquiert
Quant il de France partis s'iert,
135 Et quel besoigne est venus querre
Pour coi il parti de sa terre.
Jehans li dist : « Sire, pour voir,
« De moi vous conterai le voir.
« Je sui uns povres jentiex hom
140 « Qui n'a nul maistre se Diu non,
« Si passai la mer pour savoir
« Se je poroie un maistre avoir
« Qui le mien service apreïst,
« Et ki selonc chou me feïst
145 « Que il verroit en mon servise. »
« Par foi, ce vous vient de franchise, »
Fait li quens, « que maistre querés!
« Se il vous plaist, a moi serés,

125 du senefort

«　Mes escuiers de mon hostel. »
150 «　Grans mercis, sire, ne voel el.　　　　(f. 58 a)
«　Mout me faites grant courtoisie
«　Qui me retenés de maisnie. »
«　Comment avés non, biaus amis? »
«　Sire, Jehans me fu nons mis. »
155 «　Jehan, » dist li quens, « amis ciers,
«　Je vous retieng mout volentiers
«　Des maintenant comme escuier. »
Jehans l'en prist a merciier.

Ensi fu Jehans retenus,
160 Et il s'est si biau maintenus
Qu'anchois que a Londres venissent
Tuit si compaignon le chierissent.
A Londres vinrent un mardi.
Un hostel bel et bien garni
165 Eurent, u li quens sejorna
Tant ke li parlemens dura.
Li quens menga avoec le roi,
Et Jehans servi devant soi,
Qui mout bel acointier se sot ;
170 Ne se fist pas tenir pour sot.
De servir devant grant segnour
Ne trouvast on servant millor,
Plus courtois ne plus avenant
N'en toutes coses miex servant.
175 Quant li parlemens departis
Fu, si s'en est li quens partis
Pour aler vers Osenefort.
A grant joie et a grant deport
Cevaucierent tant qu'il i vinrent,
180 Duskes la petit sejor tinrent.

174 miex] plus — 175 Quan

La contesse bel les rechut,
Qui son segnour ama et crut.
Et li quens si li a conté
Le sens, la valour, la bonté
185 De Jehan, son servant nouvel.
La dame l'ot, mout l'en est bel,
Et dist : « Sire, se il est tex
« Que vous dites, si m'aït Dex,
« Requerre et priier vous vaurroie
190 « Que a vostre fille et la moie   *(f. 58 b)*
« Le meïssiés pour li servir,
« Se il li venoit a plaisir.
« Car nous dui n'avons plus d'enfans,
« Et s'est des ore mais bien tans
195 « Qu'ele ait o li un escuier
« Qui sache devant li trenchier. »
« Certes, dame, » respont li quens,
« Cis consax me sanle mout boens.
« Se il li plaist qu'il i voelle estre,
200 « Miex m'en embelira son estre ;
« Et je le savrai en peu d'eure. »
Adont apele sans demeure
Jehan, qui n'estoit mie loing,
Car il n'avoit pensé ne soing
205 Fors a son signor pres siuir
Pour sa volenté poursieuir.
Quant il l'ot, cele part ala.
Et li quens adont l'aparla
De chou qu'il orent devisé.
210 « Jehan, » dist il, « entravisé
« Nous sommes, la contesse et moi,
« Que, s'il vous plaist, priier vous doi
« Que vous a ma fille soiiés.
« Et sachiés, se vous emploiiés

190 Que a] Qua — 196 sage — 202 Dont

« Vostre sens en li bien servir,
« Mon gre en poriés desservir,
« Ensement le gre la contesse.
« Mais or n'aiiés al cuer destrece
« De faire chou que je vous di,
« Car pour vostre preu le vous pri. »

« Sire, » Jehans a respondu,
« Vostre gre ai bien entendu :
« De faire vostre volenté
« Ves moi prest et entalenté,
« Et mout me plaist et bien me haite,
« Que mout grant honeur m'avés faite
« Sans plus de la requeste faire.
« Or me doinst Dix service faire
« De coi je puisse avoir vos gres. »
Dist la dame : « Bien dit avés. » *(f. 58 c)*
Et li quens forment l'en mercie,
Et de li bien servir li prie.
Puis l'ont mené devant leur fille,
Qui nature mie n'aville,
Et li diënt qu'a escuier
Li voelent ce Franchois baillier.
La damoisele bien l'ottroie
Et mout en a au cuer grant joie.
Or a Jehans en itel guise
Cangié son premerain servise.
A tant furent les tables mises
Et dessus les hestols assises;
Si s'assist li quens premerains
Et puis li autre qui ains ains,
Et Jehans servi de trencier
Sa damoisele au cors legier.

La damoisele ot a non Blonde;
Ce fu bien drois : qu'en tout le monde
Ne porta fame si bel chief.
250 Or ne vous soit d'escouter grief,
Se je de li un poi paroil.
Il samble que tout si chevoil
Soient de fin or reluisant,
Et si lonc sont qu'en deduisant
255 Li vont deus tours entor la teste.
Bien devroient mener grant feste
Les oreilles qui ce soustienent!
Si font eles, qu'eles se tienent
De li servir apparillies,
260 Beles et blances et delies.
Après de son front vous renonce   *(f. 58 ᵈ)*
Qu'il est blans, onnis et sans fronce.
Desous le front sont si sorcil
Brunet et estroit et soutil.
265 D'entre les sorcix a compas
Muet ses nes, trop haut ne trop bas,
N'est pas camuse ne bekue,
De che l'a ses nes desfendue;
Par entre ses biaus ex descent
270 Dusk'a son droit avenanment.
Et de ses iex que vous diroie?
Trop de mon tans i meteroie
Se tout voloie deviser
Chou que on i puet aviser.
275 Il sont vair et cler et luisant
Et plain d'un regart atraiant,
Si soutil et si engigneus
Qu'il n'est nus, tant fust malineus,
Santés ne li fust revenue
280 S'il apercevoit sa veüe.

Après tex ex avoit la fache,
Qui sa biauté mie n'esface,
Plus vermelle que nule rose;
Et en sa vermillece close
285 Avoit une couleur plus blance
Que n'est la noif deseur la brance,
Quant ele est nouvele cheüe.
Si soutilment entrabatue
S'est l'une couleurs dedens l'autre
290 Que on ne set de l'une a l'autre
La quele a la millour partie.
Ingalment a Dix departie
La face al blanc et al vermeil.
De sa bouce me resmerveil,
295 Se Dix meïsmes ne la fist,
Comment nature s'entremist
De nule tel cose pourtraire.
Mout fu sages qui la sot faire,
Car ele est petite a compas.
300 Ses deus levretes ne sont pas
Tenves, mais par raison grossetes *(f. 59 ª)*
Et plus que graine vermilletes.
Quant ele les oevre un petit
Au mengier u quant ele rit
305 U quant il li plaist a parler,
Si puet on parmi esgarder
Uns petis dens qui s'entretienent
Et si d'un acort s'entrevienent
Que li uns l'autre point ne passe,
310 Et la coulors d'aus argent passe.
Quant ele dist aucune cose
Par quoi sa bouchete est desclose,
De s'alaine ist si douce odeur
Que de bosme ne vient grigneur :

292 = *M*] Aingalment — 301 Tenuenes

315 Ja mais nul courous cil n'avroit
     Qui une fois le baiseroit.
     Desous sa bouce a un menton,
     Onques si bel ne vit nus hom,
     Un peu fourcié, et est plus blans
320 Que li solaus en esté tans.
     Gorge ot bele et bien agensie,
     Que Dix meïsmes l'ot taillie,
     Tenre et blance, longue, crassete :
     Ains mais ne fu tel gorge faite.
325 Ne quidiés que vaine ne os
     I perent ; ja n'ierent si os !
     Qui de bien pres l'esgarderoit
     Quant ele vin rouge buvroit,
     On l'i verroit bien avaler
330 Et parmi la gorge couler.
     Le col dusk'as chevex derriere
     A tout d'aussi faite maniere
     Comme sa gorge par devant.
     De son cors mie ne me vant
335 Que tout le puisse deviser ;
     Mais chou que j'en puis aviser
     Vous retrairai ge volentiers ;
     Car nus ne doit estre laniers
     De loër bone femme et bele.
340 Li bras de cele damoisele
     Estoient lonc et bien assis.   *(f. 59 ^{b})*
     Si beles mains comme a devis
     Avoit, et mervelles biaus dois
     Longuès et deliés et drois.
345 Graille ert par costés et par flans,
     Vous l'enclosissiés en deus gans.
     Plus largete est parmi le pis,
     N'en valoit pas sa biauté pis,

---

323 classete — 326 nerent — 331 duska — 348 uoloit

Des mameletes qui li poignent,
350 La cote un petit li aloignent,
Dont ele li est miex seans;
Duretes furent, de prin tans.
Longue fu et droite et greslete,
De piés et de gambes bien faite.
355 Ne fu trop crasse ne trop maigre,
Ne de folement parler aigre.
Que dis et uit ans n'ot d'eage.
Un peu paroit a son langage
Que ne fu pas nee a Pontoise.
360 Si fu sage, simple et courtoise
Que nus qui au main la veïst,
Le jour puis ne li meskeïst
Se ne fust sans plus par pensee :
Tel vertu li ot Dix donee.
365 A tel maistre est Jehans remés.
Or se gart qu'il n'en ait grietés !
Certes, je cuich que non fera ;
Ja si bien ne s'i gardera
Qu'il n'en ait assés a souffrir,
370 Tant com ses cuers porra souffrir.

Tant et plus bele que ne conte
Fu Blonde, la fille le conte.
Au mengier siet, Jehans la sert,
Qui le cors a gent et apert.
375 Mout se paine de biau servir
Pour le gre de tous desservir.
Ne sert pas sa dame sans plus,
Mais cha et la et sus et jus,
Chevaliers, dames, escuiers,

355 = L] grop cr; = L] magre — 357 nauoit d'age — 358 *paroit* — 376 = L] desseuir — 379 Ch'r

380 Vallès, garchons et messagiers,
Et cascun veut faire son gre; *(f. 59 ͨ)*
Ainsi conquiert de tous le gre.
Il set mout bien espiier l'eure
Que il chascun serve et honeure
385 En tel point que ja pis servie
N'en iert Blonde la bien taillie.
Après mangier levent leur mains,
Puis s'en vont juër qui ains ains,
Ou en forès ou en rivieres,
390 Ou en deduis d'autres manieres.
Jehans au quel que il veut va,
Et quant il reveut souvent va
Jouer es chambres la contesse
O les dames, qui en destrece
395 Le tienent d'aprendre Franchois.
Et il fait et dist com courtois
Quanqu'eles li voelent priier,
Com cil qui bien s'en seut aidier.
De jus de cambres seut assés,
400 D'eschès, de tables et de des,
Dont il sa damoisele esbat,
Souvent li dist eschek et mat.
De maint jeu a juër l'aprist,
Et en milleur Franchois le mist
405 Qu'ele n'estoit quant a li vint,
Par quoi ele mout chier le tint.
Car il met son pooir de faire
Quanqu'il cuide qu'il li puist plaire.
Un peu de tans fu mout a aise,
410 Qu'avis li est c'a chascun plaise
Chou qu'il fait, qu'il dit et qu'il veut.
Mais pour chou pas en lui ne keut
Desdaing n'orguel, il n'en a cure;

386 ert — 411 dist — 413 orguel

Mais en mix servir met sa cure,
415 Si que neïs as enviëus,
Qui sont felon et aniëus,
Tolt il par son sens le parler,
Que il ne le puissent blasmer.
Se lontans tel vie menast,
420 Ses afaires mout bien alast ;
Mais amours li mua son siege, *(f. 59 ᵈ)*
Plus court le tint que leu a piege.
Onques n'en souffri tant Tristans,
Comme il fist en un peu de tans.

425 Un jour seoit Blonde au mengier.
Jehans dut devant li trenchier
Comme avoit eü a coustume.
Mais tex cuidè salir qui tume !
Par aventure sa veüe
430 Jete a celi qu'il ot veüe
Passé ot dis et uit semaines ;
Mais onques mais a si grant paines
Ses ex arriere ne saca,
Car par force a li les sacha
435 La grant biauté sa damoisele.
Tant entendi a tel querele
Que le trenchier en oublia
Si longuement qu'ele li a
Dit : « Jehan, trenchiés ! Vous pensés ! »
440 Adont s'est Jehans repensés,
Si trence, et fu mout abaubis
Des mos qu'ele li avoit dis.
Car onques mais de servement
Ne li convint faire commant,
445 Si se mervelle dont ce vint

415 que *manque* — 425 Un *L*] U — 427 Comme il — 434 Ca

C'or endroit ensi li avint.
Ses ex puis ce mot reposa,
Que plus regarder ne l'osa
Tant comme dura cis mengiers.
450 Si l'esgardast il volentiers
Plus que il ne fist onques mais,
Car il est de l'arc d'amours trais;
Caüs est en tel desirier
Dont il eut maint grant encombrier.

455 Cel jour puis ne la regarda,
Dusk'a l'endemain s'en garda
Qu'ele fu au disner assise.
Adonc ra Jehans paine mise
A li servir si comme il seut.
460 Mais li desirs dont il se deut
Li fait jeter les ex a cele,   *(f. 60 a)*
Dont il esprent de l'estincele.
Si ententiument le regarde
Que de riens ne se donne garde
465 Fors sans plus de li esgarder.
La seut il son sens mal garder,
Car par cel fol regardement
Dut morir sans recouvrement.
Du regart en tel penser vint
470 Que de trencier ne li souvint.
Blonde, qui si le voit penser,
De cel penser le veut tenser,
Si li dist que il trence tost,
Mais il ne l'entent pas si tost.
475 Puis li redist : « Jehan, trenchiés!
« Dormés vous chi, ou vous songiés?
« S'il vous plaist, donés m'a mengier,

---

451 onq' — 472 el — 473 trence] pense

« Ne ne voelliés or plus songier. »
A cel mot Jehans l'entendi,
480 S'est tressalis tout autressi
Com cil qui en soursaut s'esveille.
De s'aventure s'esmervelle.
Tous abaubis tint son coutel,
Et quida trenchier bien et bel;
485 Mais de penser est si destrois
Que il s'est trenciés en deus dois;
Li sans en saut et il se lieve.
Blonde le voit, forment li grieve.
Jehans a un autre escuier
490 Fist devant sa dame trenchier,
Puis s'en est en la chambre alés,
De son premier sens tresalés.
D'un cuevrecief ses dois lia
Une damoisele qui a
495 Courous de chou qu'il est bleciés.
A tant s'est sur un lit couciés.
Raler n'ose la ou on sert.
Blonde, pour che qu'il ainsi pert
Tout son sens et sa contenance,
500 Mout a le cuer en grant balance.

Or a Jehans d'amour un saing : *(f. 60 b)*
Ce fu son premerain gaaing!
Sur un lit se prent a complaindre
D'amours qui li fait couleur taindre.
505 « A! las, » dist il, « dont puet venir
« Che que je ne me puis tenir
« En mon sens si com je soloie?
« Or voi ge bien que je foloie,
« Quant par deus fois m'a ja repris
510 « Ma dame, pour qui je sui pris.
« Et Dix! ai ge son malvais gre

« Quant je ne le servi a gre?
« Je quich c'oïl. A moi que monte?
« Que mes cuers mes iex a ce donte,
515 « Que il ne se poeent garder
« De li folement esgarder.
« Enn'est ele pas ma pareille?
« Est che amours qui me dourdelle?
« Amours? Nenil, ains est haïne
520 « Dont mi oel m'ont donné estrine.
« Mi oel! Donques sui ge traïs
« Quant je de ciaus sui envaïs
« Qui me deüssent foi porter.
« De traïson les puis reter,
525 « Car traï m'ont si soutilment
« Que j'en arai le mort briement.
« Car en tel liu ai mis mon cuer
« Que ja pour morir a nul fuer
« N'en jehirai mot de ma bouce.
530 « Ainsi sui navrés d'une entouche,
« Qui bien est avoec mi contraire :
« Car si me set m'entouche atraire
« Qu'ele m'ocist, et si me plaist,
« Ne ne voel que ja mais me laist.
535 « Mix aim morir que repentir
« Des max qu'il me convient sentir.
« Se morir m'estuet pour ma dame,
« Je croi bien que Dix metra m'ame
« En paradis o les martirs;
540 « Car je serai d'amours martyrs.
« Las! se je tant faire peüsse *(f. 60 c)*
« Que tant de contenance eüsse
« Que je la peüsse servir,
« Bien m'en deüsse a tant tenir.
545 « Enne sui ge o li cascun jor

513 mont — 522 je *manque* — 530 Ainsui sui n. d. escouche

« En jeu, en feste et en sejour?
« Enne sui ge en sa compaignie?
« Que voel je plus? Certes, folie.
« Fortune a envie de moi,
550 « Si me voet mettre en tel conroy
« Que je perde chou que j'ai d'aise,
« Et faire morir a malaise.
« Se la contesse s'aperchoit
« Ne li quens que ainsi me soit,
555 « N'ele aussi qui je doi servir,
« Mal porai lour gre desservir.
« Il me tenront a fol musart,
« Si me baniront sur le hart;
« Et bien sai qu'il n'en poront mais,
560 « Car si folement n'ama mais
« Nus hom comme je voel amer.
« Et bien me doi pour fol clamer
« Qui aimme en lieu dont ja nus biens
« Ne me devra venir pour riens.
565 « Se li rois n'avoit point de fame,
« Il penroit volentiers ma dame,
« Car contesse iert d'Osenefort.
« Je n'avrai pas vaillant tant fort
« Comme ele avra de deniers d'or.
570 « Et s'ele n'avoit nul tresor
« Fors que sans plus sa grant biauté,
« Si seroit une roiauté
« A son aferant trop petite.
« Car je voi que Dix a eslite
575 « Li a donné tout en un mont
« Chou que les autres par le mont
« Ont par raison et par mesure.
« Onques ne s'en mesla nature :
« Dix meïsme la mist en fourme.

567 ert de senefort

	« De toute biauté a la forme.
580	
	« Mar vi sa forme si fourmee, *(f. 60 ᵈ)*
	« Car la mors m'en sera donnee.
	« Or n'i a mais fors del souffrir
	« Tant com vie porai souffrir.
585	« Et quant la mort venra, si vaigne!
	« Je n'en puis faire autre bargaigne. »

E<small>N</small> tele balance est Jehans.
Quant on eut mengié par leans,
Et il eurent lour mains lavees,
590 Si se sont les dames levees,
Puis vont en leur cambres seoir.
Mais Blonde va Jehan veoir.
Ele le trouva sur un lit.
Mais si tost com Jehans le vit,
595 En peu d'eure se fu dreciés.
« Jehan, estes vous mout bleciés ? »
Fait ele; « comment vous est il ? »
« Certes, dame, » fait il, « oïl.
« Ne sai comment fui atrapés,
600 « Je me sui dusk'à l'os colpés.
« Mais ne me caut de cele plaie :
« Je croi c'autre maladie aie,
« Car trestous descoragiés sui,
« Ne pauch mengier ne hier ne hui;
605 « Si sench a mon cuer grant contraire,
« Que ne sai que je doie faire. »
« Certes, Jehan, de chou me poise, »
Fait Blonde, qui mout fu cortoise;
« De viandes bien vous gardés,
610 « Et vostre voloir demandés
« Tant que vous serés bien garis. »
« Dame, » dist Jehans, « grans mercis. »

612 grant

Puis dist entre ses dens souef :
« Dame, vous en portés le clef
615 « De ma vie et de ma santé
« Dont je sui en tel orfenté. »
Mais Blonde n'oï pas ces mos,
Car entre ses dens les tint clos.

A tant a pris congié a lui
620 Cele pour qui il a anui,
Puis s'est issue de la chambre.   *(f. 61 a)*
Mais cil a cui doelent li membre
La convoie de sa veüe
Tant qu'ele est de la cambre issue.
625 Et quant la parois les depart
Et dessoivre de son esgart,
Pasmés est cheüs sur le lit,
Si ke ses garchons qui le vit
Cuide qu'il se doive morir.
630 Mais a chief de piece un souspir
Jeta du cuer, de mout parfont.
A tant dames venues sont,
Que Blonde ot a li envoiies,
De lui servir apparillies.
635 D'un capon atorné mout bel
De chieres herbes au caudel
Li cuidierent faire mengier ;
Mais ains ne s'en peut aengier.
Dont as dames pesa forment ;
640 Blonde le disent erroment,
Que Jehans ne puet mengier mes.
« Certes, » fait ele, « n'en puis mes.
« Mout m'anuie sa maladie,
« Car mervelles bien m'a servie. »
645 Et Jehans, qui amours demainne,

644 seruise

Fu et jor et nuit en tel paine
Que sur piés mais ester ne puet,
Du tout achoucier li estuet.
Tant est ses cuers en grant malaise
650 Qu'il ne voit cose qui li plaise.
Amours si cruëlment l'assaut
Que ore a froit et ore a chaut.
Une heure pense, autre se plaint,
Amors li fait faire tor maint.
655 Petit mengue, petit dort,
Petit espoire de confort,
Petit mais son afaire prise,
Petit cuide avoir de s'emprise,
Petit prise mais son afaire,
660 Petit cuide mais son bon faire.
Ne puet mengier vin ne viande *(f. 61 b)*
Fors quant sa dame li commande.
Tant comme ele les lui se tient,
Tant un peu de joie li vient,
665 Et quant ele s'en est tournee,
S'est sa joie en dolor tournee.

Li quens et o li la contesse
Oïrent conter sa destrece,
Dont il ne furent mie lié.
670 Veoir le vont mout courecié,
Se li demandent que il a.
Mais il mie dit ne leur a
Tout le voir de sa maladie.
Sans plus li dist que son cuer lie
675 Ne sai quel goute que il sent,
Qui mout le destraint durement.
Li quens son fusessiën mande,
Si li prie et si li commande
Que il de li garde preïst

680 Et en garison le meïst.
Li maistres dist que bonement
Fera le sien commandement.
Puis li taste, qu'il n'i arreste,
Au pous du bras, puis li arreste,
685 Puis a regardee s'orine;
Mais il ne set, s'il n'adevine,
Nule riens de sa maladie,
Ains dist qu'il ne s'i connoist mie.
A tant se partirent de lui
690 Cil qui de son mal ont anui,
Et il demoura en son lit
U il avoit peu de delit.
En tel paine fu cinc semaines.
Tant eut de torment et de paines
695 Qu'il n'eut fors le cuir et les os;
A paine fourme mais ses mos.
Il n'atent mais fors que la mort,
Dont ja ne quide avoir confort.

Blonde, qui en tel point le voit,
700 Se mervelle mout que ce doit, *(f. 61 c)*
Qu'ele ne voit fisiciien
Qui sace de son garir rien.
Un jour li souvint du regart
Dont ele le tint a musart
705 Le jour que il ses dois trencha
Quant de son penser l'estanca.
Après chou s'est aperceüe
Que, quant devant li est venue,
Si volentiers vers li esgarde
710 Que d'autre rien ne se prent garde.
Pour che, se d'amours riens seüst,

694 de « paine et de « torment

Sa maladie coneüst.
Nepourquant un petit s'avise
Qu'il ait en lui s'entente mise,
715 Mais ne quide pas que d'amors
Puist nus souffrir si grans dolors,
Si est en mout grant de savoir
Quel maladie il puet avoir.
Un jour le vint seule veoir
720 Et dessur s'esponde seoir,
Et il du pooir que il a
Mout durement la bienviegna.
« Jehan, » fait ele, « biaus amis,
« Car me dites qui vous a mis
725 « En tel point com je chi vous voi ?
« Savoir le voel, dites le moi.
« Pour cele foy que me devés
« Vous pri que ne le me celés.
« Dites le moi hardiëment ;
730 « Car je vous creant loialment,
« Se garison querre vous puis,
« Ja malades ne serés puis. »

Quant Jehans oï la raison
Qu'ele li querroit garison
735 Se ele en avoit le pooir,
Un peu li revint de pooir ;
Car il set bien, s'il li plaisoit,
Encor garison li querroit.
Mais si grant doute a de falir
740 Dusk'au dire n'ose salir,
Ains dist : « Grans mercis, dame douce, *(f.61 d)*
« Mout est vostre parole douce.
« Mais sachiés que je ne voi voie

741 Grant

« Par coi de cest mal garir doie,
745 « Ne tant n'ai hardement ne sens
« Que j'osaisse dire en nul sens
« Quele seroit la medecine
« Qui m'osteroit ceste gesine.
« Nonpourquant medecine i a.
750 « Se il plaisoit a tele i a
« Qu'ele me volsist racheter,
« Bien me poroit de mal jeter;
« Mais ja dire ne l'oserai,
« Par fol sens mort en recevrai. »
755 « Jehan, biaus amis, non ferés,
« Vostre afaire me jehirés.
« Ains mais ne vous priai de rien,
« Or vous pri de chou pour vo bien :
« Dites moi vostre maladie,
760 « Et je vous jur dessur ma vie.
« Que je metrai au garir paine
« Se je sai quex max vous demaine. »
« Ferés, dame? » « Oïl vraiement !
« Mais or dites delivrement. »
765 « Dame, je n'os. » « Si ferés voir.
« En toutes fins le voel savoir. »
« Volés, dame, et vous le sarés :
« C'est par vous que je sui navrés. »

Aussi tost comme il ot chou dit,
770 Se pasme sans plus lonc respit.
Grant piece fu en pamisons.
Or set Blonde les occoisons
De son mal et de son mehaing.
Bien voit, s'ele tient en desdaing
775 Par parole che qu'il li dist,

768 pour — 771 pamissons

Qu'il en morra sans nul respit;
Si commence a penser comment
Il avra de mort sauvement.
Entre ses beles mains le tint
780 Tant que de pamisons revint.
Dont commencha a souspirer. *(f. 62 ª)*
Vers mort le convenist tirer,
S'un petit eüst atendu
Qu'ele riens n'eüst respondu.
785 Mais ele li a dit : « Amis !
« Puis que pour moi vous estes mis
« En si grant peril com de mort,
« Je vous en voel donner confort.
« Mais or soiiés bien apensés,
790 « Et tost de revenir pensés;
« Car si tost com garis serés,
« Sachiés, mes bons amis serés. »
« Serai, dame? Dites vous voir? »
« Oïl, amis, sachiés de voir. »
795 « Certes, dame, dont garrai gié.
« Autre max ne m'avoit touchié. »
« Or mengiés dont, biaus dous amis !
« Ensi soit vos cuers en pais mis. »
« Dame, vostre plaisir ferai.
800 « Quant il vous plaist, je mengerai. »
Adont s'en est Blonde tornee;
Mais assés tost fu retournee :
A mengier aporter li fist,
Et Jehans au mengier se prist.

805 Quant Jehans oï le confort,
Par coi il a respit de mort,
En peu de tans fu tous garis.

795 don

N'en fu mie li quens maris;
La contesse et l'autre maisnie
810 En fu mout tresdurement lie.
Et Blonde biau sanlant li fist,
Par coi tost en santé le mist.
Devens les uit jors fu levés,
Si ot il mout esté grevés,
815 'Mais li espoirs d'amie avoir
Li fist tost sa santé ravoir.
Si tost comme il se pot aidier,
Prist devant sa dame a trencier ;
Et ele tant le conforta,
820 Sans chou que plus il n'en porta,
Que ele en santé le remist. *(f. 62 ᵇ)*
Blonde la bele tout che fist,
Pour chou qu'ele ne voloit mie
Que il perdist pour chou la vie.
825 Mais quant ele en santé le vit,
Ele se taist, riens ne li dit.
Mis le cuide avoir en tel point
Que des or mais se tiegne a point,
S'en laissa ester la parole,
830 Ne veut pas c'on la tiegne a fole.
Encor n'iert pas d'amours toucie.
Quant Jehans l'ot un mois servie,
Et il voit que ele se taist
Ne d'amours parler ne li plaist,
835 Si ne set que chou est a dire,
Des ex pleure, du cuer souspire,
Ne set que dire ne que faire
N'en quel point tenir son afaire.
« Las ! » fait il. « Met en oubliance,
840 « Las ! ma dame la couvenance
« Qu'ele m'eut en ma maladie ?

811 sallant — 823 ne *L] manque* — 826 dist — 833 = *L]* quelc

« Enne me dist ele qu'amie
« Me seroit se je garissoie ?
« Oïl voir, et de ceste joie
845 « Me rest venue garison.
« Ne sai se ce fu traïson,
« Car mal me tient men couvenant.
« Espoir que ele se repant ;
« Ou espoir ele le me dist,
850 « Pour chou que santé me venist,
« Si quide c'a tant soie en pais.
« Ce ne vaut riens ; tant sui pris pres
« Qu'il me convient enfin savoir
« Se je s'amour porai avoir.
855 « N'est mie drois qu'elle m'en prit ;
« Espoir qu'elle m'a en despit
« Pour chou que je n'en os parler.
« Maintenant voel a lui aler
« Por demander ma convenance. »
860 Adont de la chambre s'avance,
De la le vit en un prael   *(f. 62 c)*
U ele faisoit un capel.
Jehans est venus dusk'a lui,
Puis li dist que bon jour ait hui.
865 Et ele li respont a point
Dix bonne aventure li doint.

A tant se turent ambedoi.
Si est abaubis devant soi
Jehans qu'il n'ose tentir mot.
870 Nepourquant il se tint a sot,
Pense maintenant li dira
Se son convenant li tenra.
Sa bouce pour le jehir oevre,

862 capiel — 867 abedoi — 872 dira

Puis le reclot, car de cele huevre
875 Sont tout li fin amant couart.
Nepourquant en la fin li part
Parmi la bouce une parole,
Plaine de souspirs hors li vole.
« Dame, » dist il, « d'un convenant
880 « Vous alés vous point remembrant
« Que vous en grieté me feïstes,
« Dont en santé me remeïstes ? »
« Oïl, Jehan, certes mout bien,
« Mais ce fis jou pour vostre bien.
885 « Vous vous moriës par folie ;
« Or ne vous i rembatés mie !
« De vous garir euch volenté,
« Pour chou vous remis en santé,
« Car vous estiiés hors du sens.
890 « Or vous tenés miex en vo sens !
« Se de moi servir vous penés,
« Bien en poriés estre assenés
« En tel lieu dont vous venra biens.
« Mais or ne pensés plus pour riens
895 « Que je m'amour donner vous doie ;
« Trop durement m'abaisseroie. »

Or ot Jehans chou qui li grieve.
A peu que li cuers ne li crieve
De la grant grieté qui l'en prist,
900 Et en plorant itant li dist :
« Dame, ce savoie je bien (f. 62 d)
« C'a vous n'aferoie de rien,
« Et pour chou, se par vous ne fust,
« Parole jehie n'en fust ;
905 « Ains eüsse mort receüe,

874 heure — 888 Par

« Si fust m'emprise a fin venue,
« Dont or sui au recommencier.
« Ne voel or mie a vous tencier ;
« Et de doners et d'escondis,
910 « De tout je vous rent grans mercis.
« Voir, j'aim mix avoir pour vous mort
« Que de nule autre avoir confort.
« Je ne vous voel ore plus dire
« Fors tant qu'en plus greveus martire
915 « Serai, ains que passent jour uit,
« Que devant n'ere en vint et uit.
« Car plus est griés li rencheïs
« Que n'est li premiers encheïs. »
Après tex mox plorant s'en part,
920 Et Blonde s'en va d'autre part,
Et Jehans s'en vint en sa chambre.
Si fort li tramblent tout li membre
Que maintenant coucier l'estuet,
Ne boire ne mengier ne poet,
925 Ains se demente et se complaint.
Tousjours, quant nus ne l'ot, se plaint
Et dist : « Las ! pour quoi me gari
« Cele qui si me ra mari ?
« Ne comment la vols onques croire
930 « Qu'ele me deïst cose voire ?
« S'ele s'en consillast a moi,
« Ne li loaisse pas, je croi,
« Que ele de tant s'avillast
« Que en tel lieu s'amour donnast.
935 « Mort ! or vien tost et si te haste,
« Car je voi bien que mon tans gaste,
« Quant la pourmesse m'est rompue
« Dont santés m'estoit revenue !
« Ele me pramist sans donner ;

913 voel *manque*

940 « Ensi puet on fol conforter.
« Or n'i a plus fors que je voel *(f. 63 ª)*
« Morir, car de vivre me duel ;
« Car du tout sui en desespoir,
« Je n'ai mais de nul bien espoir.
945 « Ai! mi oel, vous m'avés traï
« Et en tel amour envaÿ
« Dont mort me convenra sentir !
« A ! amour, quant vous consentir
« Volés la mort de vostre amant,
950 « Mains en valés, par saint Amant. »

Ainsi est Jehans rencheüs.
Si par est ses cuers esmeüs
Que de riens nule ne li chaut,
Ne puet mengier, comment qu'il aut.
955 Si le set amours estourmir
Que nuit ne jour ne puet dormir.
Li quens en oï les noveles,
Si ne li furent mie beles ;
Mais il ne le puet amender.
960 Et la contesse commander
Fist que on le servist si bien
Que il ne li fausist ja rien ;
Mais il est a servir legiers,
Car mout est petis ses mengiers.
965 Tant l'a ses grans courous mené,
Tant l'a destruit, tant l'a pené,
Qu'il a la parole perdue.
Par laiens est tost espandue
La novele que Jehans muert.
970 Ses vallès ses puins en detuert,
Et cil de l'ostel ensement,

---

[1] 963 seruirs — 969 noueles

Qui mout l'amoient durement.
En ce point ert Blonde couchie;
Le garchon Jehan ot qui crie,
975 Forment regretoit son signeur,
Nus hom ne mena duel grigneur.
Blonde une pucele apela.
« Qu'est ce, » fait ele, « que j'oi la? »
« Dame, c'est Robins qui detuert
980 « Ses puins pour Jehan qui se muert.
« Ja a la parole perdue. »
Blonde l'ot, s'en est esperdue,
Qu'ele set bien en son requoy
De quel mal il muert et pour coi.
985 Bien set de voir que de sa mort
Li eüst bien doné confort;
S'en li tant de pitié eüst,
De ce mal bien gari l'eüst.
Or se commence a repentir
990 Pour chou qu'ele li voit sentir.

Tout aussi tost comme Amours sent
Qu'ele de riens a lui s'assent,
Tout son pooir a assamblé.
Mout l'a grant et fort assamblé,
995 Puis est venue assalir Blonde
De toutes pars a la reonde.
Or vous dirai quex pooirs sont
Qui avoec Amours venu sont :
Premiere i est Pitiés venue,
1000 Qui duskes au cuer l'a ferue;
Car forment het l'orguel de li,
Pour chou qu'el fait morir celui
Qui vers Amours est fins et vrais.
Pour chou le fiert de tel eslais
1005 Que tout son orguel abati,

N'ainc puis en li ne s'enbati.
Après Pitié revint Franchise;
Cele le rassaut et atise.
Tant l'a demenee et estrainte
1010 Qu'ele s'est droit ou lieu empainte
Ou estoit la Durtés du cuer;
Or n'i puet durer a nul fuer
Durtés, puis que Francise i est,
Ains s'en fuit et sen lieu i lest.
1015 Après Franchise Raisons vint,
Qui mout a estroite le tint
De la Desraison qu'ele fait,
Qui loial amant morir lait
Par sa defaute. Mais Raisons
1020 Li a moustré tant de raisons,
Qu'a Desraison plus ne s'acorde,
Mais de tout a Raison s'acorde.
Ainsi s'en fuï Desraisons,
En son lieu s'est mise Raisons.
1025 Après Raison i vint Moustrance,
Qui li moustre la meskaance
Que c'est d'omme tuër a tort;
Ceste Moustrance mout la mort.
Après Moustrançe vint Amours
1030 Qui mout li fist de grans clamours
Du desavenant et du lait
Que ele avoit son serjant fait;
Mais s'ele puet vengie en iert.
De trestout son pooir la fiert,
1035 Si que de li abat Haïne,
Et Faus Couvent et Aatine.
Fuï s'en sont, Amors les chace,
Qui leur a tolue la place.

(f. 63 c)

1033 ert

Or est Blonde bien desliie
1040 De chou dont ele estoit liie.
Liie est de loiiens noviaus
Dont abaissiés est ses reviaus.
Quant ele se sent ensi prise,
A complaindre a s'entente mise
1045 Et dist : « Jehan, biaus dous amis,
« Je sui cele qui vous a mis
« A mort par grant outrecuidance,
« Par men orguel, par ma beubance.
« Vous avés esté mes amans
1050 « Et j'ai esté vo malvoellans,
« Si ke morir vous en convient.
« A ! lasse, trop tart me souvient
« De vous garir, car c'est passé.
« J'ai par moi meïsme brassé
1055 « Mesaise que tousjours avrai,
« Car ce sui ge qui vous navrai.
« Dont sui ge de vous omecide,
« Dont sui ge bien de raison wide !
« Lasse ! comment ai mort celui
1060 « Qui m'amoit assés plus que lui ?
« Lasse ! voir, mie ne quidoie, *(f. 63 ᵈ)*
« Quant par parler gari l'avoie,
« Que puis i deüst rencheïr.
« Or voi miex ne le poi traïr
1065 « Ne moi ; car d'onneur se demet
« Qui ne saut chou que il pramet.
« Je li pramis et plus n'en fis,
« Pour chou a la mort le remis.
« A la mort ! Dix ! morra il donques ?
1070 « Tel meskaance n'avint onques

1064 la

« A femme, com seroit la moie,
« Car je croi qu'après li morroie.
« Ce seroit drois, car je sui cele
« Dont li vint au cuer l'estincele
1075 « Par coi il recevra la mort ;
« Dont sui ge achoisons de sa mort,
« Et cele u cil qui autrui tue,
« Par jugement on le retue.
« Ainsi sui de sa mort coupable.
1080 « Mauvaise richesse muable,
« Sur toute riens vous doi haïr !
« Vous m'avés aidie a traïr ;
« Car se ma richesse ne fust,
« Mes cuers si orguilleus ne fust
1085 « Que le secours n'eüst eü.
« Ma richesse li a neü
« Et moi, car li orguex m'en vint.
« Quant mes dous amis a moi vint
« Pour demander et pour savoir
1090 « Se il m'amour poroit avoir,
« Ne li respondi fors orguel
« Dont je toute plaine estre suel.
« Mais onques ne vaut souffrir Dix
« Que longuement durast orgix,
1095 « Si m'a mon orguel abatu
« Et de pitié mon cuer batu.
« Mais se plus tost m'eüst saisie
« Pitiés, ce fust grans courtoisie,
« Car bien peüsse encore aidier
1100 « Celui qui en eüst mestier.

« Or voi ge bien c'une coustume (f. 64 ª)
« Ont femmes, qui mout est enfrume :

1071 comme — 1102 enfrune

JEHAN ET BLONDE

  « Car quant le bien pueent avoir,
  « Ne le vuelent prendre n'avoir,
1105 « Anchois li font si longue laisse
  « Que li biens du tout les delaisse;
  « Et puis quant il les a laissies,
  « Si sont dolantes et iries
  « De chou qu'eles ne le retinrent
1110 « Tant comme le pooir en tinrent.
  « Tout aussi m'est il avenu,
  « Car se j'eüsse retenu
  « Jehan a mon loial amant,
  « N'eüsse or pas tant de torment.
1115 « En'ert il biaus et jentieus hom?
  « Pour chou s'il n'ert si gentiex hom
  « Com je sui femme, si l'ai mort.
  « Certes, je li ai fait grant tort,
  « Car je voi bien que, s'il ert rois
1120 « De deus roiames ou de trois,
  « Et je fuisse aussi povre fame
  « Comme nule de ce roiame,
  « Je croi qu'il me feroit roïne;
  « Dont ai ge a tort vers lui haïne.
1125 « Haïne! Enne le has je mie?
  « Nenil, certes, ains sui s'amie.
  « S'amie? Mal li ai moustré
  « Quant je l'ai dusk'a mort outré.
  « Outré? Biaus dous amis Jehans,
1130 « Pour coi vous ai fait tant d'ahans?
  « En'estiés vous li plus biaus,
  « Li plus legiers, li plus isniaus,
  « Li mix servans et li plus sages
  « Qui ainc issist de nos lingnages?
1135 « Certes, oïl, ce m'est avis,

1104 vuelent] pueent — 1106 len — 1114 ore — 1116 quil] sil — 1123 haine — 1134 langages

« Mais trop tart i met mon avis.
« Or n'i a plus : savoir m'estuet
« Se mes pooirs garir vous puet,
« Et se je ne vous puis garir,
1140 « A fin vaurrai pour vous morir. »

Ainsi demaine Blonde amours. *(f. 64 ᵇ)*
Bien a trouvé le tans rebours
De tel comme ele avoit hier main.
Plourant, souspirant, a cuer vain
1145 L'a tant amours ou lit grevee
Qu'ele s'est coiement levee.
Vest soi d'un pelichon d'ermine.
Laiens n'ot dame ne mescine
Qui ne dormist a icele heure.
1150 Et Blonde sans plus de demeure
De la cambre ou ses lis ert ist
Et entre en cele ou Jehans gist.
Une lampe en une verriere
Li rendoit un peu de lumiere;
1155 Fors que Robin leans n'avoit.
Quant il sa dame venir voit,
Lieve soi et si le salue.
Bien ot Robins aperceüe
L'amour as complaintes Jehan;
1160 Bien sot que tout son grant ahan
Ne li venoit se d'amours non.
Blonde l'apiele par son non,
Se li demande de son estre,
Quel mal il a et que puet estre.
1165 « Dame, » dist il, « bien le savés,
« Pour noiant enquis le m'avés.
« Bien savés la mort ki le touce;

« Je criem Dix ne le vous reproche.
« Nepourquant ce vous puis bien dire :
1170 « Onques ne me dist son martyre ;
« Mais j'entent bien a ses souspirs
« Pour vostre amour sera martirs ;
« Car il est ja si engressés
« Que pres de mort est apressés. »
1175 Adont pleure, et ele s'en tourne,
Dusk'al lit Jehan ne sejorne.
Deseur l'esponde s'est assise,
S'a desur son front sa main mise,
Et puis au pous, si sent ses vaines
1180 Qui se remuevent mais a paines.
Les iex ot clox et le cors roide   *(f. 64ᶜ)*
Et en pluiseurs leus la car froide.
Un peu de chaut eut sur sen cuer,
Qui en vie li tient le cuer.
1185 Quant ele le sent en cest point,
Si grant doleur au cuer l'en point
C'a paines li dist ele : « Amis,
« Je sui cele qui vous a mis
« En tel point par mon grant orguel.
1190 « Mais pour chou c'amender vous voel
« Le grant outrage et le mesfait
« Que je sans raison vous ai fait,
« Vous vieng chi veoir a ceste heure ;
« Mais parlés a moi sans demeure. »
1195 Jehans a s'amie entendue,
Mais la parole avoit perdue ;
Si l'eut sa grant grieté fait fondre
Que si tost ne li pot respondre.
Quant Blonde voit qu'il ne parole,
1200 Si grant courous au cuer li vole,
Tant fu tristre, tant abosmee,

1201 tant] et

Que deseur le lit chiet pasmee,
Sa teste sur le pis Jehan,
Dont ele li fist grant ahan;
1205 Car son afaire bien entent,
Et si n'a pas de pooir tant
Qu'il die un seul mot de sa bouce,
Dont grant doleur au cuer li touce :
Car volentiers, se il peüst,
1210 A s'amie parlé eüst;
Mais il ne puet encor n'encore,
Par quoi le cuer s'amie acore.
Car quant ele fu revenue
Plus de cinc cens fois s'est tenue
1215 Pour maleüreuse caitive,
Pour la plus lasse riens qui vive.
Griement se plaint et se demente
Et dist : « Lasse! lasse! dolente!
« Que porai ge dire ne faire,
1220 « Quant celui voi a la mort traire   (f. 64 d)
« Qui ert mes fins amans loiaus?
« Aï! fel cuer et desloiaus!
« Autrui que toi n'en puis blasmer,
« A droit te puis bien fel clamer;
1225 « Car mout feïs grant vilonnie
« Quant tu ne vausis de maisnie
« Retenir ton ami loial!
« Trop par me feïs desloial
« La ou m'amour li escondis!
1230 « Mar vi le jour que je li dis
« Que il n'avroit de m'amour point.
« Certes, cuers, je ne te plaing point,
« Se tu a tousjours paine en as,
« Car a bon droit desservi l'as.
1235 « Or sai bien que de cest afaire

1215 maleurese — 1233 as t.

« Vaurroies qu'il fust a refaire;
« Mais tu n'avras pas ton voloir,
« Ne qu'il ne puet le sien avoir.
« Quant il te volt, tu ne le vols,
1240 « Dont tu li donas mal repox.
« Or le voels, mais c'est pour noient :
« De ton voloir n'avras noient.
« Il est mors par ton escondire.
« Bien dois souffrir autel martire
1245 « Pour lui comme il a fait pour toi,
« Si feras tu, foi que doi toi.
« Tu en morras, ensi me plaist;
« Dehait ait mors s'ele te laist
« Après lui l'espasse d'uit jours.
1250 « Encor seroit ce lons sejours.
« Car si tost com tu perceüs
« Que tu a mort navré l'eüs,
« Deüsses estre si grevés
« Que tu de duel fuisses crevés. »

1255 En tel maniere se plaint Blonde
C'onques mais femme en tout le monde
Pour amours ne mena tel fin.
Anchois que ele preïst fin,
De la dolour qu'ele demaine
1260 Perdi trois fois pous et alaine,
Si ke, se Robinès ne fust,   (f. 65 a)
Je croi k'ilueques morte fust.
Il l'esventoit d'un cuevrechief
Et se li soustenoit le chief
1265 Quant ele se clinoit vers terre.
Puis en ot Robins bonne terre.
Jehans entendi bien s'amie,
Que de plaindre ne se faint mie,
Si entendi a sa complainte

1270 Qu'ele n'est pas fausse ne fainte;
Encor par fust il si atains,
Ses cuers en est un peu plus sains.
Un souspir jete et les ex oevre.
Blonde, qui aperchut ceste oevre,
1275 Se taist et pres de lui se trait.
Si li donna un tel entrait
Que la parole li rendi :
Sa garison pas n'atendi
A lui baisier, mais tout malade
1280 Le baisa de sa bouce sade,
Dont tel douceur au cuer l'en vint
Que la parole l'en revint.
Cil baisiers fu de si grant force
Que le cuer Jehan tant esforce
1285 Qu'il dist : « Grans mercis, douce dame.
« El cors m'avés remise l'ame,
« Qui pour vous est si tresatains
« Mervelle est quant il n'est estains. »

« Biaus dous amis », ce respont Blonde,
1290 « Porés vous mais pour riens du monde
« Revenir en vostre santé
« Par tel convent que volenté
« Avrai tous les jours de ma vie
« D'estre vostre loial amie? »
1295 « Douce dame, voir je ne sai.
« Tant m'avés mis en grief essai
« Que mout est du retourner fort.
« Et nepourquant tant tieng a fort
« Vostre pooir que, s'il vous plaist,
1300 « Encor croi que cis max me laist.
« Mais pour pitié, se garir puis, *(f. 65 ᵇ)*

1290 mains

« A mort ne me remetés puis.
« Nonpourquant a vostre voloir
« Me voel esjoïr ou doloir. »
1305 « Mais, dous amis, de la doleur
« N'aiés des ore mais cremeur.
« Pitié ai de vostre besoing,
« Des maintenant a vous me doing.
« Par ce baisier que je vous fas
1310 « A tousjours de moi don vous fas
« En tel maniere comme orrés :
« Que ja de mon cors ne jorrés
« Fors d'acoler et de baisier.
« De tant vous voel bien aaisier;
1315 « Mais n'en avrés autre avantage
« Devant que nous par mariage
« Nous porons ensamble acorder.
« Bien vous i devés acorder. »
De tex mos n'est mie noircis
1320 Jehans, ains respont : « Grans mercis !
« Dame, grans mercis vous en rant;
« Trop avroie cuer meserrant
« Se je plus vous en demandoie.
« Mais c'autres avoir ne vous doie,
1325 « Bien devrai atendre le point
« Que ceste cose viegne a point. »
« Biaus dous amis, n'en aiiés doute;
« Car si me doing a vous trestoute
« Que ja mais autres a nul fuer
1330 « N'avra ne mon cors ne mon cuer.
« Mais metés vostre cuer a aise. »
A ce mot doucement le baise.
Ce n'a mie grevé Jehan,
Ains oste mout de son ahan.
1335 S'alaine, qui tant est tresdouce,

1316 nous *L*] vous — 1321 grant — 1322 = *M*] auoire

Jehan si sadement adouce
Qu'il en a cachié desespoir,
Et conforte de douch espoir.
Du cuer toute grieté li oste;
1340 Pres du cuer li herberge un oste
Que on apele vrai confort. *(f. 65 c)*
Icil dous ostes desconfort,
Griés pensers et desesperance,
Tout hors du cuer Jehan balance.
1345 Vrais confors s'est en son liu mis.
Après chou li dist Blonde : « Amis!
« Prendre vous convient al mengier
« Pour vostre santé raengier. »
« Dame, a vostre commandement ».
1350 A tant estendent erroment
Robins et sa dame une nape.
Au vert jus de nouvele grape
Li donna Blonde un froit poulet,
Ne a Robin touchier n'i let,
1355 Mais Blonde a ses tresbeles mains
Le sert, dont il fu plus tost sains.
Et Jehans, qui il fu mestiers,
Se prist au mengier volentiers.

Quant il du poulet mengié eut
1360 Tant comme il a s'amie pleut,
S'osta la nape et dusk'au jour
Fist Blonde avoeques lui sejour.
Pour lui tost remetre en santé
Fu iluec par sa volenté
1365 Duskes a tant que li jors vint,
Mais adont partir l'en couvint,
Si dist : « Jehan, biaus dous amis!
« Pour le jour qui chaiens s'est mis
« Couvient que je de vous me part;

1370 « Car se nus venoit ceste part
« Qui aperceüst nostre afaire,
« Avoir en porions contraire.
« En nostre amour celer asens,
« Car en bien celer a grant sens,
1375 « Et nous avrons bel avantage
« De bien celer nostre corage.
« Car, si tost que levés serés,
« Assés souvent o moi serés ;
« Par l'occoison qu'estes a moi
1380 « Porés sovent estre avoec moi,
« Si porons a nostre plaisir   (f. 65 d)
« L'un de nous deus l'autre saisir
« De chou que faire nous plaira,
« Ne ja nus vivans nel sara.
1385 « Et quant nous verrons nostre point,
« Bien metrons le surplus a point
« De chou que en couvent vous ai ;
« Onques n'en soiiés en esmai.
« Mais or pensés d'estre garis,
1390 « Ne ne soiiés plus esmaris.
« Souvent veoir vous revenrai,
« Au mains que porai remanrai. »
« Dame », dist Jehans, « vostre gre
« Et vos dis recuel en bon gre. »

1395 A tant Blonde de lui se part.
Doucement le baise au depart,
Puis s'est levee de les lui.
Mout le laisse en meneur anui
Qu'ele au venir ne le trova.
1400 Tant ala qu'ele retrouva
Le lit dont ele estoit levee
Par amours qui tant l'ont grevee.
Toute nue se rest couchie

   Et de joie plaine endormie.
1405 Et Jehans, qui fu confortés,
   Se rest de joie deportés.
   Uit jours ot que dormi n'avoit,
   Dont il disete eü avoit;
   Mais or s'ert il pris au repos,
1410 Car li confors qui ert repos
   En lui sa garison li haste
   Et quanqu'il puet ses max li gaste.
   Quant a tierce fu esvilliés,
   Ses mangiers fu aparilliés.
1415 Deus damoiseles le servirent,
   Qui de ce mout grant joie firent,
   Qui voient que il menjut bien
   Et qu'il se tient assés plus bien
   Qu'il ne soloit; qu'eles cuidoient,
1420 Quant lueques venues estoient,
   Que eles le trouvaissent mort. *(f. 66 a)*
   Or le truevent de biau confort
   Et leur samble qu'il est haitiés,
   Fors tant qu'il est afebloiiés.
1425 Mout en sont lies durement
   Et mout le servent bonement.
   Et novele pas n'atendi,
   Mais tost par l'ostel s'espandi,
   Que Jehans estoit terminés.
1430 Dont s'est li quens acheminés
   Et la contesse et ses puceles,
   Dont ele avoit assés de beles;
   Mais toutes les biautés du monde
   Ne valent riens envers la Blonde,
1435 Qui avoec sa mere s'aroute
   Ne n'enlaidi mie la route.
   Icil vont tout Jehan veoir,

1412 haste

Et leur mainie, pour savoir
Se c'ert voirs qu'il fust terminés,
1440 Qui d'aus tous estoit mout amés.

En son lit seant le troverent.
Courtoisement a lui parlerent
Li quens et la contesse ensamble.
« Jehan », font il, « que vous en samble?
1445 « Cuidiés vous que cis max vous laist? »
« Sire, oïl », dist il, « se Diu plaist.
« Li max s'est de moi destornés,
« Je sui en santé retornés. »
Tuit cil qui l'aiment mout lié sont
1450 De sa response que il ont;
Car ier soir nus hom ne quidast
Que il ja mais un mot sonnast.
Blonde, qui le vit en tel point,
N'en eut au cuer de dolour point.
1455 Quant il eurent lueques esté
Tant com leur vint a volenté,
A Jehan congié demanderent
Et de la chambre s'en tornerent.
Et Jehans remest en son lit,
1460 Ou des or mais sera petit.

Mout moustra bien soir et matin *(f. 66 b)*
Amours Jehan de Dantmartin
De quel jeu ele sert as siens.
Mout en ot de max et de biens :
1465 Les max pour doute de falir,
Les biens pour espoir de saisir
Ce k'amours li fait desirer,

1443 Li quens] Jehans; contess

Si k'il ne s'en puet consirer.
Après le confort de s'amie
1470 Santés ne li demoura mie,
Ains li revint grant aleüre;
Car Blonde souvent l'asseüre
De chou qu'ele li eut couvent.
Reveoir le venoit souvent.
1475 Seule et par nuit, pour mesdisans
Qui de tous max sunt atisans,
Venoit Jehan reconforter
Et soulacier et deporter.
Tant i ala et tant i vint
1480 Que Jehans en santé revint,
En plus grant qu'il ne fu ainc mais.
Lieve soi, jesir ne veut mais,
Revenus est a son mestier,
Pour riens ne le volsist cangier.
1485 Al mengier sert devant s'amie ;
Tex mestiers ne li desplaist mie.
Li quens et tout cil de l'ostel
Sont lié quant il le voient tel,
Et il a son pooir les sert,
1490 Par quoi le gre de tous dessert.
Et il est si biaus et si gens,
Si gratiëus a toutes gens,
Que chascuns l'oneure et conjoie.
Mout en a s'amie grant joie,
1495 Qui voit c'amer se fait de tous,
De deboinaires et d'estous.
Mout l'en crut d'amour en son cuer,
Tant l'ama que puis a nul fuer
Ne se vaut d'amours repentir,
1500 Ains volt bonement consentir
De son ami sa volenté. *(f. 66 c)*

1482 iehir — 1484 cangies

Mout s'ont tenu de grant santé,
Quant il se pueent dessambler
D'autres gens et entrassambler.
1505 Nus ne querroit leur douce vie.
Quant par laiens est endormie
La gent dont il gaitier se voelent,
De leur dormir petit se duelent;
Car lors ont il et lieu et tans
1510 De maintenir leur joli tans.

En ce point amours les assamble
Et fait tant que il sont ensamble;
Puis s'entrebaisent et acolent
Et doucement s'entreparolent.
1515 Blonde l'apele dous amis,
C'est li nons qu'ele li a mis,
Et il l'apele douce dame,
De tel nom ne doit avoir blasme.
Après itex mox s'entrebaisent,
1520 De tous les jus d'amours s'aaisent
Fors d'un que loiatés despit;
Pour chou le metent en despit
Duskes a tant qu'en loialté
Acompliront leur volenté.
1525 Maint amant deceü en sont,
Qui mie tenu ne s'en sont
Dusk'a tant qu'il venist en point,
S'en chiet leur amour en mal point.
C'a le fois en sont deceü
1530 Et par grossece perceü;
Car ki est plains de fole haste,
A la fois son bon tans en gaste.
Li dui amant dont je parol
Ne vaurrent pas estre si fol
1535 Que bien souffrir ne s'en vausissent

Pour doute que plus n'i perdissent.
Chou qu'il en font prendent en gre ;
Tant leur vient li baisiers en gre,
Li acolers et li sentirs,
1540 Li parlers, li biaus maintenirs,
Li compaigniers et li soulas   *(f. 66 ᵈ)*
Qu'il ont ensamble bras a bras,
Que del seurplus bel se confortent
Et en esperant se deportent.
1545 Quant li tans venra et li lieus,
S'il a en amours autres jeus
Que ciaus que vous ai devisés,
Il en seront bien avisés.

Selonc le tans la tempreüre :
1550 N'est pas leur amor si seüre
Que il n'aient mout grant mestier
D'aus mout tressoutilment gaitier.
Car se il sont aperceü,
Cruëlment seront deceü.
1555 Se li quens savoit leur afaire,
Tost en avroient grant contraire,
S'ont grant mestier d'aus bien garder.
C'est che ki leur fait couarder,
C'est che qu'il criement et qu'il doutent.
1560 Et pour chou, quanqu'il poeent, boutent
Les voloirs de leur cuers arriere,
C'on ne perchoive leur maniere,
L'amour, qui dedens est fourmee
Sans ja mais estre defourmee.
1565 Ensi convient que par leur sens
Choilent d'amors tous les assens,
Si le choilent mout sagement.
Quant il tienent leur parlement,
N'i ont cure de sourvenans

1570 Fors que de Robin, qui toustans
Les servi loialment et bien,
Si ne l'en mesceï de rien.
Bien seut celer tous leur corages,
Dont il eut puis grans avantages.
1575 Et li amant le plus des nuis
Mainent ensanle leur deduis.
Assés plus de loisir avoient,
Pour chou que toutes gens savoient
Que Jehans le devoit servir.
1580 Pour chou ont plus de leur plaisir;
Car mix pooit les li aler   (f. 67 ª)
Et en tous poins a li parler.
Souvent juënt les jors as tables
Et as autres jus delitables;
1585 Ce poet il bien faire en apert,
Jehans en che noient ne pert.
Mais quant la gent s'en est tornee
Et il font seul le demouree,
Errant entracoler se queurent
1590 Et de baisier s'entrasaveurent,
Quant il se pueent aaisier
D'aus entracoler et baisier,
S'ont une vie si tresdouce
Que joie leur cuers si adouce
1595 Que nule grieté n'i remaint.
Souvent se tienent entrechaint
De leur biaus bras estroitement;
Et puis tant deboinairement
Joignent leur visages ensamble,
1600 Que vraiement a cascun samble
Que il facent de lour cuers cange.
Jehan amours du cuer aenge
Blonde, qui est sa vraie amie.

1572 mescer — 1573 tout — 1602 Iehans (s *est exponctuée*)

52 JEHAN ET BLONDE

Mais le sien ne li relaist mie,
1605 Anchois a Jehan le reporte,
Qui mout volentiers s'en deporte
De son cuer que s'amie garde,
Puis que il ra le sien en garde.
Et s'aucuns demande comment
1610 Il pueent faire cangement
De leur cuers, je le vous dirai,
Ne ja de mot n'en mentirai.
J'apel leur cuers leur volentés;
Et leur voloir sont si entés
1615 Sur un desir qu'entr'aus deus ont
Que de deus cuers un voloir font;
Car il ne veut riens qu'el ne voelle,
N'el ne veut riens dont il se duelle.
Andui sunt d'un seul desirier.
1620 Ainsi poeent leur cuers cangier,
Et qui autrement l'entendroit, (f. 67 ᵇ)
La verité pas n'entendroit.

Issi demainent douce vie,
De joie li uns l'autre envie.
1625 D'amours jouent as enviaus,
Assés en ont de leur aviaus.
Bien deus ans en tel vie furent,
C'onques aperceü ne furent.
Mais a fortune l'outrageuse,
1630 Qui vers maintes gens est crueuse,
De leur douce vie pesa,
Et tout son pooir entesa,
Com mauvoellans plaine d'envie,
D'aus tolir cele bone vie,
1635 Si les mist en grant desconfort.

1608 ra] *par correction de* sa — 1618 Ne

JEHAN ET BLONDE 53

  Mais tant se tinrent andui fort
  En un seul voloir que pour batre
  Fortune ne les peut abatre.
  Or orrés comment leur avint
1640 Et quex noveles il leur vint.

  Un jour seoient al mengier.
  A tant es vous un messagier
  Qui est venus devant le conte,
  Et commence en franchois son conte.
1645 « Sire », dist il, « j'ai tant cerkié
  « Un varlet, que on m'a nonchié
  « Qu'a vostre fille est remanans;
  « Cil vallès est nommés Jehans.
  « Unes nouveles li aport,
1650 « Pour ce arrivai de mer au port.
  « S'il vous plaist, faites le mander,
  « Si ke je puisse a lui parler. »
  Li quens respondi : « Volentiers. » (f. 67 c)
  Alés i est uns esquiers.
1655 Trouvé l'a seant devant Blonde,
  Qui est la plus bele du monde.
  « Jehan », dist il, « je vous vieng querre.
  « Uns messagiers de vostre terre
  « Vous demande devant le conte;
1660 « Or i venés, s'orrés son conte. »
  Jehans l'entent, forment se crient
  De Blonde perdre, au conte vient.
  Quant li messagiers l'a veü,
  Assés tost l'a reconneü.
1665 « Jehan, » dist il, « a vous m'envoie
  « Vostre peres, qui Dix doinst joie
  « Plus grant qu'il n'avoit au depart.
  « Quant mui pour venir ceste part,
  « Malades ert, ce vous di bien ;

1670 « Disoient si fusissiien
« Qu'il estoit en peril de mort.
« Mout laissai en grant desconfort
« Vos deus sereurs et vos trois freres ;
« Car unes noveles ameres,
1675 « Dont il me poise, vous aporte
« De vostre mere, qui est morte.
« Si vous mandent vostre parant
« Que vous vous en venés errant,
« Ou vous i arés grant damage.
1680 « Au roi vous convient faire hommage
« De la tere de Dantmartin.
« Mouvoir vous convient le matin »

Or entent Jehans les noveles
Qui ne li furent gaires beles ;
1685 En plourant d'illuec se depart.
Il fu assés qui prist regart
Du message qui fu de France.
Tout contreval l'ostel se lance
La novele qu'a aportee :
1690 Li uns l'a a l'autre contee.
Tant ala que Blonde le seut,
Qui pour sen ami duel en eut.
Li quens en fu mout coureciés   (f. 67 d)
Et la contesse, ce sachiés,
1695 Et tuit li autre par leans ;
C'or voient bien que c'est noians
Des or mais de son demourer.
Et Jehans pour soi dolouser
S'en est venus devens sa chambre,
1700 De courous li duelent li membre,

1670 Et d. si fussiien — 1697 *Le vers est répété* : Des or mais pour son demourer

Si s'est seur son lit acoutés,
De soi complaindre est atornés.
Grant duel a de la mort sa mere
Et de l'enfermeté son pere;
1705 Mais ne li est fors que rousee
Vers le duel de la dessevree
Qu'il fera de sa douce amie.
Li deus de che ne li est mie
A nul des autres deus samblans;
1710 Car unes paours si tremblans
Le prendent de perdre s'amie
Que conforter ne s'en set mie,
Et dist : « Las ! las ! que porai faire?
« Or m'est joie en tous sens contraire,
1715 « Quant de celi partir m'estuet
« Sans qui mes cuers estre ne poet.
« Departir ! las ! est chou a certes?
« Je paroil de bourdes apertes.
« Se je departis m'en estoie,
1720 « Bien sai, devens uit jors morroie.
« Ains que venisse en mon païs,
« Morroie de duel esbahis.
« Donc convient il, se j'aim ma vie,
« Que je ne m'en departe mie.
1725 « Or me convient donc remanoir.
« Remanoir? Je n'en ai pooir;
« Du remanoir est il noiens.
« Que diroient cil de chaiens,
« Li quens et les autres mainies,
1730 « Qui ont les noveles oïes?
« Mon afaire aperceveroient,   (f. 68 a)
« Dont espoir a mort me metroient,
« S'en seroit ma dame honnie.
« Las ! dont ne demourrai ge mie.

1702 acoutes — 1710 peurs

1735 « Il vaut miex que je muire seus
« Que nous soiions honi andeus.
« Du demourer ne del partir
« Ne sai le milleur departir :
« Car confondus sui de l'aler,
1740 « Et mal baillis du demourer.
« Onques mais nus hom de tel aise
« Ne caï en si grant mesaise.
« Fortune avoit de moi envie,
« Si me taut ma joiouse vie.
1745 « Fortune, grant pechié feïs
« Quant en si haut lieu me meïs
« Pour moi faire si tost descendre;
« Tu m'as mué mon or en cendre,
« Dont je puis bien criër a ! las !
1750 « [Tu m'as jeté de haut en bas.]
« Tu m'as de joie et de deport
« Mis en duel et en desconfort.
« Tu m'as mis en tel desespoir
« Que de nul bien n'ai mais espoir.
1755 « En moi ne puet mais venir joie
« Se ma dame ne m'en avoie.
« He ! Diex, quant parlerai ge a li ?
« Tant est anuieus li jours d'ui
« N'i puis parler devant la nuit
1760 « Que par chaiens dormiront tuit.
« A nuit couvient que li demant
« Conseil de mon encombrement.
« De li convient que consaus viegne,
« S'il li plaist qu'en vie me tiegne.
1765 « Or n'i a plus : en tex anuis
« Soufferrai tant que soit la nuis. »

1740 Mal baillis sui du demourer L] Et mal baillis sui de laler

En tel complainte, en tex ahans
Est cheüs en brief tans Jehans.
Mais li quens le veut conforter;
1770 A lui vint pour lui deporter,
La contesse et Blonde sa fille.
Li deus Jehan son cuer essille,
Mais n'en ose nul samblant faire   (f. 68 b)
C'on ne perchoive son afaire.
1775 Et ses peres Jehan conforte
De sa mere qui estoit morte,
Quide c'autre max ne le touce;
Mais il est navrés d'une entouce.
Nepourquant au plus bel qu'il puet
1780 Pour le gent conforter l'estuet;
Bien perchoit au samblant s'amie
Qu'ele est dedens le cuer marie,
Se l'anuis a Jehan demeure.
Blonde ne quide veoir l'eure
1785 Qu'ele puist seule a lui parler.
Tant ont du jour laissié aler
Que la nuit vint, il n'i eut el,
Dont se couchierent par l'ostel.
N'i remest ne femme ne homme
1790 Qui ne s'endorme de prinsomme
Fors que sans plus Jehans et Blonde.
Cil dui pour tout l'avoir du monde
N'eüssent de dormir talent;
Ains leur est avis que mout lent
1795 S'estoient par laiens couchiés.
Cinc cens fois leverent leur chiés
De leur lis, la ou il gisoient,
Pour escouter se tout dormoient.

1778 estouce

Quant il oënt qu'il dorment tuit,
1800 Sans grant noise faire et grant bruit
Se sont levé, et il et ele.
Jehans vint a sa damoisele,
Qui bien savoit tous les assens.
D'une cose fisent grant sens :
1805 Laiens ne vaurrent demourer,
C'on ne les oïst au plourer,
Ains sont venu en un vergier
Ou il avoit maint biau perier.
Douch tans faisoit, comme en esté ;
1810 Assés avoient de clarté,
Car la lune clere leur luist,
Qui a veoir pas ne leur nuit.

Sous le plus bel perier du monde   *(f. 68 c)*
Sont aresté Jehans et Blonde.
1815 Assis se sont plourant andui,
Car les cuers ont mout plains d'anui.
Bouce a bouce sont acoutés,
Entrebrachié par les costés.
Avant qu'il peüssent parler
1820 Les estut entresaouler
De cinc cens baisiers saverous.
Mout leur sambloit teus mestiers dous.
N'i demouroit ne oel ne face
Que la bouce partout ne trace ;
1825 Mais des larmes qui leur caoient
Leur dous vis arrousés avoient.
En la fin a Blonde parla
Jehans, et ainsi l'aparla.

1821 baissiers

JEHAN ET BLONDE

   « Douce dame, de cui me vient
1830 « La vie qui mon cuer soustient,
   « Sans cui voloir vivre ne puis,
   « Ne je ne le quier ne ne truis,
   « De la cui deboinaireté
   « M'ert venue toute santé,
1835 « Si grans souslas et si grans joie
   « Que la dime n'en conteroie,
   « Que porai ge faire ne dire
   « Du grant courous, du grant martire
   « Que j'ai de ceste departie?
1840 « Bien avés la novele oïe
   « Qu'aler m'estuet en mon païs,
   « Las! dont je sui si abaubis
   « Que ne sai que je faire puisse.
   « Il convient qu'en vous conseil truisse,
1845 « Ou je sui mors et mal baillis,
   « Dont bien m'est a un cop faillis,
   « S'il ne vous plaist a trouver voie
   « Par coi reconforter me doie.
   « Ne puis mais demouree faire
1850 « C'on ne perchoive nostre afaire.
   « Perilleus m'est li demourers,
   « Et trop cruëx m'est li alers;
   « Que a l'aler n'au demourer   *(f. 68 d)*
   « N'en i puis mon cuer esgarder.
1855 « Se de vous ne me vient conseil,
   « Mes cuers fait de mort appareil. »

   « Biaus dous amis, » Blonde respont,
   « Tout aussi crueuses me sont

1834 *il y avait d'abord* Miert — 1844 truise — 1850 vostre

« Les noveles de ce depart
1860 « Comme a vous sont, se Dix me gart.
« Car si vous ai donné mon cuer
« Que, tant que je vive, a nul fuer
« Autres n'en sera en saisine.
« Si m'est griés ceste dessaisine
1865 « Que je voi qu'il nous convient faire,
« Que nus n'en querroit le contraire
« Ne le grant courous que j'en ai.
« Se vous estes en grant esmai
« Pour moi, aussi sui ge pour vous ;
1870 « Car, aussi m'aït Dix li dous,
« S'en moi avés vostre cuer mis,
« Vous restés mes loiaus amis,
« Et bien vous en ai samblant fait
« De parole, de dit, de fait,
1875 « Et encore plus en ferai,
« Que pour vostre amour tout lairai.
« Tant vous voel de fin cuer amer
« Que pour vous passerai la mer.
« Bien voi ne puet estre autrement
1880 « De nostre amour assamblement.
« Car se vous plus demouriiés,
« Moi et vous honis avriiés.
« Or vous dirai que j'ai pensé,
« Dont nostre duel seront tensé :
1885 « Vous en irés en vostre terre
« Vostre preu pourcacier et querre.
« Mais je vous voel donner un terme,
« Dont je ploërrai mainte lerme,
« Pour chou que lons me samblera ;
1890 « Mais ne sai qu'il vous avenra,
« Si le vous voel tel asseoir
« Que vous vous puissiés pourveoir

1882 aueriies

« Or ne laissiés pour nul ahan (f. 69 a)
« Que de ceste nuit en un an
1895 « Ne venés chi a l'anuitant.
« Et si aiiés pourcachié tant
« Que seulement un palefroi,
« Qui ne hanisse par esfroi,
« M'amenés, et sus une sele,
1900 « Pour chevauchier, a damoisele.
« Et si vous voelle souvenir,
« Quant vous a moi devrés venir,
« Qu'a la mer aions tost passage,
« Que point n'arrestons au rivage ;
1905 « Car tost en avrions anui,
« Se nous i estoons suï.
« Et sachiés, droit a l'anuitier
« Me troverés sous ce perier.
« Mais venés par dehors la vile,
1910 « C'on ne perchoive ceste guile.
« Au bout du garding a un huis
« Qui sera ouvers se je puis.
« Par luec porés entrer chaians.
« Puis ert du demourer noians,
1915 « En France avoeques vous irai
« Ne puis de vous ne partirai.
« Mais or pensés du retenir,
« Qu'a cel jour i puissiés venir,
« Car puis che jour je ne savroie
1920 « Certaineté de ceste voie.
« Encor me dout de lonc termine.
« Ensi com mes cuers adevine,
« Li quens me volra mariër ;
« Mais tant vous aim de cuer entier
1925 « Que dedens le jour que j'ai mis
« Nus ne sera de moi saisis.
« Mais or pensés d'ainsi ouvrer,
« Se d'amours volés manouvrer. »

« Dame, » dist Jehans, « grans mercis,
1930   « Bien ai entendu tous vos dis.
           « Se Diu plaist, ensi le ferai,
           « Pour nul essoigne nel lairai.
           « Trop me sanle tex termes lons.   (f. 69 b)
           « Se je pooie estre uns coulons
1935   « Toutes les fois que je vaurroie,
           « Mout sovent avoec vous seroie;
           « Mais c'est chou qui estre ne puet,
           « Autrement a faire l'estuet.
           « Tout aussi com vous l'avés dit
1940   « Le ferai sans autre respit.
           « Li laissiers ne m'est mie sains,
           « Ains me seroit trop griés mehains ;
           « Car c'est li jors de vrai confort :
           « A trespasser giroit ma mort. »
1945   Après tex mox li dui amant
           S'entrebaisent tant doucement
           Que cent fois ne leur samble c'une.
           Tant furent lueques a la lune
           Que il ont perceü le jour.
1950   Or n'i a mais point de sejour.
           Mout se tienent a deceü,
           Quant il ont le jour perceü.
           « E! Dix, » fait Jehans, « que d'anuis !
           « Tant a esté courte la nuis !
1955   « Or nous couvient entendre a el,
           « Raler nous convient a l'ostel. »
           « Vous avés dit, amis, tout voir;
           « N'i a mais plus du remanoir ».
           Qui dont les deüst devourer,
1960   Ne se tenissent de plourer.

     1955 tentendre — 1958 du] ou

                Leur cuer furent de pitié tendre,
                Quant vint el point de congié prendre,
                Et Jehans dist : « A Diu, amie ! »
                Si bel oel ne rioient mie,
1965   Ains erent de larmes couvert.
                Et Blonde d'autel jeu ressert,
                Et ensi plorant s'en revienent,
                Et par les deus mains s'entretienent,
                Tant qu'il sont a l'uis revenu
1970   Par ou il estoient venu.
                Or n'i a mais point de convoi.
                Dont s'entrebaisent ambedoi.
                Mais paour ont que trop n'atendent, *(f. 69 c)*
                A Dieu pour chou s'entrecommandent.

1975   A tant l'un de l'autre parti,
                Cascuns a son lit reverti,
                Si se coucent par contenance,
                Mais de dormir n'ont esperance.
                Assés avoient d'autre entente
1980   De chou qu'amors leur represente.
                Li jours apert, li solaus lieve.
                Jehans, comment que il li grieve,
                Se vest et huese et appareille.
                Robins, ki pour lui servir veille,
1985   Li avoit ja sa sele mise.
                Et li quens, qui mout l'aime et prise,
                Se leva ; car bien set sa voie,
                Dont mout durement li anoie.
                Bien set priiere n'i vaut rien,
1990   Si a fait d'une cose bien :
                Car deus palefrois biaus et grans
                A fait chargier d'estrelins blans,

1973 peur — 1992 A *L*] Et

Si les fist a Jehan donner,
Et puis le vint arraisoner
1995 Et abandonner sa poissance.
« Jehan, » dist il, « se vous de France
« Retornés plus en Engletere,
« Senescax serés de ma tere,
« Et de mon hostel trestous maistres ;
2000 « Car durement me plaist vos estres.
« Del tout le mien vous abandoing,
« Et del prendre pooir vous doing. »
« Sire, » dist Jehans, « grans mercis,
« En bon gres rechoif itex dis.
2005 « Se Diu plaist, par tans revenrai
« Et encor du vostre penrai. »
« Certes, » dist li quens, « mout me plaist ! »
N'entent mie bien que chou est
Que Jehans dist que il penra,
2010 Mais cha avant miex l'apenra.

A tant a pris congié au conte.
Puis est venus, anchois qu'il monte,
A la contesse congié prendre.   *(f. 69 d)*
Se je voloie a tout entendre,
2015 Comment a chascun prist congié,
Je ne l'aroie hui mais nonchié.
Ne voel pas de cascun retraire,
Mais de celui ne me voel taire
Qui est dolente de sa voie.
2020 Si sagement son cuer n'avoie
Que on ne puist apercevoir
Que dolente est de son mouvoir.
Mais cascuns quide que ce soit
Pour chou que il a lui estoit.

2000 vo⁹ — 2007 plait — 2018 me *manque*

2025 Et a lui estoit il sans faille,
Et iert encore, ou que il aille.
Blonde li a donné joiax,
Chaintures, fremax et aniaus,
Que il donra a ses amis.
2030 Puis a en plourant congiet pris.
Ses chevax as degrés l'atent,
Puis i va et si monte a tant,
Si s'en va, mais ses cuers remaint,
Qui de cest oirre mout se plaint.
2035 Robins en mena un sommier
Et un autre li messagier,
Qui li eut dites les noveles
Qui ne li furent mie beles.
A tant leur cemin acueillirent
2040 Tant que d'Osenefort issirent.
Blonde est a l'ostel demouree,
Pour son congié mout abosmee.
Ains avra doute de lui perdre
Que ele le puist mais aerdre,
2045 Et Jehans doute de faillir
Avant qu'il la puist mais saisir.
A tant de Blonde vous lairons
Un peu, et de Jehan dirons.

Puis que Jehans d'Osenefort
2050 Se fu partis, tant erra fort
Par montaignes et par valees
Et par forès longues et lees
Que il est a Douvre venus.   (f. 70 ᵃ)
A son hostel est descendus,
2055 Mais n'i fist mie lonc sejour.

2026 ert — 2036 messagiers — 2040 dou senefort — 2042 congié] hostel — 2049 du senefort

L'endemain droit au point du jor
En une nef en mer monterent,
Ains nonne a Huissant arriverent.
D'ilueques demourer n'ont cure;
2060 Tant chevaucierent l'ambleüre
Qu'a Dantmartin vinrent un soir.
Jehans descendi ou manoir
Ou ses peres encore gist.
Tost fu qui les noveles dist
2065 Que Jehans estoit descendus.
Si frere, qui ont entendus
Tex mox, encontre li alerent
Et durement le bienviegnerent.
Ensement les deus damoiseles,
2070 Ses sereurs, qui erent mout beles,
Fisent grant joie de leur frere.
Mais Jehans pleure de son pere
Qui gist malades durement.
N'i eut point de recouvrement,
2075 Mais encor parlant le trouva
Jehans, qui vers lui se prouva,
Car il li fist faire tex lais
Dont s'ame fu en vraie païs.
Mais enchois k'a la mort traisist,
2080 Son fil de son afaire enquist,
Et il l'en dist une partie.
Bien li a dit que grant partie
Quide de son voloir aquerre
Outre la mer en Engletere.

2085 Quant ses peres chou entendi,
Le vrai Dieu grasces en rendi ;
Puis mist sur lui son testament,

2059 nout — 2069 deus *M*] .vii.

Dont Jehans ouvra loialment
A la partie de ses freres.
2090 Après chou vesqui pau li peres.
Du mortel siecle trespassa,
Li dex de lui Jehan lassa.
Ses deus sereurs et si troi frere *(f. 70 ᵇ)*
Demenerent duel pour leur pere.
2095 Enfoïs fu sans demouree,
Quant la grant messe fu cantee.
Li enfant arrier retournerent,
Tuit li voisin les conforterent
Et leur parens, qui i estoient;
2100 Car le plus grant lingnage avoient
Que on seüst en la contree.
Tant ont leur dolour demenee
Qu'il leur convint a el entendre.
En duel ne peut on noient prendre
2105 Fors dolour et male aventure.
Del monde est tele l'aventure
Que tuit morront, et un et autre,
Li uns n'en doit ja gaber l'autre.
Piech'a dist on, ce m'est avis :
2110 Les mors as mors, les vis as vis.
Tant comme cascuns porra vivre,
Au mix qu'il pora se delivre,
Et en tel loialté se tiengne
Que pour s'ame a bone fin viegne.

2115 Quant Jehans voit son pere mort,
Il convint que il s'en deport.
Par le conseil de ses amis
S'en ala au roy a Paris
Pour l'ommage qu'il li dut faire.

2100 lingage

2120	Li rois enquist de son afaire :
	Tant en aprist que mout l'ama,
	Son relief quite li clama.
	Se Jehans servir le vausist,
	Mout volentiers le retenist ;
2125	Mais a autre besoigne entant.
	Nepourquant il besongna tant
	Qu'il mist ses trois freres au roy,
	Qui furent bel et sans derroy.
	Tant le servirent volentiers
2130	Que il les fist puis chevaliers
	Et leur donna femmes et terre.
	Ainsi doit cascuns son bon querre.

    Quant Jehans eut chou besoignié, *(f. 70)*
    Del roi se part par son congié,

2135 Et de la roïne ensement,
    Qui mout retenist bonement
    Ses deus sereurs, se il volsist,
    Mais il ne li pleut ne ne sist ;
    Avoec lui les vaut retenir.

2140 Mais il pense, s'il puet tenir
    A Dantmartin sa douce amie,
    Qu'eles li tenrront compaignie.
    Jehans a Dantmartin s'en vint.
    Mais mout petit sejour i tint,

2145 Ains chevaucoit par le païs,
    Par tout va veoir ses amis.
    Pour aus connoistre et acointier
    Va les millors acompaignier,
    O lui a Dantmartin les maine,

2150 Et d'aus mout honerer se paine.
    Deniers ot aporté assés,

2140 *corr. de* venir

Mais il les eut tost desmassés.
Les dettes son pere paia,
Ses detteurs trestous apaia.
2155 Ses sereurs tienent son hostel
Si bel qu'ens u païs n'ot tel,
Et il se paine a son pooir
De l'amour del païs avoir.
Tant fist par maniere et par sens
2160 Que de la mer duskes a Sens
N'eut nul escuier miex amé
Ne de bonté plus reclamé.
Mais quel que vie que il maint,
Amours tousjors u cuer li maint.
2165 Ne cuidiés pas que il oublie
Le jour qu'il eut mis a s'amie.
En cele anee n'eut jours trois
Qu'il ne li samblaissent un mois.
Onques mais ne vit si lonc an,
2170 De li atendre eut grant ahan.
Mais toutesvoies a grant paines
Laissa passer tant de semaines
Que par tans ert tans de l'errer. *(f. 70 ᵈ)*
Adont fist Jehans aprester
2175 Un palefroi si bien amblant
Qu'en tout le mont n'ot son samblant.
Une sambue a tours pesans,
Emplie de coton dedans,
Fist venir de Paris un main,
2180 Et de soie un rice lorain.
Ne nus ne set qu'il en veut faire
Fors Robins qui set son afaire,
Mais son maistre si bien cela
Qu'a nului ne le revela.
2185 Quant Jehans eut tous ses ators,

2156 tel] el — 2177 cours

Si n'atent fors tant que li jors
Viegne que de mouvoir ert tans.
Il set bien en combien de tans
Il pora venir dusk'a lui.
2190 Mais a tant vous lairons de lui,
Et si reparlerons de Blonde
Qui de fausse amour estoit monde.

Or dist li contes qu'en brief tans,
Puis que s'en fu partis Jehans,
2195 Prist une fievre si tresfort
La contesse d'Ossenefort
Qu'ele du siecle trespassa.
Li quens du grant duel se lassa.
Blonde en fu forment esmarie
2200 Et sur tous autres esbahie.
En tere fu, quant ses lieus vint,
Si comme a tel dame convint.
Puis sa mort li quens de Clocestre
Enquist tant du sens et de l'estre
2205 Blonde la bele, la courtoise,
Qu'en son cuer durement li poise
Que piech'a ne l'a demandee.
Li quens qui ot ceste pensee
Estoit sire de mout grant terre,
2210 Le tierch avoit en Engletere.
Au conte d'Osenefort vint,
Et tant a parole le tint
Qu'il prist jour de Blonde plevir, *(f. 71 a)*
Ains que Jehans deüst venir.
2215 La bele Blonde tost le seut,
Qui au cuer mout grant duel en eut,

2189 duskes a — 2202 conuin — 2211 du senefort

Car ailleurs eut mise s'entente,
Si ne li plaist ne n'atalente
Che dont mainte gent l'arraisonnent,
2220 Qui par parler celui li donnent
Dont ele n'a cure a nul fuer.
Ele n'avoit mie autel cuer
Com maintes femmes par le mont
Qui corages remuans ont
2225 Et tout aussi les vont tornant
Comme li cokès torne au vent.
Tels femmes ont non « Faus s'i fie » ;
Blonde tel estre ne volt mie.
Ses peres vint a li un jour,
2230 Si li dist : « Fille, sans demour
« Serois contesse de Clocestre,
« S'il vous plaist que le voelliés estre.
« J'ai pris le jour des plevissailles,
« Puis prenrons jour des espousailles. »
2235 Mout quida que ceste nouvele
Fust sa fille plaisans et bele,
Et ele li est si amere
Qu'ele respondi a son pere :
« Sire, pour Dieu laissiés encore !
2240 « Ne me voel pas mariër ore.
« Pour Dieu vous en requer respit. »
Ses peres l'ot, s'en ot despit,
Si li dist que mari avra,
Ja plus lonc respit n'en avra.
2245 Adont s'en parti sans plus dire.
Et Blonde demoura en ire,
En duel, en anui, en ahan,
Pour peür de perdre Jehan.

« Ha las ! » dist ele, « biaus amis,

« Com vous serés en grief point mis
« Quant vous savrés qu'autres m'avra !
« Avra ? voir, certes non avra !
« Mout me sui or tost descordee (f. 71 b)
« Et de vraie amour descordee,
« Qui dis orains c'autres m'avroit.
« Si m'aït Dix ! anchois avroit
« Cil qui me veut la mer widie
« Que il ait ja ma compaignie.
« Et comment m'en porai ge oster ?
« Mon pere en voi trop assoter,
« Qui en fin veut que je le praigne.
« De moi s'est partis par engaigne,
« Pour chou que respit demandai.
« Or voi bien que grant mestier ai
« De conseil, se je voel garir
« Mon loial ami de morir.
« Enne me doit il venir querre
« Et moi jeter de ceste terre
« Par mon acort et par mon gre ?
« Jou l'occiroie bien de gre,
« Se jou a autrui me donnoie.
« Se cis chi a plus de monnoie,
« Plus de rikece et plus de terre
« Que cil qui venir me doit querre,
« Lairai ge dont pour sa rikece
« Morir mon ami par destrece ?
« Certes nenil ! car nus tresors
« N'est si bons comme de bon cors,
« N'il ne puet estre milleur vie
« Que cele d'ami et d'amie.
« Mavès gaain donques feroie,
« Se plus bel et millor perdoie

2251 quautes — 2261 pregne — 2273 rikeke — 2275 rikece M]
desserte — 2281 Maves L] Naues ; oain

« Et loial amour pour richece.
« Certes, ja pour nule destrece
2285 « C'on me sace dire ne faire
« Je ne cangerai mon affaire!
« Pooir n'en ai, ne je ne voel!
« De penser sans plus trop me duel.
« Se Jehans ert vestus de sas
2290 « Et cis ci de plus rices dras
« C'on puist faire, batus a or,
« Mes amis ert plus biaus encor.
« En lui ne voi ge que blasmer, *(f. 71 c)*
« Par coi je ne le doive amer.
2295 « Il est sages, biaus et courtois,
« Et gentiex hom de par Franchois.
« Miex vaut sa parole franchoise
« Que de Clocestre la ricoise.
« Miex vaut la joie et li soulas
2300 « De lui tenir entre ses bras
« Que la grant conté de Clocestre ;
« Tant sai de lui et de son estre.
« Milleur de li ne puis avoir.
« Fi de richece! fi d'avoir!
2305 « Miex valent d'amours deus baisiers
« Que plaine bourse de deniers.
« Assés avrons pour nostre vivre.
« Lasse! comment serai delivre
« De cestui, tant que Jehans viengne
2310 « Et qu'il en son païs me tiegne?
« Duskes au jor que je li mis
« N'a mais, si comme il m'est avis,
« Que quatre mois tant seulement.
« Se je pooie faire tant
2315 « Que li jours mon ami venist
« Anchois que cis chi me tenist !

2283 richese — 2289 Iehanns; sac — 2304 richese

« Poi priseroie sa posnee,
« Se j'avoie la mer passee.
« Or n'i a plus, fors que par sens
2320 « Me convient faire cest assens. »

Blonde, ainsi con je vous devise,
Pour l'amour Jehan se debrise,
Mout se demente, mout se plaint.
Mais devant son pere se faint,
2325 Qui un jour la revint veoir.
Delés li l'a faite seoir
Pour savoir s'il la porra traire
A chou que il li voelle plaire
Qu'ele ait le conte de Clocestre.
2330 « Fille », dist il, « ce que puet estre
« Que ne volés prendre a signeur
« D'Engleterre tout le grigneur ? »
« Sire », dist ele, « si ferai. (f. 71 d)
« Quant il vous plaist, je le prendrai.
2335 « Mais je vous demandai respit,
« Pour chou qu'il n'i a c'un petit
« Que ma dame ma mere est morte.
« C'est chou qui mout me desconforte.
« Pour chou respit vous demandoie,
2340 « Non pas pour ce que je ne soie
« De vostre voloir faire preste.
« Je ne le fis fors pour la feste
« Que faire voloie alongier ;
« Et encore vous en requier. »
2345 Li peres, qui estoit preudon,
A entendue la raison
Par quoi el veut l'alongement,
Que sa fille li met avant.

2325 reuin — 2326 sooir — 2348 ele.

Par le raison qu'ele li dist
2350 De l'alonge en voloir li mist,
Se li dist : « Fille, et en quel tans
« I vaurriés vous estre entendans
« A chou que il plevir vous puisse?
« Mais que trop lons termes n'i nuise,
2355 « Pour acomplir vo desirier
« Ferai cestui jour alongier. »
« Sire », respont ele, « a cinc mois. »
« Certes, ma fille, nes arois.
« Encore est ce trop longue alonge;
2360 « Car pour noient en repos songe
« Qui puet faire son avantage.
« D'autre part je feroie outrage
« Vers lui se tel jour li metoie
« Ne a parole le tenoie.
2365 « Dire vous convient plus brief jour,
« Vous n'avrés pas si lonc sejour. »
« Sire, or soit dont a quatre mois;
« Li jours si sera a mon cois. »
« Fille, le volés vous ainsi? »
2370 « Oïl, sire, je vous en pri. »
« Et vous l'avrés. Mais sachiés bien,
« Autre jour n'en avrois pour rien.
« D'ui en quatre mois au jehir   (f. 72 ᵃ)
« Venra chaiens pour vous plevir;
2375 « L'endemain serés espousee
« Sans faire plus de demouree. »
« Sire », dist ele, « je l'otroi,
« Que n'en puis faire autre conroi. »
Bien est ses afaires pres pris.
2380 Car li jours que Jehans ot pris
Ert a chel jour nomeement,
N'en puet faire autre alongement.

2358 mes a trois — 2371 Mai — 2376 de *manque*

Et li quens un message prist,
Et en unes lettres escrist
2385 Qu'il mande au conte de Clocestre
Que li jours ne puet si tost estre
Qu'il eut pour Blonde pris a lui.
Mais sans plus faire nul anui
A quatre mois a l'ostel viegne;
2390 Pres iert que son convent li tiegne.
Puis cel jour autre ne querra :
Viegne la querre, il l'en menra.

Quant les lettres sont seelees,
Au messagier les a livrees,
2395 Qui ne fist pas longue demeure,
A Clocestre vint sans demeure.
Quant li quens oï ces nouveles,
Mout li furent plaisans et beles;
Car a cel jour cuide acomplir
2400 Le volenté de son desir.
Or cuide bien tenir el poing
Tel besoigne dont il est loing.
N'ira pas ensi comme il cuide,
Jehans li fera une wuide.
2405 Tant d'argent donna au message
Qu'il en fu riches son eage.
Li mes volentiers l'argent prist
Et puis au repairier se mist.
Tant a erré isnel et fort
2410 Qu'il revint a Osenefort.
A son signeur conta comment
Li quens s'esjoï durement
De chou que il mandé li eut :   *(f. 72 b)*
Li quens l'oï, grant joie en eut.

2390 ert.

2415 Mais Blonde ne fu mie lie,
Car trop est pres l'eure forgie.
Or gart Jehans qu'il ne demeure!
Car on pert assés en peu d'eure.
Se trop demeure, il avra perte
2420 Qui au cuer li sera aperte,
De grant duel avra le cuer point.
Bien se gart s'il ne vient a point!
Mais je le connois a si sage
Qu'il eskieuera ce damage.

2425 Tant est li tans avant venus
Que Jehans de France est meüs,
Entre li sans plus et Robin,
N'en vaut mener autre voisin.
Ses sereurs dist qu'il revenra
2430 Par tans, que riens ne le tenra;
Mais or tiengnent en tel atour
L'ostel qu'il soit a son retour
Si biaus, si agenciés, si gens
Qu'il doie plaire a toutes gens.
2435 Eles diënt que boinement
Feront le sien commandement.
Jehans les baise, puis s'en part,
De Blonde veoir li est tart.
Robins le palefroi en maine,
2440 Qui n'estoit pas poussieus d'alaine.
Entr'aus deus au chemin se metent
Et tant d'esploitier s'entremetent
Qu'il sont dusk'a la mer venu.
Ne s'i sont gaires retenu :
2445 En une nef outre passerent,
Duskes au Douvre n'arresterent.
Dont parla à son maronnier :

2418 pert *M*] puet — 2434 toustes

« Amis, volés vous gaaignier? »
« Oïl voir, sire, volentiers. »
2450 « Vous avrés, » fait il, « tant deniers
« Comme vous de moi vaurrés prendre,
« Mais que vous me voelliés atendre
« A ceste rive nuit et jour. (f. 72 c)
« Ne ferai pas trop lon sejour,
2455 « Dedens uit jours revenrai chi.
« Tenés dis livres, que j'ai chi,
« Pour le damage de l'atente. »
Cieus les prent, cui il atalente,
Et puis son voloir li fiance.
2460 Or en est Jehans en fiance.
Del maronier se part a tant
Et chevauca jour et nuit tant
Que il est a Londres venus.
En un hostel est descendus,
2465 Qui estoit aaisiés et biaus.
Robins, qui est preus et isniaus,
En l'estable ses chevaus mist,
Et Jehans de l'ostel s'en ist.
Devant lui, d'autre part la rue,
2470 Voit une grant gent descendue,
Escuiers, sergans, chevaliers,
Clers, prestres, garchons et somiers.
Jehans veut savoir qui il sont,
Qu'il quierent, qu'il voelent, ou vont.
2475 Devant un escuier s'avance,
Qui seut del langage de France.
« Qui pueent, » dist il, « ces gens estre? »
« C'est, » dist cil, « li quens de Clocestre
« Qui a Londres vient besoignier,
2480 « Et demain sans plus alongier
« S'en tournera pour plevir fame,

2481 pleur feme

JEHAN ET BLONDE

  « La plus bele de cest roiame.
  « Ja en a esté jours piech'a,
  « Mais ses peres le depecha,
2485 « Manda li que il atendist
  « Quatre mois, et adont venist
  « En sa maison, si l'en menroit,
  « Et sa tere li partiroit.
  « Ore chiet a joesdi li jours,
2490 « Si n'i vaut mais nus lons sejors.
  « Il n'a que demain entre deus.
  « Bien poroit estre si preceus
  « Qu'il perdroit la biauté du monde. » *(f. 72 d)*
  « Coment a non ? » « Ele a non Blonde. »

2495 Quant Jehans ot Blonde nomer,
  En peu d'eure prist a larmer.
  De l'escuier ou il vint liés
  S'est departis mout coureciés.
  Mout dolans a son hostel va
2500 Ou Robin son varlet trouva.
  En plourant li a dit : « Robin,
  « Perdu avons nostre chemin.
  « Cheüs sui de si haut si bas.
  « Je sui li plus treschetis las
2505 « Qui puisse ne morir ne vivre.
  « Pesee m'est a la grant livre
  « Mesaventure et meskeance.
  « Ains mais caitis n'eut tel caance.
  « Fortune m'a faite la moe,
2510 « Jeté m'a tres desous sa roe,
  « Mais que c'est sans ja relever. »
  « Sire, s'il ne vous doit grever,

2509 *corr. de* moie (i *est exponctué*) — 2510 sa] ra

« Dites moi dont cis courous vient?
« A maint preudome anui avient,
2515 « Et si ravient souvent c on doute
« Tel cose qui tost est deroute. »
« Robin, c'est voirs. Or te dirai
« De quoi a mon cuer tele ire ai. »
Adont li conte sans targier
2520 Les noveles de l'escuier.
Bien li a conté mot a mot
Les noveles dont tel duel ot.
Quant Robins ot del contremant
Qui fu fais au commencement,
2525 « Nul confort ne savés aerdre, »
Fait Robins, « tousjours quidiés perdre.
« Vous oës quatre mois entiers
« Fu respités li jours premiers.
« Sachiés, je croi, ma damoisele
2530 « Pourcacha pour vous tel querele;
« Car je regart que tout a point
« Cieent vostre afaire en un point.
« Par che me fait mes cuers aprendre : *(f. 73 ª)*
« Ele ne puet plus respit prendre.
2535 « Certes, point ne vous esmaiiés
« Ne de l'aler ne delaiiés,
« Que je croi vous la troverés.
« Mes cuers me dist que vous l'avrés. »
« Robin, » dist Jehans, « grans mercis,
2540 « Car tu m'as en bon confort mis.
« Mais se m'amie a cuer cangié,
« Ele m'a de mort aengié. »

A itant leur soupers depart.
Jehans soupa, car il fu tart.

2516 est *répété* — 2523 ot *manque* — 2526 j *a été fait d'un* g

2545 Après se coucha, n'i eut el.
　　　Mais cele nuit gaita l'ostel,
　　　C'onques de dormir n'eut talant,
　　　Toute nuit ala souspirant.
　　　Tant le fist doutance estormir
2550 C'onques la nuit ne peut dormir,
　　　Ains pensoit et ramentevoit
　　　Le grant biauté que Blonde avoit,
　　　Et le deduit qu'en ot eü.
　　　Puis se tenoit a deceü,
2555 Et disoit : « Chaitis, que me chaut
　　　« De chou que j'eu, se or me faut ?
　　　« De tant com je mix esperoie,
　　　« De tant plus cruëlment moroie
　　　« S'or endroit l'avoie perdue.
2560 « Cuers de femme tant se remue
　　　« Qu'en petit de tans sont plessié,
　　　« Si dout qu'ele ne m'ait laissié.
　　　« Et ce ne seroit pas mervelle,
　　　« Car ce n'est de riens ma pareille.
2565 « Comment refuseroit un conte
　　　« Pour homme dont on ne tient conte ?
　　　« On li atorneroit a rage.
　　　« Que li caut il de mon damage ?
　　　« Que il l'en caut ? Caloir l'en doit
2570 « Se ele i regardoit a droit,
　　　« Car ele m'a en couvenant,
　　　« Bien en ai le cuer souvenant,
　　　« Que tant me voloit bien amer　　(f. 73 b)
　　　« Que pour moi passeroit la mer.
2575 « Jour me mist de li venir querre,
　　　« Et pour chou vin en ceste terre,
　　　« Car li jours eskiet a joesdi.
　　　« Mais de ce convent que je di,
　　　« Se ele ne le veut tenir,
2580 « Plus ne me puet mesavenir,

« Car j'en rechevroie la mort,
« Si m'avroit ocis a grant tort,
« Car bien set quex maus me demainne.
« Voir, or ai pensee vilaine
2585 « Vers li, quant je cuich qu'el me mente.
« Et s'est bien drois que max en sente,
« Car trop ai volage le cuer.
« Ne devroie croire a nul fuer
« Au samblant de la departie
2590 « Que s'amour fust de moi partie.
« Enne me dist ore Robins
« (Se Diu plaist, il fu vrais devins)
« Qu'ele avoit ce jour respitié
« Tant seulement pour m'amistié?
2595 « Oïl voir, et je le doi croire,
« Car nus amans ne doit mescroire
« S'amie sans vraie raison.
« Dont li ai ge fait desraison,
« Quant j'ai pensé tel mesestance,
2600 « Que fausse soit sa contenance!
« Il couverra que li ament,
« Puis soit l'amende a son talent.
« Ne serai plus en desespoir
« Devant que je savrai le voir;
2605 « Ains irai en le compaignie
« Celui qui va plevir m'amie,
« Si regarderai son afaire,
« Tant que viegne pres du repaire
« Ou li jours est de ma santé,
2610 « Dont tant grief pensé m'a tenté. »
Ainsi toute la nuit villa
Jehans, c'onques n'i soumilla.
Jehans s'appareille et se lieve   (f. 73 c)
Tout aussi tost com l'aube crieve,

2585 me *manque*

2615 Et Robins s'estoit ja levés;
Ses chevax avoit enselés.
Li quens de Clocestre ensement
Se mist a voie isnelement.
N'i vaut faire longue demeure.
2620 Car ja ne quide veoir l'eure
Qu'il ait s'amie en sa baillie.
A tant a sa voie acuellie.
Mout fu de sa gent grant la route;
Et Jehans entr'ax tost se boute,
2625 Nepourquant s'amour n'ont il pas.
Tant chevaucent isnel le pas
Que hors de Londres sont venu.
Li quens de Clocestre a veü
Jehan, mais pas nel connoissoit,
2630 C'onques mais veü ne l'avoit,
Si a talent qu'il li demant
Ou il va, dont vient, et commant.
Pour sa robe, qu'il vit franchoise,
Li sambla nes devers Pontoise,
2635 Si vaut a lui parler franchois,
Mais sa langue torne en Englois.
Jehans premiers le salua,
Et Jehan tost respondu a.
« Amis, bien fustes vous vené!
2640 « Coment fu vostre non pelé? »
« Sire », dist il, « j'ai non Gautier;
« Je sui nes devers Mondidier. »
« Gautier? Diable! ce fu non sot.
« Et ou vole vous aler tot?
2645 « Cil varlet fou il vostre gent,
« Cui fu monté seul cheval gent? »
« Oïl voir, sire, il est a moi,
« Il me garde ce palefroy. »

2638 Iehans — 2646 monté *a été corrigé d'un autre mot*

« Voelle vous vendre ? Je cater,
2650 « Si vous vol a raison donner.
« Il fout mout bel prende deniers. »
« Sire, jel vendrai volentiers, »
Fait Jehans, « car marcheans sui. (f. 73 d)
« Se vous volés avoir cestui,
2655 « Prendre volrai de vostre avoir
« Itant com j'en vaurrai avoir ;
« Autrement point n'en venderai. »
« Nai, par la goiffe biu, nai, nai !
« Quo deble ! ce sera trop chere.
2660 « En vous a bone sote entere.
« N'en voelle plus, tiene vous pes. »
« Sire », dist il, « je n'en puis mais. »
Assés rist li quens et gaba
De l'avoir qu'il li demanda ;
2665 Nepourquant s'il li delivrast
Et tout quanque avoit li donast,
N'eüst il pas le palefroi,
Car Jehans l'aime autant com soi.
Car il bee sur lui a mettre
2670 Blonde pour santé en lui metre.
A tant le laissierent ester,
Si entendirent a l'errer.
Vers prime chaï une pluie
Qui au conte forment anuie,
2675 Car vestus ert sur son ceval
D'une robe de vert cendal,
Si fu mout durement moillie
Ains que la pluie fu faillie,
Ne onques pour lui garandir
2680 Ne seut riens deseure vestir,
Ne il ne fu qui li tendist.

2658 goisse — 2660 sote, s *est une correction pour* t — 2662 je] ne

Jehans l'esgarde, si s'en rist;
Et li quens, qui bien l'i vit rire,
Li prie qu'il li voelle dire
2685 « Par de foi qu'il doit tous Franchis,
« Pour quel cos fute jeté ris. »
Jehans dist : « Je le vous dirai,
« De mot ne vous en mentirai :
« Se j'estoie aussi rices hom
2690 « Com vous estes, une maison
« Tousjours o moi em porteroie,
« En quoi mon cors esconseroie,
« Si ne seroie pas soilliés,   *(f. 74 ª)*
« N'aussi com vous estes moilliés. »
2695 De ceste parole se rist
Li quens, et ses compaignons dist :
« Compainons, avas vous oïs
« Toute le melor sot Francis
« Que vous peüssiés mais garder,
2700 « Qui me vola pour moi conser
« Fere o moi porter mon meson?
« Avas vous tendu bon bricon? »
« Sire », chascuns d'aus li respont,
« Saiciés vous, tout voir Francis sont
2705 « Plus sote c'un nice brebis. »
Jehans entendi bien leur dis,
Mais il n'en fist onques sanlant.
Tuit li Englès le vont moquant,
Dient mout a en lui bon sot.
2710 Jehans se taist, ne respont mot.

Entre tex gabois chevauchierent
Tant c'une riviere aprochierent,
Ou il convint passer a gué.
Et li quens, cui il vint a gre,
2715 S'embati el gué tout premiers.

Mais ne seut pas les drois sentiers;
Dou droit cémin se fourvoia
Si que par peu qu'il ne noia.
En une fosse s'embati
2720 Si que del cheval l'abati
L'iauwe, qui le sousprist par force,
Si but, de chou ne fai ge force.
Illuec eüst esté noiiés,
Se tost ne s'i fust avoiiés
2725 Uns peschieres en un batel
Que ses jens hukierent isnel.
Car lui secourre aler n'oserent
Pour l'iauwe que forment douterent.
Mais li peschieres a esploit
2730 S'en vint au conte qui buvoit,
Mais mie ne s'enyverra,
Plus d'iauwe que de vin i a.
Li peschieres en son batel (f. 74ᵇ)
Le mist, dont il li fu mout bel.
2735 Puis s'en vont querre le cheval,
Qui aloit noant contreval;
Du croc le prendent par ses regnes,
Puis nagent tant qu'a quel que paines
Issent de l'autre part a terre.
2740 Et les jens si alerent querre
Le gué, tant que il le trouverent,
Tout souavet outre passerent.

Jehans et Robins ensement
Passerent le gué sagement.
2745 De l'autre part vienent au conte,
Qui assés ot eü de honte,
Car sa chainture et sa chemise
Et sa cote est en tel point mise,
Ja mais ne li avra mestier.

2750 Derriere estoient si sommier
Ou ses autres robes estoient;
De si loing après aus venoient
Que, se il les vausist atendre
Sans autre robe seche prendre,
2755 Il peüst bien de froit trembler,
Si a tost fait desafubler
Un de ses chevaliers Englès
De chemise et de cote après,
Puis s'en vesti isnelemant.
2760 Et chil va la robe tordant
Qui entor le conte ot esté,
Puis la vest, n'i a aresté.
Ne devra pas avoir trop caut,
Car froide robe ne li faut.
2765 A tant remontent, si en vont,
Lour voie errant acueillie ont.
Li quens n'a pas lonc plait tenu
De chou qui li fu avenu.
Pour oubliër sa mesestance
2770 A Jehan moquier recomence
Pour la maison dont il parla;
Mais par tans plus le moquera,
Car Jehans maintenant li dist   (f. 74 c)
Tel cose dont rire le fist.
2775 « Sire, » dist il, « encor voel gié,
« Se vous m'en donés le congié,
« A vous aprendre un de mes sens. »
« Oïl, » respont li quens, « toustens
« Disa vous çou que vous vola ! »
2780 Jehans adont ainsi parla :

2748 cote *presque effacé* — 2766 ot — 2770 Ieham

« Sire, » dist il, « sachiés sans doute,
« Se mener pooie tel route,
« Com vous faites par vostre avoir,
« Ja perilleuse iauwe, pour voir,
2785 « Sans pont pour riens ne passeroie ;
« Mon pont avoeques moi merroie,
« Que j'avroie bon et seür.
« Adont passeroie asseür. »
Tuit li Englès qui l'ont oï
2790 Durement s'en sont esjoï.
Mais li quens en a mout grant joie,
Qui cuide que Jehans foloie.
Mout le tienent tuit a bon sot.
Et Jehans, qui lui moquier ot,
2795 Se taist, ne nul mot ne respont.
En lui gabant chevaucié ont
Tant c'Osenefort aprocierent ;
Car d'aler forment se coitierent.
Mout avoient fait grant jornee,
2800 Car n'orent fait point d'arrestee
Pour disner ne pour autre cose,
Car li quens l'eure passer n'ose.
Car il cuidoit avoir s'amie,
Pour ce ne vot arrester mie,
2805 Ains erra toutejour si fort
Qu'ains la nuit vit Osenefort,
Ou li peres Blonde l'atant.
Auques aloit ja anuitant.
Jehans, qui les sentiers savoit,
2810 Quant pres d'Osenefort se voit

2789 Ion — 2795 re sespont — 2797 cau senefort — 2800 nerent — 2806 uint — 2807 Blonte — 2810 pres *M*] manque; du senefort

Au conte erranment congié prent.
Et li quens forment l'en reprent,
Et dist, s'il veut, qu'il ert a lui.   (f. 74ᵈ)
Jehans dist que ce n'iert mais hui,
2815 Car ailleurs le convient aler.
« Et ou vola vous dont tourner ?
« Puisse veoir qu'il fu ja nuit.
« Viene vous haubergier mais huit.
« Ou vous me conta vo besoing,
2820 « Ou nul tourner vous je ne doing. »
« Sire », dist il, « ains que demour,
« Vous dirai pour coi je m'en tor :
« Antan et auques pres de chi
« Un trop bel espervier coisi ;
2825 « De l'avoir sui en tel bretesce
« Que je i tendi ma bouresce.
« Or vois veoir se je l'ai pris.
« Mon afaire vous ai apris. »
Tuit li Englès qui l'entendirent
2830 Mout l'en moquierent, mout en rirent.
Et li quens li dist : « Amis doul,
« Vous seras fol, par saint Badoul !
« Vostre tendre fu tout pouri.
« Ne puisse durer duskes chi
2835 « Ne bretesche ne oiselete.
« Laisse vous pes, viene vous fete
« Garder de le plus bel porcel
« Dont puisse homme baisier mosel.
« Demain la puès veoir bouser
2840 « A moi, se tu voeles aler. »
« Sire, » dist il, « sans autre atente
« Avant irai veoir ma tente.
« Se Dieu plaist, bien venrai a point
« As noeches, ains c'on la vous doint. »

2814 nert — 2826 bouresce] proueche — 2838 hone

2845 Dist li quens : « Ale vous dont tost !
« De mouser plus je ne vous ost. »

ADONT ist Jehans de la route,
Qui de lui mokier fu estoute.
Mais tex gabe a le fois autrui
2850 Que li gabois revient sour lui.
Ainsi fist il deseur le conte.
Car aussi com le truis el conte,
Le sens de lui de tant widoit (f. 75 a)
Que si tost Blonde avoir cuidoit.
2855 Ele n'avoit c'un cuer en lui,
Si l'ot donné autrui que lui.
Bien i parut, car a grant paine
Fu de penser mainte semaine
Blonde, la vraie, l'amoureuse ;
2860 Mout fu doutans, mout fu soingneuse
Que ne la perdist ses amis
En qui ele avoit son cuer mis.
Mais quant ce vint au parestroit,
Qu'ele seut que li quens venoit
2865 Et que ses peres ot mandés
Tous ses parens et assamblés,
Adont ert ses cuers en balance.
Mais un petit a d'esperance
De chou qu'ele voit qu'il ert tans
2870 Que ses amis viegne par tans.
Pour chou s'est des dames emblee,
Dont laiens est grans l'assamblee.
Un forgier empli de joiaus,
N'en vaut porter autres torsiaus.
2875 Le forgier prent, seule s'en torne,
Dusques au perier ne sejourne
Ou leur congiés eut esté pris
Et li jours del revenir mis.

Mais encor n'i ert pas Jehans,
2880 Dont Blonde eut au cuer grans ahans.
Le postis est alee ouvrir
Par ou Jehans devoit venir,
S'escoute et oreille, et regarde
S'ele l'orroit, car mout li tarde.
2885 Mais encor pas Jehans ne vient,
Dont ele durement se crient.
Sous le perier est retornee
Durement triste et abosmee;
Assise s'est forment pensive,
2890 Et a li meïsmes estrive.

« Lasse, » dist Blonde, l'esbahie,
« Amours, si m'avés envaïe,
« Ki or me faites chi muser *(f. 75^b)*
« Et espoir tout mon tans user!
2895 « Je di bien que je mon tans use
« Et que je par amours ci muse,
« Se cil ne vient en iceste eure
« Par qui mes cuers espoire et pleure.
« Lasse! s'un petit trop delue,
2900 « Je voi bien que il m'a perdue.
« Car quant verra cil de Clocestre,
« N'aval n'amont n'avra nul estre
« Ou ne soie quise et cerkie;
« Puis serai forment laidengie
2905 « De mon pere et fole clamee,
« Quant ci serai seule trouvee.
« Encor de tant ne me chausist
« S'il a tant laissier me vausist;
« Mais autre saut me fera faire,
2910 « Qui pour riens ne me poroit plaire,

2889 pensieue

« Ce sera de penre mari
« Un autre homme que mon ami.
« Penre ? Non fera mal gre mien !
« Si fera voir, et poist m'en bien !
2915 « Poist m'en bien ? Or ai dit folie.
« S'il m'en poise tant que je die
« Quant ce verra au parestrous :
« Sire, je n'ai cure de vous !
« Mout par seroit li prestres sos,
2920 « Qui m'espouseroit sur tels mox.
« Mais che sera rage du dire.
« Je n'en puis mais, car trop me tire
« Amours pour doute de falir
« A mon ami, que tant desir.
2925 « E ! Dix, se il venist bien tost
« Celeement et en repost,
« Ainsi com je li dis antan,
« Cuite fuisse de cest ahan.
« M'avroit il pour riens oubliëe
2930 « Et a autrui s'amour donee ?
« Oïl espoir, ice ressoing
« Pour chou que je li sui trop loing.
« Comment ! Dont ne verroit il mie, *(f. 75 c)*
« Et seré sans ami amie ?
2935 « Certes, ce seroit traïson.
« Or sui ge sote et sans raison,
« Or sui ge bien desnicordee,
« Quant onques me vint en pensee
« Que mes amis, li fins, loiaus,
2940 « Peüst estre si desloiaus.
« Certes, onques n'eut si dur cuer
« Que il le pensast a nul fuer.
« Enne dut il morir pour moi ?
« A ! ce de li croire ne doi
2945 « Que s'amour soit ja mais fausee.
« Pour coi fait il dont demoree ?

« Certes, je croi, ce poise lui,
« Mais il puet bien avoir anui
« D'enfermeté ou de prison ;
2950 « De chou le gart Dix par son non!
« Car mes cuers si a lui s'otroie,
« Sans li ne quich mais avoir joie.
« S'il vient, avoec li m'en irai ;
« S'il ne vient, pour s'amour dirai
2955 « Que je n'ai de baron que faire.
« Ce ne pora mon pere plaire,
« Mais n'en puis mais, trop grant ardour
« Et trop grant force a en amour. »

Quoi que Blonde ainsi se demente,
2960 S'escoute et ot toute la sente
Venir celui que tant couvoite.
Et Jehans le sentier esploite,
Qui mout reut grant peür eüe   (f. 75 d)
Que s'amie n'eüst perdue,
2965 Si grant peür que tout tranblant
Venoit vers le perier tendant.
Desous a veüe s'amie,
Qui onques mais ne fu si lie
Que quant ele le vit venu.
2970 Jehans n'i a lonc plait tenu,
Ains descent, si l'a saluëe.
« Mes dous cuers, bien soiiés trouvee ! »
« Biaus dous amis », ce respont Blonde,
« Et vous deseur tous ciaus du monde
2975 « Soiiés ici li bienviengnans ! »
Après ichou ont mis joignans
Leur visages, si s'entrebaisent,

2957 trop *manque* — 2966 fendant

Dont leur cuer durement s'aaisent.
Mais n'ont mestier de trop atendre.
2080 Jehans va le palefroi prendre
Que Robins avoit amené
Tout enselé, tout enfrené.
Sa douce amie met deseure,
Puis monte sans plus de demeure.
2985 Le forgier prist entre ses bras,
N'ot si riche dusk'a Baudas;
Tous fu plains d'aniaus et d'afiques
Ou il eut mainte piere, rices.

A tant del gardin s'en issirent,
2990 Plus tost qu'il porent hors se mirent,
As cans vienent, leur oirre acuellent.
Or ne quidiés pas qu'aler voellent
Le grant chemin, il n'en ont cure :
Pour eschieuer male aventure
2995 S'en vont les sentiers plus ombrages.
Jehans seut bien tous les boscages,
Car mainte fois passé les ot.
A cele fois mestier li ot.
S'alé fuissent le grant chemin,
3000 Cheü fuissent en mal traïn.
Il ouvrerent plus sagement :
Cele nuit cevaucierent tant
Anchois k'il peüst ajourner, *(f. 76 ª)*
Que mout fuissent fort a trouver.
3005 Mais par jour chevaucier n'oserent,
Cascun jour el bos sejornerent.
La leur ot Robins grant mestier,
Qui leur aloit querre a mengier

2981 auoit *répété* — 2988 riches — 2990 misent — 2997 passé les] mestier li

Es viles selonc les bosquages;
3010 Puis s'en repairoit comme sages
La ou il les avoit laissiés,
Ou en forès ou en plaissiés.
Avaine aportoit as chevax
Et as deus vrais amans gastiaus,
3015 Pain blanc et de capons pastés,
Tant ja par aus n'ierent gastés.
En deus barex que il avoit
Jehans del vin tousjors portoit.
Quant ensi arreé estoient,
3020 Deseur l'erbe vert estendoient
Une touaille bien ouvree,
Puis menjoient en la ramee.
Et leur cheval l'erbe paissoient
Que il bele et drue trouvoient.
3025 Et Robins les gardoit si bien,
Pour qu'il puist, il ne leur faut rien.
Et quant li amant leur assés
Avoient mengié des pastés,
Si s'aloient esbanoiant
3030 Li un a l'autre dosnoiant.
D'entracoler ne de baisier
Ne fait li uns l'autre dangier :
Toutejour baisent et acolent
Et doucement s'entreparolent.
3035 Avoec chou leur amour envoise
La verdure, la douce noise
Des mauvis et des roussignos,
Et d'autres oisillons de bos,
Qui doucement en leur latin
3040 Leur cantoient vespre et matin.
As vrais amans point n'anoioient,

3015 Pain *L*] Plain — 3016 nerent — 3028 mengier — 3038 oissillons

En aus oïr se deduisoient,
O les autres deduis d'amour (f. 76 b)
Passoient sans anui le jour.
3045 Et Robins estoit en esgart
Que nus ne venist cele part,
Et qu'il ne fuissent perceü,
Car tost en fuissent deceü.
Quant ce venoit vers l'anuitant,
3050 Si remontoient li amant
Et chevauchoient vers la mer,
Dont mout desirent le passer.
Mais se Dix pour aus ne se paine,
Il seront en male semaine
3055 Anchois qu'il soient en la nef.
Car n'eut mie le cuer souef
Cil qui estoit quens de Clocestre,
Quant il seut Blonde ert hors de l'estre.

Or dist li contes, ce me samble,
3060 Quant furent li dui conte ensamble,
De Clocestre et d'Osenefort,
Mout s'entreconjoïrent fort ;
Tuit entresalué se sont,
Li venant et cil qui la sont.
3065 Puis sont tuit entré en la sale,
Qui ne fu mie orde ne sale,
Mais grans et bele et baloïe.
Mainte table i avoit drecie,
Apparillie d'asseoir.
3070 Mais ains volra, s'il puet, veoir
S'amie li quens de Clocestre
Que il se voelle au mengier metre.

3045 estoit L] *manque* — 3061 du senefort — 3062 sentreconioient — 3070 Mais] Mains

Son pere requiert qu'il le mant,
Et il si a fait erroment.
3075 Deus chevaliers a apelés :
« Alés », fait il, « si m'amenés
« Ma bele fille, la courtoise. »
Cil i vont que de riens n'en poise.
Es cambres ou les dames sont
3080 Sont venu, et demandé ont
Blonde pour mener a son pere.
Ne fu pas la novele amere
As dames, ains en furent lies, *(f. 76 c)*
Mais par tans seront esbahies.
3085 Encor ne se donnoient garde
Que Blonde fust hors de leur garde.
Quant ne la voient avoec eles,
Si envoient ces damoiseles
Es garderobes pour li querre.
3090 Eles i vont sans respit querre,
Si la quierent et cha et la,
Mais nule trovee ne l'a.
Et li dui conte, qui l'atendent,
A parler d'autre cose entendent.
3095 Bien quident qu'ele tant demourt
Pour chou que son biau cors atourt
D'apparillemens biaus et chiers,
Si se sieent endementiers
Li dui conte, et chil de Clocestre
3100 Li commence a conter de l'estre
Jehan, que il avoit veü,
Mais ne l'avoit pas conneü.
Dont li conte et dist : « Sire quens,
« Onques mais ne fu sot si boens
3105 « Comme un Francis qui hui vena
« O moi, et mervelles disa.
« Il plouvina bien par matin,
« Si que bien fui mouillié en fin

« Mon cote, que j'ava vestu,
3110 « Pour çou me disa, se il fu
« Si riche, que fera porter
« Une maison pour soi conser.
« Et plus me disa il encor,
« Je vols chater palefroi sor,
3115 « Qui fu par devers lui mené,
« Bele lorain, bele selé.
« Quant li fu demandé pour vendre,
« Si me disa qu'il volra prendre
« Son volonté d'avoir que j'ai,
3120 « Mais je li fis respondu nai.
« Assés fu ganés de tex mox.
« Mais, par la goiffe bieu, plus sox
« Sera puis d'un autre busoing ; *(f. 76 ᵈ)*
« Que je chevauchai pour grant soing
3125 « Que j'ava de celui prochier,
« Se cevauca devant premier,
« Tant qu'en un rivier me bati ;
« Mais en un grant fossé flati
« Mon cheval, si sera cheü,
3130 « Par peu je n'ara trop beü.
« Une pecheurs me rivela
« Tout outre le rivier de la,
« Et mon palefroi griolé.
« Dont vinrent mon gent tot dolé
3135 « Pour çou k'il me sera venu.
« Tout mon drap fu tost desvestu ;
« Pris plus seces d'un chevalier
« Qui commença les miens suier.
« Puis fui monté sans plus demour.
3140 « Dont parla le bon sot Francor
« A moi, et disa tel merveil :
« Si sera d'avoir mi pareil,

3122 goisse b'n

« Toustens, quant volra ceminer,
« Fera pour son cors pont mener,
3145 « Puis sera passés sans redout.
« Adont le ganames trestout
« Et mout en eüsmes bon feste,
« Dont m'en va l'amble sans areste.
« Tout ria de cest sot Francis,
3150 « Mais par tans ayra je plus pris.
« Quant pres ceste vile vena,
« Partement de moi demanda,
« Mais je ne li vola donner
« S'il ne me disa son aler.
3155 « Dont me disa un bon sotie :
« Qu'il fu un an toute complie
« Qu'ava tendu en un vergier
« Un bel brechesse a un pervier,
« S'ira veoir s'il sera pris.
3160 « Sacés vous bien que dont fui ris ;
« Et se li disa : Bel ami,
« Ton tendre fu trestout pouri.
« Mais viene vous o moi jouer,   (f. 77 ª)
« Si verras bel pourcel pouser.
3165 « Onques ne se vola venir,
« Ains se fu partis grant aïr ;
« Ne sara plus que il devint.
« Or savas comment tout avint. »
Endementiers que dist ce conte
3170 Cil de Clocestre a l'autre conte,
Si revindrent li chevalier,
Qui eurent fait Blonde cherkier
Et cha et la et sus et jus ;
Mais ains ne la peut trover nus,
3175 Dont mainte dame fu dolente.
Cascune se plaint et gaimente.

3148 lamblee — 3158 Uᵗ

                Toutes se tienent a traïes
                Et disoient comme esbahies :
                « Lasse, comme avons mal gardee
3180   « Celi qui nous ert demandee !
                « Que puet ele estre devenue ?
                « Chaiens n'a le liu d'une nue
                « Ou on ne l'ait quise et cerkie.
                « Ou se puet ele estre muchie ?
3185   « Ele nous joue a reponailles
                « Pour doute de ses espousailles. »
                Ainsi disoient les puceles,
                Les dames et les damoiseles.
                Quant li dui chevalier perchurent
3190   Ceste cose, dolant en furent,
                Si s'en repairent maintenant
                La ou li conte erent seant.
                « Sire, » dist li mix emparlés,
                « Se vous tant atendre volés
3195   « A mengier que Blonde chi viegne,
                « Je dout trop grans fains ne vous viegne.
                « Nus ne set ou ele puet estre.
                « En toutes les cambres n'a estre
                « Ou les dames quise ne l'aient,
3200   « Et pour li durement s'esmaient.
                « Cambre n'i a ne soit questee,
                « Par tout l'ont quise et apelee,
                « Et si n'en sevent nul assens ;   (f. 77 b)
                « Destournee s'est de son sens ».

3205   Quant li conte oënt ces noveles,
        As cuers ne lor sont mie beles,
        Si dolens est cis de Clocestre
        Que il ne puet plus dolens estre.

3182 a — 3191 maitenant

Et cil d'Osenefort fu sages,
3210 Bien ot entendu les messages
Dont Jehans l'avoit amusé.
Lonc tans avoit le siecle usé,
Si aperchut bien cest afaire.
Dont a commencié a retraire
3215 A l'autre conte : « Sire quens,
« Cis afaires n'est mie buens
« A vostre oès, car je croi et cuit
« Que ma fille a tout le cuer vuit
« De vous amer, et aime autrui.
3220 « Et sachiés, je croi c'a celui
« S'en va que vous avés veü ;
« Soutilment vous a deceü.
« Je croi et cuit, si com je pens,
« Que c'est uns escuiers Jehans,
3225 « Qui l'a une piece servie ;
« Sages est et de nete vie,
« Courtois est, s'a cors bien taillié.
« A tant prist a moi le congié
« Pour noveles que il oï,
3230 « Dont il mie ne s'esjoï,
« De son pere qui languissoit,
« De sa mere qui morte estoit.
« Par chou s'en retourna en France,
« La ou fu nouri en enfance.
3235 « Or croi que il vint querre Blonde ;
« Le plus bel gaaing de cest monde
« A fait, s'il puet passer la mer.
« Or voi, bien fors cose est d'amer
« Quant ma fille fait de vous cange
3240 « Ainsi pour un valet estrange.
« Onques mais voir de leur amour
« Ne me poi apercevoir jour,

3209 du senefort — 3210 message

« Mais or le sai, bien le saciés. *(f. 77 c)*
« Car par sa requeste alongiés
3245 « Fu li premiers jours que fu mis;
« Si croi k'ele avoit ce jour pris
« A son ami. Mal fu gardee
« Quant ele s'est ensi emblee.
« Et nepourquant c'est trop fors garde
3250 « De femme. Male flame m'arde
« Se nus qui vive garder puet
« Fame, puis que d'amours s'esmuet !
« Bien vous moca Jehans Martin ;
« N'entendistes pas son latin.
3255 « Quant le palefroi bargignasties,
« De che durement le mocastes
« Qu'il dist qu'il en vaurroit avoir
« Tant con vaurroit de vostre avoir.
« A che deüssiés bien entendre
3260 « Qu'il ne l'avoit talent de vendre.
« Il avoit droit, car sus em porte
« Ma fille, dont or se deporte.
« Après de la pluie qui vint,
« Dont le cendal moillier convint
3265 « Que vous dont aviiés vestu,
« Ne vous prisa mie un festu,
« Pour chou que, quant l'iauwe veïstes,
« Que par deseüre ne meïstes
« Ou houce ou chape ou autre cose,
3270 « De coi vostre cote fust close.
« Pour chou vous dist il, s'il estoit
« Si rices comme il vous sentoit,
« Que pour soi de pluie garder
« Feroit une maison porter.
3275 « Ce fu u houce u chape a dire,
« Mais vous n'en feïstes fors rire.

« Après, quant vous en la riviere
« Fustes cheüs, en tel maniere
« Com vous me contastes orains,
3280 « Peu en deüstes estre plains,
« Car ce fu par vostre folie.
« Jehans ne le vous cela mie,
« Ains vous reprist mout sotilment   (f. 77 ᵈ)
« Quant il ala du pont parlant
3285 « Qu'il feroit mener avoec lui,
« Puis poroit passer sans anui.
« Ce fu a dire sans douter
« Que rices hom ne doit entrer
« En riviere ne en mal pas
3290 « Devant c'on ait passé le pas.
« Des siens doit avant envoiier,
« Et après se puet avoiier
« Par la ou il verra le miex ;
« Ainsi se porra passer miex.
3295 « Par son sens vous dist il tex mox,
« Et si en fu tenus pour sos.
« Après, quant de vous se parti,
« Et vous li eüstes parti
« Que avoeques vous s'en venist
3300 « U son afaire vous deïst,
« Il vous en dist sans longe atente
« Le voir ; car il avoit fait tente
« A ma fille bien a un an.
« Et pour chou vous dist il qu'antan
3305 « Ot une bouresce tendue,
« S'i aloit mettre sa veüe
« S'il avoit pris un esprevier,
« Por coi il l'eut faite drechier.

3294 mix — 3301 en *manque*

« La boresche si senefie
3310 « L'amour que il a a s'amie,
« Pour cui amour tendre devoit
« S'amour au jour que pris avoit.

« Ma fille, c'est li espriviers.
« N'est mie fox li escuiers,
3315 « Ains le vous dist mout soutilment.
« Car tout ainsi comme uns hom tent
« Un oisel pour autre oisel prendre,
« Tout autressi convient il tendre
« S'amour pour autre amour avoir.
3320 « Car trop avroit peu de savoir
« Icil qui n'ameroit nului,
« S'il voloit estre amés d'autrui.
« Or sai bien que ma fille amoit (f. 78 a)
« Et ele lui, si me cremoit
3325 « Tant qu'ele s'est de nous emblee
« Et o son ami assamblee.
« Biaus sire quens, forment m'anoie
« Pour le convent que vous avoie ;
« Mais n'en puis autre cose faire.
3330 « Se vous poés a nul chief traire
« De li ravoir, si le prenés
« Et avoecques vous l'en menés ;
« Et se cil qui l'en a menee
« Puet ains avoir la mer passee
3335 « Que vous la puissiés recouvrer,
« Ja ne li querrai reprouver,
« Car sages est et jentix hom,
« Si n'avra ja se assés non.
« Mais or mengons, et au matin
3340 « Prendés, s'il vous plaist, le chemin.

3311 tendre] uenir — 3312 Samie — 3318 Tou

« Se maintenant i aliiés,
« Quel part aler ne sariiés.
« Car, saciés, il vont les travers
« Et les passages plus divers,
3345 « Qu'il ne soient aperceü.
« Soutilment vous ont deceü.
« Se vous ne les poës ataindre,
« Il convient ces noeces remaindre.
« Or n'en di plus : qui l'ait, si l'ait !
3350 « Se vous l'avés, il ne m'est lait,
« Et se il l'a, souffrir l'estuet,
« Puis c'autrement estre ne puet. »

Or entent li quens de Clocestre
Que il ne puet autrement estre.
3355 Si li fait ire le cuer fondre
Qu'en grant piece ne puet respondre.
Mais en la fin a respondu :
« Lasse ! dolant, j'a tout perdu,
« Mon douce amie, bel pourcel.
3360 « Mais je le siurrai si isnel
« Que je la prendrai en la mer.
« Toutes les pors fera garder,
« Ainsi porront estre trapés.
« Puis fera pendre sur deus pes
3365 « La mauvaise laron Franchis
« Qui si dolent a men cuer mis.
« Puis fera Blonde repentir.
« De mal que me faisa sentir
« Couvient faire grant penitance
3370 « Pour mon dolor, pour mon pesance.
« Avant que moi se puist corder,
« Couvient que ele voist fermer
« La hart entor cor son ami,
« Don sera bien vengié de li.

(f. 78 b)

3375 « Puis en fort prison le metra,
« Tant que bien comparé ara
« Son grant soti et son meffait;
« Bien savrai moi vengier du fait. »

Or soit Dix et li siens commans
3380 Garde des deus loiaus amans,
Car s'il sont pris ne atrapé,
Malement seront il mené.
Mout durement manecié sont.
A tant li conte assis se sont
3385 Par contenance, sans mengier.
Laiens n'eut la nuit chevalier,
Serjant, dame ne damoisele
Qui peüst vuidier escuiele.
Tant sont dolant toutes et tuit
3390 Qu'il n'a laiens noise ne bruit.
Li uns de duel, l'autres de doute,
Par laiens se taist la gens toute.
On osta assés tost les tables,
Puis ne tint on pas longes fables,
3395 Ains se vont couchier par laians.
Mais qui que dormist, c'est noians
De dormir celui de Clocestre :
Si dolans est, plus ne poet estre.
Toute nuit pense grant mervelle,
3400 C'a soi meïsme se conselle
De quel mort et de quel ahan
Vaurra faire morir Jehan,
Et si nel tient encore mie.   (f. 78 c)
On dist piech'a, je n'en doüt mie,
3405 Que tex cache le mal d'autrui
Que li max retourne sour lui.

3382 il mené] atrape — 3397 Clostesfre

Manechié vivent, ce dist on ;
Il ne seroit mie raison
Que mort soient li manecié.
3410 Se Jehans avoit pourcacié
Tant qu'il peüst armes avoir,
Il seroit trop fors a avoir ;
Car tel tresor avoec li maine
Qu'il ne guerpira de semaine
3415 Se il n'est mors ou en prison.
Or le gart Dix de mesprison !

Revenir voel a ma matere.
Li quens, ains que li jors esclere,
Pour Blonde tost cerkier et querre
3420 Se leva sans plus respit querre.
Esvillier fait ces chevaliers.
Qui dont veïst sur ces destriers
Metre seles et bien cengler !
S'il volsissent courre au sengler,
3425 Si sont leur cheval bien estraint.
Li chevalier ne se sont faint.
Au plus tost qu'il pœent s'atornent,
Montent, vont s'ent, plus ne sejornent.
Bien furent cent en cele route
3430 De gent feleuesse et estoute ;
Mout manacent Jehan à pendre.
Or vœlle Dix son cors desfendre,
Entre li et s'amie Blonde,
Et tous leur anemis confonde
3435 Qui vers le mer les sieuent fort.
Ne se remut d'Osenefort
Li peres Blonde ne sa gent ;
Car il ne li fu bel ne gent.

3407 Manchie — 3436 de senefort

Tant fu plains de grant cortoisie,
Que en son cuer ne vorroit mie
Que Jehans fust pris ne trouvés,
Pour chou qu'il s'estoit bien prouvés.
Bon gre l'en set : quant passa mer (f. 78 d)
Bien set c'est par force d'amer.
Les dames qui vinrent pour feste
S'en ralerent sans point d'arreste.
D'Osenefort s'en sont parties
Courechies et esbahies.

Ainsi se departi la cours.
Cele feste fu a rebours,
Il i eut plus plouré que ris.
Et chil qui a voie sont mis
Pour Jehan honir, s'il le voient,
De cheminer ne se recroient.
Tant vont par chemins et par plains
Par aventure qui ains ains,
Que de deus journees font une ;
Par nuit chevaucent a la lune.
Tant se hasterent venu sont
A la mer, et tous wardés ont
Les pors. Partout espies metent
Qui nuit et jor les amans guetent ;
A chascun port en metent quatre.
Et pour ce qu'il puissent abatre
Jehan, se il se veut desfendre,
Ont grans haces pour lui pourfendre.
Et pour chou que riens n'en seüst
Jehans, n'il ne s'en perceüst,
S'ala ou Douvre herbegier
Entre lui et si chevalier.

3447 Dou senefort — 3466 grant

En ses espies se fia,
Qu'a chascun port quatre en i a.
Leur cors arment en bons pourpoins
Et trenchans haces en leur poins.
3475 Or gart Diex les amans d'escil!
Passer les convient en peril.
Un peu m'estuet laissier del conte,
Des amans m'estuet que je conte.

Li dui amant, si com j'ai dit,
3480 Chevaucierent tant sans respit
Les nuis, et les jours sejornerent,
Que du Douvre tant aprochierent
Que il n'i eut pas une lieue.   *(f. 79 ª)*
En une grant forest antieue
3485 Demourerent contre le jour.
Jehans, qui estoit en cremour
De doute de perdre s'amie
Plus que il n'estoit pour sa vie,
Se sot bien par son sens gaitier.
3490 Robin apele sans targier,
Se li dist : « Biaus amis Robin,
« Or acuel errant ton chemin
« Priveement en tapinage.
« Je palirai si ton visage
3495 « D'une erbe que je connois bien,
« Nus ne te connoistroit pour rien.
« Puis t'en iras parler batant
« Au maronier qui nous atant,
« Si li diras que sans arreste
3500 « Ses nes et ses coses apreste,
« Si que nous puissons anquenuit
« Monter un peu ains mie nuit

3473 pourpois

« Et sans delai la mer passer.
« Et si te voelles apenser
3505 « Se tu poras veoir nului
« Qui nous agait pour nostre anui.
« Je pens bien que, se li quens puet,
« Par ses mains passer nous estuet.
« Bien se puet estre si hastés
3510 « Espoir que il nous a passés;
« Car nous nous sommes assés tors
« De chevauchier les chemins tors.
« Pour chou voel que tu prendes garde
« Se nous avons de nului garde;
3515 « Se tu vois riens dont tu t'esmaies,
« Si pourcace tant que tu aies
« Pour mon cors armer armeüre,
« Puis te remet en l'ambleüre,
« Si revien chi a l'anuitant.
3520 « Et si te va mout bien gaitant
« Que nus ne sace ton afaire,
« Car tost en arions contraire.
« Se Dix donnoit c'outre fuisson, (f. 79 b)
« Mout petit les douterion. »
3525 « Sire, » dist Robins, « n'aiiés doute,
« Bien ferai ceste cose toute.
« Mais taigniés moi, c'aler m'en voel.
« De chi tant demorer me duel. »

A tant cuelli en la gaudine
3530 Jehans d'une herbe la rachine,
Si l'a au pumel de s'espee
Broiie et d'iauwe destempree.
Après a Robin oint du jus
Si qu'en tout le mont, sus ne jus,

3525 naiieis — 3534 que

3535 Ne vit homme qui ne quidast
Que fort fievre le travillast,
Plus pale que cire matie
Est sa chiere et toute froncie.
Un baston pour li apoiier
3540 Fist de le brance d'un pomier.
Or voist quel part que il volra,
Ja reconneüs ne sera.
A tant prent congié, si s'en torne,
Avis li est que trop sejorne,
3545 Ja estoit levés li solaus,
Quant il se parti d'avoec aus.
Jehans et Blonde el bois demeurent,
Cele matinee labeurent
Tant qu'en un tresbiau lieu el gaut
3550 Font une loge pour le caut
De biaus rainsiaus vers et de flors,
Muguès ert a che point en cours,
Puis en ont jonchie leur loge,
Si dist Jehans : « Amie, or lo ge
3555 « Dedens nostre loge mengons
« Seur le muguet et seur le jons,
« Encor avons nous deus pastés,
« Ja par nous ne seront gastés. »
« Biaus dous amis, je m'i acort, »
3560 Puis s'entrebaisent par acort
En bouce, en front, en nes, en vis ;
Puis se sont seur les jons assis.
Un blanc doublier, d'uevre menue, (f. 79 c)
Ont sur le muguet estendue,
3565 En leur ciés eurent capiax vers.
Jehans a les pastés ouvers,
A mengier a s'amie offert ;
Ele mengue et il la sert ;

3538 Et; est

Mais pour ce a mengier point ne lesse.
3570 Si sont lour dui cuer d'une laisse
Qu'ele ne veut riens qu'il ne voelle,
N'ele ne veut dont il se deulle.
Leurs disners entrelardés fu
De chou qui plus plaisant leur fu,
3575 Che fu de baisiers saverous;
Mout leur estoit tex mestiers dous.
D'amours parolent ambedoi ;
Et si cheval aval l'erboi
Paissent et empasturé sont.
3580 Quant li dui amant mengié ont
Des pastés et del vin beü,
Dont assés avoient eü,
Il ont leur doublier reploiié.
Après chou se sont avoiié
3585 D'aler jouant parmi le bos
Oïr le chant des roussignos,
Em pur les cors tout main a main.
Se g'i pensoie hui et demain,
Dire ne conter ne saroie
3590 Le grant deduit ne le grant joie
C'amour a faire leur ensaigne.
N'a mie bon cuer qui desdaigne
Amours, pour tourment c'on en ait.
Car des maus tel guerredon fait
3595 As fins amans qui bien se tienent,
Qu'en la fin a tel joie en vienent
Et de tel souslas sont si lié
Que tout anui sont oubliié.
Bien i parut a icès deus
3600 Qui es forès se tienent sex,
Et si leur plaist tant ce k'il ont
Que de riens couvoitise n'ont
Fors d'eskiuer ciaus qui metroient *(f. 79 d)*
Leur amour a fin s'il pooient.

3605 Autre riens ne leur fait grevance.
S'il estoient venu en France,
Il aroient joie d'amours
Parfaite et durant a tousjours.
Quant un peu se sont esbatu,
3610 En leur loge sont rembatu,
Ou il faisoit bel et roisant.
Illuec se revont deduisant
De baisier et d'entracoler,
De doucement entrepaller,
3615 Mais del sourplus conte ne fas,
Que je ma matere n'effas.
Encor n'est pas venus li poins
Que de chou faire soit besoings.
Peu en est or qui s'en tenissent,
3620 Puis que a tel mes en venissent;
Car maintenant est plus de mal,
Petit est mais d'amour loial.
Or reconterons de Robin,
Qui de la mer est el chemin.

3625 Li contes dist que tant ala
Robins, puis qu'il parti de la
Ou ses maistres pali l'avoit,
Qu'a Douvre vient d'ou la mer voit.
Si tost comme en la vile entra,
3630 Quatre chevaliers encontra,
Qu'avoec le conte avoit veüs;
Sages est, ses a conneüs.
Deseur son baston apoiant
S'en va les rues costoiant.
3635 Or voit bien Jehans est gaitiés,

3608 durans — 3622 mains — 3628 = *M*] Qua doutre uient dou la mer uient.

Ne s'est pas trop d'aler coitiés.
Le petit pas, chiere baissie,
A tant alé qu'il a laissie
La vile, et s'est entrés el port.
3640 Mal sambloit homme de deport,
Car il samble qu'il ait langui
Assés plus d'un an et demi.
Delés le port en une anglee *(f. 80 ª)*
Vit le conte et sa gent armee ;
3645 Par delés lui l'estuet passer
S'il veut al maronier aler.
Adont clocha forment d'un pié ;
L'un oel ouvert, l'autre cluignié,
La teste basse et les rains haut,
3650 A dit au conte : « Dix vous saut! »
Samblant fait de parler a paines.
« Sire », dist il, « trente semaines
« Ai langui de cotidiaine,
« Encor l'ai ge double tierchaine.
3655 « De France sui un povres hom,
« Je n'ai mais denier ne mangon
« De quoi je raille en mon païs,
« Ains morrai chi tous esbahis
« Se vous pour sainte paternostre
3660 « Ne me faites donner del vostre. »
Li quens l'esgarde et sa maisnie ;
Mais a nul d'aus ne sambloit mie
Que il peüst quatre jours vivre.
Li quens douze esterlins li livre,
3665 Et chascuns de ses chevaliers
Li donna d'argent sis deniers.
Lueques ne fu pas Robins fox,
Bien gaaigna quarante sols.
Comment que del cuer les haïst,

3653 cotidiane — 3656 magon.

3670 Ne laissa l'argent ne preïst.
De Diu les mercie de bouche,
Mais mout petit au cuer li toce;
Miex ameroit leur meskeance
Qu'il ne feroit lour bienvoellance.

3675 A tant prent congié, si s'en torne,
Duskes a la mer ne sejourne.
Au maronnier qui les atant
Est venus de l'un oel cluignant.
« Sire », dist il au maronnier,
3680 « Un peu vous volroie proiier
« Que vous me passés ceste mer,
« Car decha mer ai cuer amer.
« Je n'i euch onques jour santé.   (f. 80 ᵇ)
« Del mien a vostre volenté
3685 « Poés prendre, car j'ai deniers
« Dont je vous donrai volentiers. »
« Amis », li maroniers respont,
« Encor ne sai quant cil venront
« Cui je creantai a atendre.
3690 « A autre gent ne voel entendre
« Devant que je porrai savoir
« Se chil volra ma nef avoir
« Qui devant le cop me paia.
« De soi atendre me proia,
3695 « Si l'atendrai au mains itant
« Com je li eu en convenant. »

Quant Robins ot le maronnier
Qu'il se puet bien en lui fiier,
Si li a dit : « Mout a grant somme
3700 « De bonté en cuer de preudome.
« Sachiés que je li vallès sui

« Qui vint decha avoeques lui
« Qui vous pria de lui atendre.
« Ci m'a envoiié pour aprendre
3705 « Se vous convent li teniiés,
« Ne se vous mais l'atendiiés. »
« Or m'as tu dit trop grant desroi, »
Fait li maronniers, « par ma foi.
« Il n'avoit o lui c'un vallet
3710 « Que on apeloit Robinet.
« Un palefroi les lui menoit;
« Plus haitiés et plus sains estoit
« Que tu n'iés. Si feïs folie
« Del dire, car ce n'es tu mie.
3715 « Il samble que tu morir doies
« Si tost que tu tierch jor ne voies. »
« Si sui, » dist Robins, « biaus dous maistre,
« Savoir vous convient tot nostre estre.
« Mes maistres a maint anemi,
3720 « Si nous gaitent, saciés de fi.
« Et pour chou que reconeüs
« Ne soions ne aperceüs,
« Me taint ainsi d'une taintine *(f. 80 c)*
« Qu'il cueilli en une gaudine.
3725 « A vous m'envoie, et si vous prie,
« Com celui en qui il se fie,
« Que la nef soit garnie et preste
« Pour passer sempres sans arreste
« Un petit devant mie nuit.
3730 « Une damoisele conduit
« Seur le cheval que j'amenoie,
« Qu'il ne veut pas que chascuns voie.
« Et tant vous mandë il par moi,
« Se vous dela en bone foi
3735 « Le passés, tant d'argent avrés

3721 chou *manque*

« Que ja mais povreté n'avrés.
« Quar se dela l'aviés mis,
« Peu douteroit ses anemis.
« En vous se croit pour la fiance
3740 « Dont il fist a vous aliance.
« Or nous voelliés en foi aidier,
« Car nous en avons bon mestier ;
« De tex jens voi aval ce port
« Qui ne pourcacent fors sa mort. »

3745 Or ot li maroniers noveles
Qui durement li furent beles.
Pour la proumesse de l'argent
Rechut Robin mout bel et gent,
Et dist qu'il leur aidera bien
3750 Ne ja ne leur faurra pour rien.
Et Robins merciié l'en a.
Et dont en sa nef l'amena
Priveement, et si li moustre
Que riens n'i faut pour passer outre.
3755 En la nef avoit armeüres
Qui erent bones et seüres ;
Celes qu'il volt mist d'une part.
Or n'atent mais mais qu'il soit tart,
Par coi des jens se puist embler
3760 Et avoec Jehan rassambler.
Li maroniers l'aaisa bien,
Celui jour ne li fali rien
Comme de boire et de mangier, *(f. 80 d)*
Assés en eut et sans dangier.
3765 Robins au maronier enquist
Ou li quens de Clocestre gist.
Et il li dist, ne li cela :
« En la vile au chief de decha.
« Qui de ci un cri jeteroit

3770 « A son ostel oïs seroit,
« Et s'est bien de nuit une lieuwe.
« Avant que du port se deslieue,
« Si laisse a cest port quatre espies,
« Qui sont d'armeüres garnies;
3775 « Et au matin, ains qu'il ajourne,
« Li quens et sa gens i retorne.
« Aussi fait il par grant effors
« Gaitier par tous les autres pors.
« Nule nef ne se puet movoir
3780 « Qu'il ne voellent anchois savoir
« Quex jens che sont qui outre vont.
« A moi meïsmes enquis ont
« Pour coi j'atendoie ci tant;
« Et je leur dis tout maintenant,
3785 « Com cil qui ne s'en donnoit garde :
« Un escüier, qui trop me tarde,
« Mais ses deniers ses me paia,
« De coi atendre me proia.
« Ainques puis que il chou oïrent
3790 « Les espies ne s'en partirent,
« Ains gisent, chou est grans anuis,
« Si pres de chi toutes les nuis
« Que nus ne vient chi qu'il ne sacent,
« Et ne sai qui forment manacent.
3795 « Je croi bien, a chou ke j'entent,
« C'est Jehan qu'il vont manechant,
« Si me douch durement de lui
« Que il ne li facent anui.
« Il ne puet venir fors par eus,
3800 « Et il sont felon et cruëx.
« Et autre cose i a encor :
« Cascuns porte a son col un cor.
« Si tost com corner les orra, (f. 81 a)

3772 desliue — 3773 Si] Puis

« Li quens ceste part acourra.
3805 « S'est en grant peril, s'il i vient,
« Car mors est se li quens le tient.
« Mais, si me gart Dix d'encombrier,
« Ne sont pas perdu li denier
« Dont il me fist grant courtoisie;
3810 « A ce cop li sera merie.
« Quant ce venra a l'asserir,
« Les espies vaurrai tenir
« A parole; dont en irés
« Par devers nous; puis si dirés
3815 « Jehan que, s'il vient ci anuit,
« Ne trovera pas mon cors wit :
« D'armeüres dites li bien
« Que ja ne li faurrai pour rien.
« Se plus n'en i vient que les quatre,
3820 « Bien porrons leur orguel abatre. »
Robins l'ot, le cuer a tot lié.
Tant li ot dit et acointié
De la courtoisie son maistre
Que il veut bien de s'aiuwe estre.

3825 Bonne est larguece et cortoisie,
Car a maint homme ont fait aïe.
Li maroniers, si comme il dist
A Robin, tout ainsi le fist.
Robins en la nef reposa,
3830 Qui le jour hors aler n'osa.
Et quant ce vint a l'aseri,
Li quens et la gent tout seri
A lour hostel s'en repairerent.
Les quatre espies demourerent
3835 Par le commandement le conte

3811 se — 3821 tot] ot — 3831 = *M*] a la feri

Pour faire Blonde plus grant honte.
Pres de la nef qu'i soupechonnent
En un vaucelet se reponent,
Qui estoit en milieu del port.
3840 Li maroniers, qui ert au bort
De sa nef, bien les aperchoit,
Robin les a moustré au doit.
« Or n'i a mais mestier demeure, (f. 81 b)
« Robin », dist il, « il est bien eure ;
3845 « Que tu t'en voises a ton mestre ;
« Et je m'en vois avoec aus estre
« Tant que seras outre passés. »
Robins li dist : « Or en pensés. »

A tant li maronniers s'en part,
3850 A ciaus vient qui sont en esgart.
Avoec lui un baril de vin
Aporta, qui crut sur le Rin.
Mout estoit fors et entestans.
« Signeur, Jhesus vous soit aidans, »
3855 Fait li maroniers, « s'il vous plest.
« Mes cuers mout durement s'irest
« Quant ja avés jeü trois nuis
« Ci n'o moi ne beüstes puis.
« De vin vous aport un baril,
3860 « Or le meton tost a essil. »
Li glouton oënt tex paroles,
Ne leur samblerent mie foles,
Car il buvoient volentiers ;
S'il en i eüst deus sestiers,
3865 N'en estordist il plain hanap.
Et Robins de la nef de sap
S'en part tous cargiés d'armeüres

3851 barin

Qui erent bonnes et seüres.
Que qu'il entendent a parler,
3870 Par derrier aus prist a aler.
Illuec aida a Robin Diex,
Car les espies n'orent iex
Dont il le peüssent perchoivre,
Car il entendoient a boivre.
3875 Mais li maronniers bien le vit,
A cui li cuers de joie rist,
Quant il le vit outre passé.
Tant a as espies brassé
Qu'il set a quel besoing il tendent,
3880 Et pour coi a gaitier entendent.
Et quant il a d'aus tout apris,
Isnelement a congié pris.
A leur gre se part d'aus isnel,   (f. 81 c)
Si est entrés en son batel,
3885 Ou il avoit maint aviron.
Ses avironeurs environ
Apele et si leur dist : « Signeur,
« N'aiiés doutance ne cremeur
« Pour riens que vous oés anuit;
3890 « Mais garnissés vous d'armes tuit.
« Gardés la nef, se je n'i sui
« Que n'i laissiés entrer nului.
« Uns courtois hom a grant mestier
« De moi, si li vaurrai aidier. »
3895 « Sire », diënt il, « volentiers
« Ferons quanqu'il sera mestiers. »

Après son commant par la nef
Li maronier s'arment souef.
Cascuns sa teste et son cors arme,

3871 Dix — 3872 nerent

3900 Et prist en sa main tel ghisarme
Qui fu trenchans et esmolue.
Bien sera la nef desfendue,
Se nus vient avant qui l'assaille,
Car il n'i a point de frapaille.
3905 Vint bacelers jone et fort sont,
Qui tousjours la nef garderont,
Estre le maistre au cuer hardi.
Mais chi endroit d'aus plus ne di
Devant que il en sera tans.
3910 De Robin voel estre contans,
Qui fu mout liés quant ot passees
Les espies qu'il ot doutees.

Puis que Robins escapés fu,
De l'errer a repos ne fu
3915 Devant qu'il revint as amans,
Qui orent eü grans ahans
De chou que il demouroit tant.
Estes le vous venu a tant
Si cargié de toile et de fer,
3920 Qu'il dist : « Ves ci deduit d'enfer
« De porter a pié si grant carge. »
Et Jehans tantost l'en descarge,
Puis dist : « Or ne te caut, Robin.   *(f. 81 ᵈ)*
« Se nous venons a Dantmartin,
3925 « Tex paines te seront meries.
« Mais des noveles qu'as oïes
« Me conte. A il au port nului
« Qui nous agait pour nostre anui ? »
« Oïl certes, » Robins respont.
3930 « Li quens et toute sa gent sont
« A ostel si pres de la mer

3906 *corr. de* garderons — 3922 desgarge

« Qu'il puet bien entendre au parler
« Quatre espies, qui sont au port
« Armees pour vous metre a mort.
3935 « Mais tant i a qui vous vaura :
« Li maroniers vous aidera
« A qui les dis livres donnastes;
« Onques denier miex n'emploiastes. »
Après chou li conte comment
3940 Il fu recheüs liëment
De li, quant il fu conneüs.
Puis li dist com ot deceüs
Le conte et sa maisnie toute,
Que il n'ot nului en sa route
3945 Dont il n'eüst sis estrelins.
Après chou li a dit Robins
Comment par le bon maronier
S'en estoit revenus arrier.
« Pour chou qu'a boivre leur donna, »
3950 Fait il, « entendre leur donna
« Tant que je a vous venu sui
« Que d'aus aperceüs ne fui. »
Quant Blonde la novele entent,
De paour va ses cors tramblant,
3955 Car or set ele bien sans faille
Que ses amis avra bataille.
Pour chou li dist : « Biaus dous amis,
« En grant peril vous estes mis
« Pour moi, dont j'ai grant desconfort.
3960 « Grant peür ai de vostre mort,
« Car a chou que jou entench chi,
« Au port avons nous anemi ;
« Biaus dous amis, n'i alons mie. (f. 82 ª)
« Se vous i perdiiés la vie,
3965 « Mes cuers de doleur creveroit,

3935 venra — 3962 nous *manque*

« Après vous jour ne vivéroit. »
« Ma douce amie, » dist Jehans.
« Ne vous doutés de tex ahans.
« Puis que j'ai nef et armeüre,
3970 « La voie m'est toute seüre.
« Se nous decha demourions,
« En fin perceüt serions,
« Ne de vous avoir ne poroie
« D'amours ja plus joieuse joie.
3975 « Saciés que mes cuers mout desire
« La joie, dont je me consire
« Tant que je vous aie espousee.
« Metés en pais vostre pensee;
« Car saciés bien trestout de bout :
3980 « Tous mes anemis riens ne dout.
« Mais aidiés moi a armer tost;
« Que, se malgré aus ne vous ost
« De cest païs, petit me pris.
« Au besoing connoist on son pris.
3985 « Qui avoec lui s'amie maine,
« Ne doit redouter nule paine.
« Cha mes armes! Armer me voel.
« Du despit que j'ai d'aus me duel! »

Blonde, qui ne l'ose desdire,
3990 Ses armeüres li atire.
Primes vest unes espaulieres
De boure de soie, mout chieres.
En son cief mist un bacinet
Fort et tenant et bel et net,
3995 Après a vestu un hauberc,
Il n'ot un milleur dusk'a Merc.
Bien le chaint Blonde d'un tissu

3972 Et la fin percut — 3997 Blonte

Qu'ele meïsmes ot tissu.
En son chief une galandesche,
4000 Qui estoit de l'uevre galesce,
Li lacha sa tresdouce amie.
Ses beles mains n'espargne mie
A lui servir. Tant belement   (*f. 82 b*)
Le sert que se tout son vivant
4005 Eüst usé de tel mestier,
Si s'en seut ele bien aidier.
Ne doit estre de cuer faillis
Qui de tel servant est servis.
Seur son hauberc vest un pourpoint,
4010 De nul milleur ne demanch point.
Par deseure a chainte s'espee,
Qui fu trencans et amouree.
Puis acole s'amie et baise,
Et dist : « Or soiiés tout a aise,
4015 « Douce amie, et ne doutés rien ;
« Car de tant vous asseür bien :
« Se nous trouvons qui mal nous voelle,
« Se m'espee u cors ne li moelle
« Ja mais ne quier a nes un jour
4020 « Avoir joie de vostre amour. »
« Mes dous amis, » che respont Blonde,
« Or nous consaut li rois du monde. »
A tant se fu armés Robins
D'un pourpoint qui fu doublentins ;
4025 De fer eut ou cief capelier
Et a son chaint coutel d'achier.
Puis a les chevax effrenés
Et devant Jehan amenés.

4015 Douce *manque*

Jehans a s'amie montee,
4030 Puis est montés sans demource.
A tant acuellent a esploit
Leur oirre. La lune luisoit
Si qu'entour aus assés cler voient.
La grant ambleüre s'avoient
4035 Duskes adont que au port vinrent.
Blonde et Robins joignant se tinrent
De Jehan, qui estoit entr'aus.
Tant ont erré qu'il virent ciaus
Qui pour bien mie nes atendent.
4040 Quant les espies les entendent,
Il salent jus isnelement.
Li uns des quatre Blonde prent
Par le lorain, et li dist : « Dame, *(f. 82 c)*
« Vous arresterés chi, par m'ame!
4045 « Fols fu qui vous prist en conduit,
« De male mort morra anuit. »
Jehans li a dit : « Vous mentés.
« Se vous m'espee ne sentés,
« Ja mais ne me pri un denier. »
4050 A tant la trait sans atargier,
S'en fiert celui parmi la teste
Si grant cop que li brans n'arreste
Devant qu'il li vient au menton.
Puis li a dit : « Outre, glouton!
4055 « Trop par eüs le cuer vilain
« Quant a m'amie meïs main. »
Quant li autre troi celui virent
Froit mort, Jehan fort assalirent,
Et Jehans pour leur cox guencist,
4060 Si ke les deus falir en fist.

4052 bras

Et li tiers a tel cop feru
Que del hauberc maillié menu
Li a un pan desous osté.
Le jenouil li eüst colpé
4065 Se il n'eüst hanque de fer.
Ensi com deables d'enfer
Ala la hace jusk'en tere;
Jehans le voit, li cuers li sere.
Par si grant maltalent le fiert
4070 De l'espee, qui trencans ert,
Ke le bras ot toute la hace
Li abati enmi le place.
Quant li ribaus ainsi se voit,
Que l'un des bras perdu avoit,
4075 Fuïs s'en est de la mellee,
Et prent son cor sans demoree,
Si corne de si grant aïr
Qu'il se fist a l'ostel oïr,
Ou li quens ert, qui ne dort mie.
4080 Quant il entendi la bondie,
Bien set que Jehans est au port,
Si a crië as armes fort.
Adont s'arment sans longue atente. *(f. 82 ᵈ)*
Et Jehans a au port entente.
4085 Des deus qui encore erent sain
Robins, le coutel en sa main,
En vient a l'un, si le feri
Si k'il l'abat mort si şeri
C'après le cop ne se plaint point,
4090 Car del coutel au cuer le point.
A tant li maroniers oï
Le cor, dont pas ne s'esjoï.
Bien set Jehans est assalis;
Hors de sa nef est tost salis,

4089 point *Schwan]* manque

4095 Au corneeur le cours en vient,
De la gisarme que il tient
Li a fait la teste voler.
« Ribaus, » dist il, « or puès corner !
« Coment que Jehan en aviegne,
4100 « Ne croi mais que nus biens te viegne. »

Quant li quars, qui encor fu vis,
Vit tous ses compaignons ocis,
En fuiant ou qu'il puet randonne,
Et en fuiant un court mot sonne
4105 Del cor que il avoit au col.
Mais or se tient Jehans a fol
S'il ne li vent bien son corner.
Dont commence a esperonner,
Quanque il puet courre après lui.
4110 En peu d'eure l'a consiui,
Si le fiert si el haterel
Que par le milieu del cervel
Li mist s'espee dusk'as dens,
Et il est mors cheüs asdens.
4115 Puis est acourus vers s'amie.
Et li maroniers ne detrie,
Ains vient a aus, si les salue,
Puis dist : « Jehan, en vostre aiuwe
« Sui ci venus pour vous aidier.
4120 « Bien l'avés fait au commencier.
« Mais ore en venés sans demeure !
« Cha ! vous ne garderés ja l'eure
« Que li quens et sa gent venrront, *(f. 83 a)*
« Car leur cornès bien oïs ont. »
4125 Et Jehans mout le mercia
De l'aïde que de li a.

4095 corneur — 4096 gise arme — 4109 Quanquil

Aussi fist Blonde durement,
Puis s'arroutent isnelement.
Mais ains qu'a la nef puissent estre,
4130 Vint poignant li quens de Clocestre
Sur Morel son poignant destrier,
El païs n'ot millour coursier.
Plus c'uns hom d'un arc ne traisist,
Devant toutes ses jens se mist,
4135 L'espee ou poing, l'escu au col.
Jehans le voit, sel tient pour fol
De chou que ses jens eslonga :
« Je cuit, » fait il, « que il songa
« Que je de paour m'en fuiroie
4140 « Quant ainsi courre le verroie.
« Ja mais ne goe jou d'amour
« Se vers lui ne vois a ce tour ! »
A cest mot son cheval retorne
Et s'espee devant lui tourne.
4145 Le pumel mist a son archon,
La pointe mist devant en son,
Bien trenchant et bien amouree.
Puis a trenchiet de randonee
Contre celui qui escu ot.
4150 Mais Jehans hiaume n'escu n'ot
Ne tel cheval comm'ot li quens;
Nepourquant ses roncins ert boens.
A cel point ot grant paour Blonde :
S'ele eüst tout l'avoir du monde,
4155 Mout volentiers donné l'eüst
Par si que ses amis n'eüst
A cele jouste se bien non.
Et li dui vassal el sablon
Se sont en peu d'eure entrataint :
4160 Nus d'aus deus de ferir ne faint.

4140 lorroie — 4147 trechant

Li quens feri Jehan premiers,
Ne li valut pourpoins entiers
Que s'espee ne past parmi.
Le fort hauberc li dessardi,
4165 S'espee li rase au costé,
Si que del cuir li a osté.
Se ele fust droit afilee,
De Jehan fust cose finee.
Et Jehans, qui s'espee ot mise
4170 A son archon, si droit l'a mise
Que par la pane de l'escu
Et par le hauberc c'ot vestu
Et parmi tout son autre atour
Li mist outre l'espaule un dour.
4175 Empaint l'a de si grant randon
Que par deseure son archon
Et par la crupe du cheval
L'abati a la tere aval.
Ses hiaumes a tere feri,
4180 Si que par peu ne li croissi ;
Li cols mout fu navrés forment.
Et Jehans le bon Morel prent,
Qui plus tost keurt d'une arondele.
Errant est saillis en la sele.
4185 Or est il assés plus seürs
Que s'il fust enclos de bons murs.
Mout afice bien en son cuer
Ja tant ne verra a nul fuer
Pour lui mal faire qu'il n'ocie.
4190 Es vous Robin qui ne detrie :
L'espee le conte a levee
Que il a el sablon trouvee.
Ja caupast au conte la teste ;
Mais ses gens vienent sans arreste.

4192 trouue — 4193 a; test — 4194 gens *manque*

4195 Seur le cheval son signeur monte.
Quant Blonde voit ainsi le conte,
Qui ert el sablon bien navrés,
Se li dist : « Dans quens, vous n'avrés
« L'amour que vous avés cachie.
4200 « Mieudres de vous l'a pourcachie.
« Fols fustes quant a mon ami
« Joustastes. Il est ore ensi.
« A bon droit vous est meskeü.   *(f. 83 c)*
« Car on n'a pas souvent veü
4205 « Que riches quens et chevaliers
« Daignast jouster a escuier.
« Mout sui lie quant mes amis
« S'est deseur vostre ceval mis. »
Li quens Blonde bien entendi,
4210 Mais nul mot ne li respondi;
Si est dolans ne puet mot dire.
Et Jehans, qui sur lui s'aïre,
Revint sur lui sans atargier,
Et les lui le bon maronier;
4215 Et Robins revenoit aprés.
Ja fust li quens de la mort pres,
Quant ses gens apoignant i vinrent,
Qui mout a deceü se tinrent
Quant il ensi virent leur conte,
4220 Qui ot eü anui et honte.

Pour rescourre leur signerage
Vinrent poingnant et fol et sage.
Qui mix fu montés premiers vint;
Mais cil qui derriere se tint
4225 Fu plus sages que li premiers,
Car Jehans ert dis tans plus fiers

4195 som; signeur *manque* — 4196 cont — 4198 naurre

Pour s'amie, que les lui voit.
Pour chou que perdre le doutoit,
Ert aussi fiers comme uns lyons.
4230 Morel broce des esperons,
Le premier fiert si de s'espee
Que la teste li a colpee,
Et le secont fiert sur le poing,
Si qu'il li fist voler bien loing.
4235 Le tierch ocist, s'abat le quart,
Aussi com bestes en essart
S'en fuient pour peür del leu,
Assi guerpissent il le lieu,
U il s'embat, pour les grans cox
4240 Dont il leur trence car et os.
Li maronniers prent un destrier,
Si i est montés par l'estrier.
Lui et Robins avoient pris *(f. 83ᵈ)*
A cex qui n'estoient mais vis
4245 Esperons dont il esperonnent.
Dusk'a la mellee randonent
La endroit u virent Jehan,
Qui la nuit souffri mout d'ahan,
Car les jens le conte croissoient,
4250 Qui plus et plus tousjours venoient.
Bien erent cent leur anemi
D'armes apresté et garni,
Et Jehans n'estoit que li tiers;
Mout estoit grans li encombriers.
4255 Li vint d'aus garderent le conte,
Qui de remonter ne tient conte,
Car durement navrés estoit.
Contreval le cors li couroit
Li sans, qui li ist de la plaie;
4260 Dont sa gent durement s'esmaie.

4235 labat — 4242 i *manque*

Et Jehans as autres combat;
Maint en i geta mort tout plat.
Li maroniers bien li aida,
Qui la ghisarme en sa main a ;
4265 A deus cox deus lour en ocist.
Et Robins, qui el cheval sist,
Rechut la nuit mainte colee,
Et si rechut mainte testee.
Mais se Jehan plus ne cremissent
4270 C'aus deus, tost a mort les meïssent.
Mais tant redoutent ses colees
Pour les testes qu'il eut colpees,
C'a cop atendre ne l'osoient.
Espees de loing li lanchoient,
4275 Qui li faussoient son hauberc;
Cele nuit i eut fait maint merc.
El cors meïsme le navrerent,
En quatre lieus sanc en sachierent.
Mais ne sont pas plaies morteus,
4280 Petit en est espoënteus.
Des esperons Morel eslesse :
La ou il voit le grignor presse
Se fiert aussi comme li leus *(f. 84 ª)*
Es bestes quant est familleus.
4285 Et il li fuient cha et la,
Que nus d'aus atendu ne l'a.

Endementiers qu'ensi hustinent,
Li vint d'aus vers Blonde ceminent,
K'il virent seule enmi le plain.
4290 Li uns le prist par le lorain,
Et li autre par grant effroi
Li chachoient son palefroi.

4289 emi

Vers la vile en vont a esploit.
Quant ele saisie se voit,
4295 Ains mais ne fu si esbahie.
En haut cria : « Sainte Marie !
« Amis, or m'avés vous perdue. »
Jehans a s'amie entendue,
Bien entent qu'ele est entreprise ;
4300 Sa vie des or mais peu prise,
S'a ce cop ne la puet rescourre.
Un glaive prent, puis laisse courre
Morel, qui pourprent les grans saus.
Tant a courut qu'il ataint ciaus
4305 Qui mener en voellent s'amie.
Il leur cria : « N'en menrés mie,
« Mauvais traïteur, losengier ! »
Del glaive fiert si le premier
Que parmi le cors li empaint,
4310 Si qu'au morir petit se plaint.
A tere est keüs sans demeure.
Puis trait Jehans l'espee a meure,
S'en fiert le secont dusk'es dens
Si c'a tere caï adens.
4315 Au tierch cop ra ocis le tiers.
Es vous Robin endementiers
Et li maronier, ambedui
Venoient poignant après lui.
Ains qu'a lui fuissent assemblés,
4320 En ot ja quatre acraventés.
Et cascuns d'aus deus au venir
En fist un el sablon jesir.
Jehans ne se repose mie : *(f. 84ᵇ)*
Celui qui au frain tient s'amie,
4325 Tel cop li donna de s'espee
Que le cuisse li a colpee.

4322 iesiir

Le lorain laist, u voelle u non,
Tous afolés ciet el sablon.
Puis li a dit en reprouvier :
4330 « Vassal, il fait malvais quidier
« Que nus fins amans pres ne loing
« Puist falir s'amie au besoing.
« Le main en li mar mis avés;
« Vostre droit loiier en avés. »
4335 Tuit li autre, qui ces cox virent,
S'en fuient, et Blonde guerpirent.
Et Jehans revint a s'amie,
Si li dist que ne s'esmait mie.
Ele li respondi : « Si fach,
4340 « Trop i a de ciaus que je hach.
« Par cele amour qu'ensamble avons
« Vous pri qu'en la nef nous metons
« Au plus tost que vous poés onques. »
Or n'i ot plus de respit donques
4345 Quant il ot conjurer l'amour ;
Vers la nef en vont sans demour.
Mais tex soissante après lui tracent,
Qui de la mort Jehan manacent.

Droit en ce point c'a la mer vinrent,
4350 Li soissante si pres les tinrent
Que lueques couvint a Jehan
Assés souffrir paine et ahan.
Car Robins et li maroniers
Traient en lor nef leur destriers,
4355 Et Blonde i metent ensement.
Et Jehans tous seus se desfent ;
Maint cop eut et maint en donna,
Mainte teste et maint bras copa.
Mais quant la bele en la nef fu,

4332 p⁰st faliir *(le second i est exponctué)*— 4333 mal — 4355 i *manque*

4360 Li maroniers mout liés en fu,
Si escria ses batilliers :
« Or tost, signeur, il est mestiers
« Que nous courons Jehan aidier, (*f. 84 c*)
« Qui seus se combat el gravier. »
4365 Il respondirent mout leur poise
Que piech'a ne sont a la noise;
« Mais pour la nef faire garder
« Nous feïstes ci demourer. »
A tant salent hors du batel
4370 Et vinrent a Jehan isnel,
Cui il voient faire mervelles;
Ains mais ne furent ses parelles.
Car aussi com quant est li pors
Escauffés des ciens par effors
4375 Et il a tous estal leur livre,
Tant que les pluiseurs a mort livre,
Ainsi Jehans seur le sablon
Leur a mis le cors a bandon.
Tant en tua, tant en ocist
4380 Que je cuit de Diu tout ce fist,
Pour chou que il ne voloit mie
Ke leur amour fust departie,
Pour ce k'ele ert loial et bonne
Et Dix tous les biens guerredonne.
4385 La nuit en ocist vint par conte,
Ensi comme je truis en conte,
Sans ciaus que li autre tuërent
Et sans les autres qu'il navrerent.

A tant es-vous les batelliers;
4390 Gisarmes dont trence l'aciers
Avoit cascuns d'aus en leur mains.
Ne vint mie des daarrains

4385 nuis

JEHAN ET BLONDE

   Li bons maroniers ne Robin.
   Quant il furent tout au hustin,
4395 Par decha furent vint et trois.
   Adont i fu grans li effrois.
   Si radement les envaïrent
   Li vint qui del batel issirent
   Que leur anemis reculerent ;
4400 Maint cop eurent, main en donerent.
   La endroit eut cevax ocis
   Et chevaliers a tere mis,
   Les uns mors, les autres navrés. *(f. 84 d)*
   Mains poms, mains puins i fu copés.
4405 Duske la, ou les quatre espies
   Estoient au premier mucies,
   Les reculerent nostre gent.
   Ce fu a Robin bel et gent,
   Car lueques mucha il l'escrin
4410 Quant il vit le premier hustin.
   Del sablon l'avoit bien covert ;
   Mais maintenant l'a descovert.
   Puis dist a Jehan tout souef :
   « Sire, retournés vers la nef ;
4415 « Ma dame est seule demouree,
   « De peür de vous esfraee. »
   Jehans li a dit : « Tu dis voir ;
   « Or ne voel je plus remanoir. »
   A tant s'en retournent le pas ;
4420 Mais leur anemi sont si las
   Et si foulé de la bataille
   Que mout couvoitent qu'ele faille ;
   Ne les chaceront mais auwan,
   Trop redoutent les cox Jehan,
4425 Que vers la mer tout le pas vient

4393 Robins — 4394 hustins — 4399 recuellirent — 4414 re,
l'r est une correction pour o.

Et tout au derriere se tient
Pour desfendre les batelliers,
Se nus le chace par derriers.
Encore estoit il sur Morel,
4430 Qui avoit percie la pel
Mien essiënt en trente lieus.
Cele nuit ot esté bontieus
A Jehan, car ses anemis
Ot mout par le destrier mal mis.
4435 A tant entrerent tout souef
Li uns après l'autre en la nef.
Tant avoit duré li hustins
Que il estoit ja grans matins.
Quant Blonde voit la revenue
4440 De celui dont ele ot eüe
Si grant paour et si grant doute,
Ele est rasseüree toute,
Fors que de tant que mout s'esmaie (f. 85 a)
Qu'il n'ait aucune mortel plaie.
4445 Car ele voit en tous costés
Estoit de sanc ensanglentés,
Que de son sanc que de l'autrui
Assés en avoit desseur lui.
Ele le desarme esranment.
4450 Puis le leve mout doucement,
D'iauwe le vis et de vin teve
Les plaies que il a li leve,
Dont il avoit bien dusk'a dis.
Mais assés tost sera garis
4455 K'eles ne sont mie mortés.
Quant par ses plaies sont bendés,
Au maronier robe emprunta,
Car el bois la soie laissa.
Robins se desarma aussi ;

4432 bontius

4460 Puis li ont le vis despali,
Que il encor pali avoit
Des ier que la venus estoit,
Et li maronnier au vent metent
Lour voiles, et mout s'entremetent
4465 Qu'il s'en voisent tost et seri.
Li vens es voiles se feri,
Qui les en maine de randon.
Or ne prisent mais un bouton
Ciaus qu'il laissierent el gravier,
4470 En qui il n'ot que courecier.

Mout fu li quens plains de grant ire,
Si grant nus ne le poroit dire,
Quant voit qu'il a Blonde perdue, (f. 85 b)
Et se gent morte et confondue
4475 Et lui aussi navré el cors.
As vis a fait cargier les mors
Et dedens le moustier porter.
Pour aus a fait messe canter,
Après les a fait enfouir.
4480 Pour lui et les navrés garir
Manda mires sans nule faule.
La plaie qu'il ot en l'espaule
Fist tenter et aparillier,
Car il en avoit grant mestier.
4485 Puis s'en fist porter en litiere
Duskes en son païs arriere ;
Car il n'eut qui li consillast
C'après Jehan en France alast.
« Quant tant avons perdu decha,
4490 « Assés tost perdrions dela.
« Ce sont debles et anemis
« En combatre de par Francis.
« Deble puissent vers aus aler !

« Lesse vous vo pourcel pouser.
4495 « Vous trouvera pourcel plenté;
« N'as plus vers ceste volenté. »
« Vous disa bien, » dist li quens, « nai;
« Mauvais sont, et que faire n'ai.»
Aussi n'eut des meures Renars :
4500 Quant failli eut de toutes pars
Et il vit nule n'en avroit,
Dont dist que cure n'en avoit.
Aussi fist li quens de Clocestre :
Quant vit c'autrement ne poet estre,
4505 Il dist que il n'en avoit cure.
Tant ot a esrer mise cure,
Dolans et mas et esbahis,
Qu'il revinrent en leur païs.
Ensi li quens Blonde perdi.
4510 De lui des or mais plus ne di,
Ains vous conterai des amans
Qui en la nef furent joians
De chou k'il sont eskapé vis   [f. 85 c]
Des assaus de leur anemis.

4515 Or dist li contes, sans targier
Vinrent de Bouloigne el gravier.
Li dui amant issirent fors,
En la vile en entrerent lors
El milleur ostel qu'il seüssent.
4520 Or ne cuidiés pas qu'il n'eüssent
Avoec aus le bon maronier,
Qui leur eut eü tel mestier.
Si eurent, et tant le mercïent
Que plus de cinc cens fois li diënt
4525 Que mout tresbien li meriront.

4498 sot — 4516 Bouloige

Mais pour leur plaies mandé ont
Un mire qui en Boloigne ert.
Icil leur plaies cerke et quiert,
Puis dist que nul peril n'i a.
4530 Tex emplastres dessus lia
Qu'en quatre jours, que Jehans fu
A Bouloigne, tous garis fu
Si que il peut bien chevaucier,
Dont n'i eut point de l'atargier.
4535 A son voloir paia le mire,
Et au maronier prist a dire
Qu'il li renvoieroit deniers
Prochainement quatre sestiers.
Li maroniers mout l'en mercie.
4540 Un matin a l'aube esclarcie
Se fu Jehan apparilliés,
N'ot mie vestu robe viés,
Car il l'avoit noeve achetee.
Blonde rest erroment montee.
4545 Tuit troi montent, leur voie acuellent,
Or n'est il riens dont il se duellent.
Li maroniers demeure arriers
Et avoec lui ses batilliers.
Li doi amant la nuit coitierent
4550 Que droit a Hedin herbegierent,
C'est uns biaus castiaus en Artois.
Jehans, qui toudis fu courtois,
Servi s'amie bel et bien, *(f. 85 d)*
Cele nuit ne leur failli rien.
4555 L'endemain, quant le jor perchurent,
Errerent tant que la nuit jurent
A Corbie, un noble castel.
Et l'endemain tost et isnel
Le droit chemin racuelli ont
4560 Tant qu'au soir vinrent a Clermont.
La furent a aise la nuit.

Tant avoient joie et deduit
Li un de l'autre compaignier,
D'entracoler et de baisier
4565 Que la disme n'en conteroie
Quant lonc tans pensé i aroie.
Car et poisson eurent plenté
Et bon vin a leur volenté.
Si tost com la nuis fu passee
4570 Et il perchurent l'ajournee,
Jehans commanda a Robin
Que tost s'en voist a Dantmartin
Pour dire ses sereurs noveles
Et pour faire les maisons beles.

4575 A tex paroles sont monté.
A s'amour a Jehans donté
Son oste pour lui bien paiier.
De Clermont issent sans targier,
Et Robins d'aus a tant se part.
4580 Bien fu montés deseur Liart,
Et Jehans sist deseur Morel.
Tant se pena d'aler isnel
Robins qu'a Dantmartin s'en vint,
Ne d'esploitier ne se retint
4585 Devant qu'il trova les deus suers,
Qui grant joie eurent a leur cuers,
Quant Robins leur eut aconté
Le sens, le biauté, le bonté
De Blonde qu'amaine Jehans.
4590 Tant sont les puceles joians
De ces noveles c'ont oïes,
Onques mais ne furent si lies.
Les maisons fisent baloiier, *(f. 86 a)*

4574 faire] dire — 4576 doute — 4585 sues — 4591 D

JEHAN ET BLONDE

Deseure et desous netoiier,
4595 Puis mandent parens et cousins,
Ensement leur prochains voisins.
Ensi l'eut Jehans commandé.
Ses trois freres ot tous mandé,
Qui a Paris o le roi sont;
4600 Demain, ains qu'il soit jors, venront.
Robins ne fu lens ne escars,
Ains fist venir poissons et cars
Et vins d'Auchoirre et d'Orlenois,
Qui sont bon a boire en tous mois.
4605 [A leur voloir en porront prendre.]
Après revolt a el entendre.
Bien se seut de tout entremetre :
Sur les hestous fist tavles metre,
Pain fist venir du boulengier,
4610 Panetier quist et boutillier,
Ainsi comme il vit faire a court.
Après a la quisine court
U il avoit a plenté keus,
Qui eurent aiguisié a keus
4615 Leur coutiaus pour faire hastiers.
Et gens vinrent endementiers,
Selonc chou que il pres manoient,
Et a Robin tuit demandoient
Des noveles. Il leur en dist
4620 Tant qu'en mout grant joie les mist,
Car del bien Jehan mout lié sont.
Et les deus suers Jehan que font?
Leur cors appareillent et vestent;
Au plus tost que pueent s'aprestent
4625 Pour recueillir Blonde a honeur.
Et s'eurent mandé sans demeur
A un mercier trente cendaus,

4610 fist — 4614 auoient

Et les tailleeurs avoec aus;
Robes font faire sans delai.
4630 Ensi tout joiant, a cuer gai,
Atendent Jehan et s'amie,
Qui trop ne se coitierent mie
D'errer, pour chou que il voloient
Trouver tout prest quant il verroient. *(f. 86 ᵇ)*
4635 Si feront il, tout est ja prest.
Contre le vespre sans arrest
Issirent hors cil de la vile,
Mien essiënt plus de troi mile,
Pour aus veoir et bienvegnier.
4640 Cil a cheval sans atargier
Jehan et s'amie encontrerent;
Mout hautement les bienvignierent.
Cascuns disoit : « Li rois del monde
« Doinst a Jehan joie et a Blonde !
4645 « Bien devons amer et chierir
« Qui en cest païs fait venir
« Damoisele a si grant biauté;
« Miex en vaurra la roialté. »
Ainsi disoient tuit et toutes.
4650 Et Blonde respondoit as routes
Que Dix leur doinst bone aventure.
Ensi la petite ambleüre
Vont tant saluant et parlant
C'a l'ostel vinrent a itant.
4655 Plus de vint chevalier vont tendre
Leur bras pour la bele descendre.
Au descendre n'eut nul ahan.
Es vous les deus sereurs Jehan
Qui le bienviegnent sans arreste.
4660 Mout sont lor cuer plain de grant feste.
Si bele fu leur acointance

4628 tailleurs

Que bien doit estre en ramembrance.

    A tant entrerent en la sale,
Qui n'estoit mie orde ne sale,
4665 Mais bele et nete et baloïe.
Mainte tavle i avoit drecie.
Les deus serours Blonde en menerent,
Qui de li servir se penerent
Es chambres pour cangier sa robe.
4670 Une en vesti, qui mout fu noble,
D'une escarlate tainte en grainne.
Puis revint en la sale plaine
Des chevaliers et des serjans.
Entr'aus ert la parole grans   *(f. 86 c)*
4675 De la biauté dont virent Blonde,
Tuit diënt n'a pareil u monde.
A tant s'assisent au souper.
Qui vaurroit lor mes aconter,
Il feroit trop longhe demeure.
4680 Jehans les sert tous et honeure,
Que bel entremettre se sot,
Car toutes honeurs apris ot.
Tant vin leur donna et tant mes
Que de tant n'eut servi ains mes.
4685 Quant soupé orent, si fu nuis.
Toute nuit carolerent puis
Dusk'a tant qu'il dut ajourner.
Adont s'alerent reposer
Duskes a tant qu'il fu grant jor.
4690 Or n'i eut mais plus lonc sejor
Jehans que s'amie ne praigne.
Si frere, dont la joie engraigne,
Vinrent bien matin de Paris.

4689 grans jors — 4691 pregne

Ne furent pas leur cuer maris
4695 Quant il ont Blonde saluëe
Et l'i ont si bele esgardee;
Mout en furent joiant et lié.
A tant eut l'on apparillié
L'autel pour la messe canter.
4700 Je ne sai qui ala conter
As menestereus cele feste;
Car plus de trente sans arreste
En i vinrent mien esciënt.
Chevaliers i eut plus de cent,
4705 Et bien deus cens de dames beles
Que puceles que damoiseles.
Et encor plus en i eüst
Se la feste atargie fust;
Jehans ne l'osa plus targier,
4710 Tousjors se doutoit d'encombrier.

A tant fu Blonde apparillie.
Cote de drap d'or bien taillie
Avoit et a son col mantel.
Bien en valoient li tassel   (f. 86 ᵈ)
4715 Mien esciënt quatorse mars.
Si biau cevel erent espars
Lascement mis a une trece.
Ne fu mie plains de perece
Qui teus les fist; car dusk'au chaint
4720 S'estoient ja tout entrataint
Plus biaus que je ne devisai
Au premier quant de li parlai.
Autre devise n'en voel faire,
Fors tant que sa biautés esclaire
4725 Trestous les lieus ou ele vient.

4696 il ot si bel — 4701 menestreus

Uns capelès ses chevex tient,
Qui ert de fin or reluisant.
Un frumal eut el pis devant
De chiaus qu'el aporté avoit,
4730 Li rois nul plus rice n'avoit.
Ele eut aumosniere et chainture,
En tant comme li siecles dure
Ne fust sa pareille trouvee.
D'or et de pieres ert ouvree
4735 Et de pelles gros comme pois;
Qui la fist, plus i mist d'un mois
Cent livres mien essiënt vaut.
A tant es vous venu en haut
Le prestre dedens la capele.
4740 Par non Jehan et Blonde apele,
Puis demanda, chascun par soi,
S'il voellent estre ensamble a loy.
S'ainsi dire ne convenist,
Cascuns d'eus deus a sot tenist
4745 Le prestre de cel demant faire,
Qu'il n'est riens qui tant leur puist plaire
Ne dont aient tel desirier;
Si ont respondu sans targier
Que de cuer bonnement le voelent.
4750 De ce dire point ne se duelent.
A tant a prise la fiance
Cascuns d'aus de ceste aliance.

Espousé sont, au moustier vont,   (f. 87 a)
Et le service escouté ont.
4755 Après la messe s'en retornent,
Et pour disner leur cors atornent.
Li chevalier Blonde arresterent,

4749 voellent — 4752 *Ce vers est écrit deux fois.* Var. Cescun

Pour mengier seoir la menerent.
Lour mes ne vous vol deviser
4760 Fors tant qu'il orent biau disner.
Après disner i eut vïeles,
Muses et harpes et freteles,
Qui font si douces melodies,
Plus douces ne furent oïes.
4765 Après coururent as caroles
Ou eut canté maintes paroles.
Selonc chou que Jehans eut gent,
Se contint cel jor bel et gent.
Par tans, s'il puet, plus en avra,
4770 Car chevaliers estre volra
De la main au roi Loëïs,
Qui n'estoit mie loëïs.
Noeces ki furent si hastees
Ne furent ains miex devisees;
4775 Qui i fu, il eut son voloir
Ne ne fist riens son cuer doloir.
Joie eut toutejour demenee,
Mainte canchon i eut cantee.
Quant il fu vespres, si souperent,
4780 Après souper recarolerent
Tant qu'il fu de nuit une piece.
A tant la carole depiece,
Si burent, et puis vont jesir,
Dont Jehans avoit grant desir.
4785 Li prestres beneï leur lit,
Puis couchierent par grant delit
Les deus sereurs Jehan icele
En qui cuer amours renovele.
Ne fist mie longe demeure
4790 Jehans, ains espia bien s'eure.

4766 mainte

Quant Jehans eut partout veü
Et fait chou qui lour ot pleü
Et il seut que Blonde est couchie,   (f. 87 b)
Ne cuidiés pas qu'il li dessie.
4795   Le cuer joiant vint dusk'au lit,
La cambre vuide sans despit;
N'i remest dame ne pucele
Fors que tant seulement icele
Que Jehans durement couvoite.
4800   Du despouillier erfant se coite,
Puis se glace el lit les s'amie,
Entre ses bras l'a embracie.
Or est venue l'assamblee
Qu'il ot tante fois desiree.
4805   Or ot il le sourplus d'amors
Dont tenu s'estoient tousjors.
Or n'i estuet mais point de gaite;
En tous sens ont joie parfaite.
Or ont il del tout leur voloir,
4810   Or ne fait riens leur cuer doloir.
Selonc chou que desiré eurent
Le ju d'amours que gardé eurent,
Selonc chou ont or plus de joie.
Blonde tant a Jehan s'otroie
4815   Que de pucele pert le non;
Ne l'en caut vaillant un bouton,
Car bien l'eut gardé dusk'au point.
Et Jehans souvent se rejoint,
Souvent acole, souvent baise,
4820   Ne li souvient mais de mesaise.
De grieté ne leur souvient mes:
Amours les sert de si dous mes

4801 li

Qu'en petit d'eure maistre furent
Du ju c'onques mais ne connurent,
4825 Qu'amours leur ensegne et nature.
Ne metoient mie leur cure
Au trop haster, n'en ont talent :
Tost commencier et jouer lent
Et après l'un jeu l'autre prendre,
4830 Ce leur seut bien amours aprendre.
Mout ont amours jeus paringaus ;
Ja tant ne feront d'enviaus
Qu'il leur caille li quex gaaint. (f. 87 c)
Des bras se tienent entrechaint,
4835 Bouces baisans, les cuers jointis,
De chou ne sont mais aprentis.
Tant a li uns de l'autre joie
Que conter ne le vous saroie.
Ne ja n'en seroie creüs
4840 Fors des amans qui ont eüs
Les tormens d'amors pour les biens ;
Cil ne m'en mescroiront pour riens.
Ne puet entendre d'amours conte
Nus hom qui ne set que ce monte,
4845 Fors tant cascuns puet bien savoir :
Quant on plus desire a avoir
Aucune cose, et il avient
Que cele cose a voloir vient,
De tant comme ele est desiree,
4850 De tant est ele plus amee
Du couvoteour, quant il l'a.
Pour chou, qui ce conte oï a,
S'il a bien entendu les max,
Les grans paines et les travax
4855 Et les doutes c'orent eües,
Qui or sont en joie venues,

4827 ot — 4852 que

Bien doit savoir que grant joie ont.
Itant entrejoï se sont
Que de dormir ne lor souvint
4860 Dusques a tant que li jours vint.
Dont se leverent en es l'eure.
[Jehans se vesti sans demeure.]
Les suers Jehan Blonde leverent
Et belement l'apparillierent;
4865 Puis alerent le messe oïr,
Qui mout lour vint bien a plaisir.

Quant la messe cantee fu,
Li disners apparilliés fu,
Si s'asisent tuit, ce me samble,
4870 Dames et chevalier ensamble.
Assés eurent aval les tables
Vins et viandes delitables.
Après disner caroler vont.
Dusk'a none carolé ont.   (f. 87 d)
4875 Puis leur convint a el entendre.
A Blonde alerent congié prendre
Et a Jehan, que mout amerent;
A lour ostel dont s'en ralerent.
Jehans retint dis chevaliers
4880 Et ses freres, qu'il eut mout ciers.
Icil li tenront compaignie
Et honnourront sa douce amie,
Et avoec aus sejorneront
Et de sa maisnie seront.

4885 Or est Jehans avoeques Blonde,
Or est il li plus liés du monde,

4858 Tant encontre joi — 4874 caroles — 4883 seiornerront

Or n'est il riens qui li anuit.
Et Blonde, qui a le cuer vuit
De tout malisce et plain de bien,
4890 Rest si lie ne li faut rien.
Le jour ont bele compaignie
Et les nuis ront si douce vie
Qu'il n'est nus qui le seüst dire
Ne clers qui le seüst descrire.
4895 Il n'est nus ki leur nuise mes,
Fors sans plus couvoitier la pes
Dou bon conte d'Osenefort,
Mais mout s'en vaurront pener fort.
D'autre part d'estre chevalier
4900 Ravoit Jehans grant desirier.
Quant il eut sejourné uit jours
Avoec cele ou sont ses amours,
Si dist Jehans qu'il veut aler,
Se il li plest, au roi parler.
4905 « Car je le voel de cuer requerre
« Que il envoit en Engletere
« A vostre pere et qu'il li mant
« Pour Diu k'il face acordement
« A vous et ensement a moi.
4910 « Se li rois l'em prie, je croi,
« Il est si bons et si preudom
« Que tost avron de lui pardon.
« Après, combien que il me couste,
« Li priërai c'a pentecouste
4915 « Me viegne faire honour et feste. *(f. 88ª)*
« Ce jour vaurrai faire grant feste,
« Car il me fera chevalier
« Et mes freres que j'ai tant chier. »

4897 de senefort — 4899 cheualiers — 4900 desiriers — 4912 pardom — 4913 il il

Blonde l'entent; mout bien l'otroie.
4920 A tant aqueut Jehans sa voie.
Congié prent, a Paris s'en va,
Ou le roi Loëïs trouva.
A son ostel est descendus.
Puis s'en est a la court venus.
4925 Ne vint pas si a escari
Dis chevaliers n'eüst o lui
Et ses freres que mout amoit.
Dusques au roi en vint tot droit,
Si le salua erroment.
4930 Et li rois deboinairement
Li a dit : « Jehan, bien viegniés!
« De vostre aventure sui liés.
« La novele m'a l'en contee;
« Vostre amie avés espousee
4935 « Qui au premier fu vostre dame. »
« Sire, l'on vous dist voir, par m'ame!
« Par sa grant deboinaireté
« M'a geté hors de la durté
« Qui en moi eüst la mort mise
4940 « Se pité n'eüst pour moi prise.
« Mais a vous vieng comme a signeur
« A qui je doi foi et honneur,
« Si vous pri que vous envoiés
« A Osenefort et proiiés
4945 « Mon signeur, se mal cuer nous porte,
« Pour pitié, que il s'en deporte.
« Se fait li ai desavenant,
« Je l'ai fait sur moi desfendant.
« Ensi faire le m'estevoit
4950 « Ou a morir me couvenoit.

4936 on

« D'autre part il m'abandonna
« Quant de lui parti, et donna
« Congié, se je mais revenisse,
« Hardiëment du sien preïsse.
4955 « De chou le voel mout merciier,   (f. 88 b)
« Si li respondi sans targier,
« Se Dieu plaist, encor revenroie
« Et encore del sien prendroie.
« De chou li ai convent tenu.
4960 « Car il m'est ainsi avenu
« Que j'ai sa fille a femme prise
« Et a grant grief en France mise,
« Car autrement fuisse je mors,
« Car an li gist tous mes confors.
4965 « Or vous pri que vous li priiés
« Que, s'il en est vers moi iriés,
« Que son mal talent nous pardoinst
« Et sa grasce et s'amour nous doinst.
« Après vous pri c'a pentecouste,
4970 « Ou mainte grant feste s'ajouste,
« Voelliés a Dantmartin venir.
« Cel jour vaurrai feste tenir.
« Se il vous plaist, itant vous quier
« Que vous me faites chevalier
4975 « Et mes trois freres, qui ci sont,
« Qui mout grant convoitise en ont.
« Se il vous plaist, rois deboinaires,
« Voelle vous plaire cis afaires. »

Li rois respont : « Jehan, amis,
4980 « Tant a Dix en vous de bien mis
« Que de vostre honour ne me duel.
« Vostre requeste faire voel,

4957 encore

« Et encor pour vostre avantage
« Vous doing a tousjors en hommage
4985 « La vile dont portés le non :
« Dantmartin avrés de mon don.
« Or voel que vous en soiiés quens.
« Pailli avrés, qui vous ert buens,
« Et Monmeliant de desus ;
4990 « Sis mile livres vaut et plus.
« La tere que j'ai chi nommee
« En la lettre sera ditee.
« Ki en Engletere en ira,
« Mes seaus li tiemoignera
4995 « Que de Dammartin estes sires. (f. 88 c)
« Ja puis ne devra avoir ires
« Se vous avés sa fille prise,
« Car ele s'est en bon lieu mise. »
Jehans l'entent, tant en est liés
5000 Qu'a jenous li va dusk'as piés ;
Le soller li eüst baisié,
Mais li rois l'a amont drecié.
Errant son homage pris a
De la tere qu'il devisa ;
5005 Et en après l'en a saisi
D'un gant dont il se dessaisi.
Folie Jehan demenast,
Se il le roi n'en merciast.
Li sens que Dieus eut en li mis
5010 Li fist avoir des bons amis.
Li rois a apelé isnel
Celui qui portoit son seel,
Si li dist k'il seelera
Tex lettres com Jehans volra :
5015 Une chartre de la conté
Dont il li a faite bonté

4984 a tous tousiors — 5012 portoi

　　　　　Et unes lettres de priiere
　　　　　Vers le pere a s'amie chiere.
　　　　　Fait fu, puis ke li rois l'ot dit;
5020　　　Tost fu seelé et escrit.
　　　　　Puis apela deus chevaliers
　　　　　Qui erent de ses consilliers,
　　　　　Si leur a dit qu'il s'en iront
　　　　　Vers Engletere, et porteront
5025　　　Ses lettres a Osenefort;
　　　　　Le conte diënt c'a bon port
　　　　　Est sa fille en France venue,
　　　　　Car des bons ert plus chier tenue,
　　　　　Et s'est de Dammartin contesse.
5030　　　« Dites li bien qu'il s'esleece,
　　　　　« Que sa fille est bien assenee. »
　　　　　Li chevalier, qui il agree,
　　　　　Diënt que deboinairement
　　　　　Feront le sien commandement,
5035　　　Car de l'onour Jehan sont lié.　　　　(f. 88 d)
　　　　　Or vous seront li non noncié
　　　　　De chiaus qui i furent tramis :
　　　　　Li uns ot non mesire Guis,
　　　　　Li secons mesire Guillaume;
5040　　　N'en avoit pas trois el roiaume
　　　　　Qui un message miex feïssent,
　　　　　Pour paine que il i meïssent.
　　　　　Leur oirre apparellent le soir,
　　　　　Car au matin vaurront mouvoir.

5017 une — 5o3o sesleeche — 5o32 cheualiers — 5o39 Guillāmes — 5o4o roiāme

5045 A tant ala souper li rois,
Qui mout fu sages et cortois.
Jehans, qui ot le cors metable,
Servi devant lui a le table;
Et si frere, qui au roi sont,
5050 Reservent aval et amont.
Assés eurent a grant fuison
Bons vins, bone char, bon poisson.
Après souper dusk'a la nuit
Alerent sur Saine en deduit.
5055 En Jehan n'eut que ensignier,
Mout seut la nuit bel compaignier
Les chevaliers Guillaume et Gui,
Qui en message iront pour lui.
Quant il fu tans, couchier alerent.
5060 Au matin plus ne sejornerent
Guillaume et Guis, anchois s'esvellent,
Si se huchent et appareillent.
Leur garchon et leur escuiers
Sans arrest troussent lor sommiers.
5065 Et Jehans et ses compaignons
Furent ja monté es archons,
Car aler veut un peu leur voie
Pour faire compaignie et joie.
A tant acuellent lour cemin.
5070 De Paris issirent matin,
Parmi Saint Denis chevaucerent,
Dusk'a Luisarces ne finerent,
Ou leur disners estoit ja quis.
Car un leur keu, qui en ert duis,
5075 Avoient devant envoiié,   (f. 89 a)
Qui leur eut tout apparillié.

5052 chars bons poissons

Disner eurent a leur talent.
Après disner ne furent lent,
Anchois acuellirent leur voie.
5080 Et Jehans encor les convoie
Tant que de Luisarces issirent.
Tantost com furent hors, dont dirent
A Jehan li dui chevalier
Par amours qu'il s'en voist arrier.
5085 Jehans leur dist, quant il leur plest,
D'aus se partira sans arrest.
A tant a Robin apelé,
Qui eut cheval bien enselé,
Si li dist que sans arrester
5090 Voist avoec aus dusk'a la mer,
Et die au maronier loial
Que il les passe outre sans mal,
Et repasse a leur revenir,
Et puis voelle avoec aus venir
5095 A Dantmartin a pentecouste,
Et ne le laist pour riens qu'il couste.
Robins respont bien li dira,
Volentiers avoec aus ira.
A tant prist Jehans le congié.
5100 Mais anchois lour ot mout priié
Son signour diënt de par lui
Qu'il li prie, pour Dieu, merci ;
Il diënt que bien li diront.
A tant departent, si s'en vont
5105 Li dui chevalier vers la mer,
Et Jehans ou il doit amer.
De Dantmartin prendent la voie ;
Mais les freres devant envoie
Pour aparillier le doignon
5110 Dont li rois li avoit fait don.

5080 leur — 5093 rapasse — 5108 feres

De chevaucier se hastent tant
C'a Blonde sont venu batant,
Si li ont tout dit et conté,
L'amour, l'onnour et la bonté
5115 Que li rois ot faite Jehan.
Ne li firent pas grant ahan
Quant il li diënt que contesse
Ert de Dammartin sans promesse,
Et que li rois en Engleterre
5120 A envoiiet pour sa pais querre,
Et qu'a pentecouste venroit
Et tous chevaliers les feroit.

Quant Blonde entendi ces noveles,
Saciés que mout li furent beles.
5125 Mout doucement Dieu en mercie,
Car bien set qu'il li fait aïe.
Ele a si grant joie a son cuer
Que tous anuis a jeté puer.
Et li frere Jehan alerent
5130 El chastel, et si saluërent
Celui qui i ert pour le roy.
Courtoisement et sans desroi
Li ot de par le roi baillie
Une lettre; et cil l'a saisie,
5135 Et voit dedens que li rois mande
Qu'a Jehan de Dammartin rende
Toute la vile et le castel,
Et il si fist, qu'il l'en est bel.
Tost fu la nouvele espandue
5140 Et parmi la vile seüe,
Que la vile est Jehan donnee.
Mout leur plaist a tous et agree,
Car il estoit de tous amés,
Par tans sera sires clamés.

5145 A tant vint el chastel Jehans,
Qui estoit biaus et nes et grans.
S'amie a l'encontre li court
Quant le vit venir en la court.
Et Jehans de ses bras le lie,
5150 Plus de trente fois l'a baisie.
Puis s'en entrerent en la sale,
Qui n'estoit mie orde ne sale.
Le souper eurent apresté
Li keus, qui s'estoient hasté.
5155 Après souper dusqu' a la nuit   (f. 89 b)
Se sont esbatu en deduit.
Puis vont couchier quant il fu tans.
Et cele nuit conta Jehans
A s'amie de tex noveles
5160 Qui li furent plaisans et beles.
Tant ont matere de parler
Et tant d'amours pour manovrer
Que, se trois nuis en une fuissent,
De jouer anuié ne fuissent.
5165 Mout leur plaist, mout leur atalente
Li jus qu'amors leur represente.
Contre le jour en grant soulas
Se dormirent tout bras a bras.
Ainsi dusk'a tierce dormirent.
5170 Dont se leverent et vestirent,
Puis si alerent au moustier
Pour escouter le Dieu mestier.
Mout erent bien en Dieu creant,
S'en eurent avantage grant,
5175 Car Dieus crut leur amour tousjors
Et monteploia leur honours.
Sages est qui a lui se tient;
Nus biens n'est, se de Dieu ne vient.

Quant il eurent la messe oïe,
5180 Jehans ne vaut atargier mie,
Ains manda parens et cousins
Et ensement tous ses voïsins,
Qu'a pentecouste sans demeur
Viegnent a lui pour faire honneur,
5185 Avoec aus et filles et fames.
Tant manda chevaliers et dames
Que, quant il seront venu tuit,
Grant joie i ara et grant bruit.
Après a Jehans pourveüs,
5190 Ne veut mie estre deceüs,
Ciaus qui serviront a sa feste.
Ses keus, ses boutilliers apreste,
Ses fouriers et ses panetiers.
Bien seut deviser lor mestiers,
5195 Com cil qui de bien ert apris ; *(f. 89 d)*
Par son sens se mist en haut pris.
Ains que pentecouste venist,
Li païs maint present li fist :
Li uns cras buès, li autres pors,
5200 De maintes pars eut grans apors,
Et voleïlle et venison
Pourvit tant qu'il en eut foison.
Mout a fait faire grant atour ;
Or n'atent mais fors que le jour
5205 De pentecouste, qui est pres.
Mais de lui le conte vous les ;
Un petit m'estuet que je cont
Des deus chevaliers qui s'en vont
Outre la mer en Engletere
5210 La pais Jehan et Blonde querre.

5201 volille

Li contes dist que la journee
Que Jehans fist d'aus dessevree
Dusques a Clermont cevauchierent
Et cele nuit i herbegierent.
5215 L'endemain jurent a Corbie,
Une vile bien aaisie.
A Heding jurent au tierch jour,
Mais n'i fisent pas lonc sejour.
Tant esploitierent leur besoingne
5220 Au quart jour vinrent a Bouloingne ;
En l'ostel Jehan descendirent,
Pour chou que nul milleur n'i virent.
Et Robins a la mer ala,
Tant a quis decha et dela
5225 Qu'il a le maronier veü
Qui grant mestier leur ot eü.
Mout fu liés quant il le perchut,
Li maroniers tost le connut.
Li uns de l'autre a joie eüe.
5230 De par son maistre le salue
Robins, et puis li a retrait
La requeste que il li fait,
Qu'il soit a sa chevalerie,
Et que il past a sa navie
5235 Les deus messages chevaliers.   (f. 90 ª)
Li maroniers dist « Volentiers »,
Qui mout est liés del mandement.
A tant s'en vienent erranment
La ou li chevalier estoient,
5240 Qui a lour ostel s'aaisoient.
Robins leur dist : « Ves chi celui
« Qui vous passera sans anui. »

Li chevalier furent mout lié,
Quant si tost fu apparillié.
5245 A tant fu la viande preste,
Si souperent sans longue arreste,
Et puis couchierent dusqu'au jour
Qu'il se leverent sans sejour.
Iaus et leur harnas tout souef
5250 En alerent dusk'a la nef.
Adont n'a Robins plus targié,
Anchois leur demanda congié.
Il li donnent et si li dïent
Et deboinairement li prïent
5255 Que il die lour maistre bien
Del message ne se dout rien.
Robins dist que bien li dira.
De chevaucier dont s'atira ;
Ne fina ne soir ne matin
5260 Devant qu'il vint a Dantmartin.
A son signeur, qui mout fu sages,
A dit noveles des messages,
Et du maronnier, qui venra
Avoec aus, riens ne le tenra.
5265 Mout en sont lié Jehans et Blonde.
Et li message en mer parfonde
Entrerent dedens le vaissel,
Qui outre les mena isnel.
A Douvre, pour voir le vous di,
5270 Disnerent a droit mïedi.
Li maroniers en mer demeure,
Et dist que il atendra l'eure
Que la revenir deveront.
Li messagier a tant s'en vont,

5247 couchier dusques au — 5253 prient

5275 Par plains et par haus bos plains d'ombres *(f. 90 b)*
Chevauchierent duskes a Londres.
En deus jours de la mer i vinrent;
Mais lueques lonc sejour ne tinrent,
Une nuit en la vile jurent.
5280 L'endemain, quant le jor connurent,
Remonterent seur leur chevaus,
Et chevaucent tant mons et vaus,
A sis lieuwes d'Osenefort
Jurent la nuit, ne homme mort
5285 Ne sanlerent mie au matin,
Si accuellirent leur chemin.
En la vile ains tierce en entrerent
Et a un bourgois demanderent,
Qui sot parler franchois mout bel,
5290 Se li quens est en son castel.
Li bourgois leur dist : « Oïl voir. »
Adont font leur chevaus movoir
Tant qu'el castel en sont venu.
Tost furent leur estrier tenu
5295 D'escuiers ki jus assamblerent;
Pour chou que Franchois leur samblerent,
Pensent que noveles orront.
Leur paleffrois establés ont
Leur escuiers et leur maisnie.
5300 Tost leur fu la table ensignie.
Et li messagier les a les
En sont el grant palais alés.
Le conte trouverent parlant
De sa fille a un sien amant.

5305 A tant es vous les deus messages.
Mesire Guillaumes fu sages,

5278 firent — 5286 Si] A

Si prist la parole sur lui.
« Sire, » dist il, « de par celui
« Qui est sires poësteïs
5310 « Vous mande salus Loëÿs
« Qui de France est sires clamés,
« Et cil dont vous estes amés,
« Vostres genres, et vostre fille
« Qui vostre païs pas n'aville
5315 « Pour chou se dedens est entree. (f. 90 c)
« Car au tesmoing de la contree
« Ele a tant biauté et bonté
« Que ne poroit estre conté,
« Et Jehans par est si courtois
5320 « Qu'il n'i a son per en Artois.
« Tant set li rois en aus de bien
« Que il ne veut souffrir pour rien
« Que vous aiiés vers aus descort.
« Se Jehans a sans vostre acort
5325 « Prise cele dont est amés,
« Par droit n'en doit estre blasmés;
« Ce leur a fait force d'amour
« Dont ont eüe grant ardour.
« Or vous mandent par amistié
5330 « Que vous aiiés d'aus deus pitié.
« Et li rois de France vous mande
« Que il a fait a aus offrande
« De la conté de Dantmartin;
« Foi que doi Dieu et saint Martin,
5335 « Saisir l'en vi et faire hommage.
« Et encor de tant vous fas sage :
« Tant a li bons rois Jehan chier
« Que il le fera chevalier
« A pentecouste, u il n'a gueres,
5340 « Et avoecques lui ses trois freres.
« Or vous mandent il et li rois

5313 genrens

« Que vous aiiés cuer si courtois
« Que vous ne portés mal talent
« Ciaus qui de bien faire ont talent,
5345 « Et pour vous faire plus certain
« Ves ci les lettres en ma main
« Que mesires a vous envoie. »
Li quens les prent, si les desploie ;
Lire set bien, ses a leües.
5350 Toutes teles les a veües
Com li chevalier ont conté.
Es le vous en joie monté.

Or ot li quens chou ki li plest,
Si a respondu sans arrest :
5355 « Signour, mout avés courtois roi ; *(f. 90 ᵈ)*
« Ne me mande mie desroi,
« Mais mout grant deboinaireté,
« Et je ferai sa volenté.
« Puis que ma fille est espousee,
5360 « Cruëx seroit la dessevree.
« Grant amour lour a ce fait faire.
« En grant peril lour convint traire
« Hors du païs, si com j'entans.
« A la mer en ot grans ahans.
5365 « Si s'i prouva, ch'oï conter,
« Que lui tierch en fist cent donter.
« Ses cors tous seus en une nuit
« En tua plus de dis et uit.
« Bien li doit valoir, ce me samble,
5370 « Ses sens et sa prouece ensamble.
« Onques puis que je l'oï dire
« De cuer je ne li portai ire,
« Et se jour ore li portaisse,
« Pour vostre roi li pardonaisse,

5364 grant

5375 « Qui tant a el cuer gentillece
« Que de ma fille fait contesse.
« Si m'aït Dix, point ne m'en duel,
« De joie avoec vous aler voel.
« A sa chevalerie irai,
5380 « Ne ja puis ne m'en partirai
« D'avoec aus, mais toute ma vie
« Serai mais en leur compaignie.
« Ja mais n'avrons vie rebourse,
« Tousjors mais serons d'une borse.
5385 « Bien soiiés vous andoi venu !
« Avoec moi estes retenu
« Dusk'a tant c'aparillié iert
« La voie qui a moi affiert.
» Si a point la voie tenron
5390 « C'a pentecouste la seron. »
A tant deus escuiers apiele.
« En la cambre les la capiele, »
Fait il, « ces chevaliers menés,
« Et d'aus bien servir vous penés. »
5395 Il respondent a son commant.   (f. 91 ª)
En la cambre vont liëmant
Li chevalier aus deshouser,
Et li quens sans plus reposer
Leur a envoiié deus hanas,
5400 N'ot si rices dusk'a Baudas ;
En cascun avoit dis mars d'or.
Après leur envoia encor
D'escarlate robes entieres
Et bonnes foureüres chieres.
5405 De ces robes leur cors vestirent,
Et après de la cambre issirent.
El palais revinrent au conte,
Qui grans deboinaireté donte.

5387 ert

Mout l'ont durement merciié
5410 De chou qu'il lour ot envoiié.

Entre tant fu li diners pres,
Si s'assirent. Mais ki leur mes
Vous vaurroit conter et retraire,
Trop grant conte i couverroit faire.
5415 Assés eurent mes delitables ;
Après disner ostent les tables.
Trois jors sans grief et sans mesaise
Sejornerent a mout grant aise
Li messagier, et en dedens
5420 Fu li quens de cuer entendans
A faire son oirre aprester,
Car luec ne veut plus arrester.
Chevaliers manda dusk'a trente,
Qui od lui iront sans atente.
5425 Chevaus de pris ne biaus sommiers
Cargiés de scie et de deniers,
Ne vaut laissier, que il peüst,
Que bien quatre vins n'en eüst
Moitié sommiers, l'autre cevaus.
5430 Dix ! tant dras d'or et tant cendaus
Et tant esterlin monneé
Et tant ermine conreé
I fist trousser et enmaler,
Tousjors mais devra on parler
5435 Des biaus presens que il en fist. (f. 91 b)
Quant tout fu apresté, si dist
As messagiers, quant il vaurront,
Que a la voie se metront.
De ce leur fu durement bel,
5440 Si li respondirent isnel

5418 aaise— 5426 et *manque*— 5434 deura L] deua —5439 ce L] se

Que bien estoit de mouvoir tans.
Li quens, qui ne savoit le tans
Ne l'eure de son revenir,
Ne se fist pas pour fol tenir,
5445 Ains laissa en tel main sa terre
Que nus n'i conquist riens par guerre.
Puis s'en parti a grant deport
A un matin d'Osenefort,
Avoec lui trente chevaliers
5450 Et plus de soissante escuiers.
Ne chevaucent pas com vilains
Li chevalier, tout ont lorains
Et seles tout d'une maniere;
De camelin pour la pourriere
5455 Avoient clokes paringaus
Fourrees de vermeus cendaus.
Bien samble que a feste voisent,
Car en chevaucant se renvoisent,
Li uns de biaus contes conter,
5460 Li autres de canchons canter.

Ne vous voel conter leur jornees.
Tant sont alé mons et valees
Qu'il sont dusk'a la mer venu.
Lonc sejour n'i ont pas tenu,
5465 Car li maroniers les pourvit.
En une bone nef qu'il vit
Fist mettre sommiers et destriers,
Roncins, palefrois et deniers;
Et en sa nef, qui mout ert fort,
5470 Mist le conte d'Osenefort
Et toute sa gent avoec lui.
Li maroniers ot joie en lui.

5451 vilain — 5458 reuoisent — 5470 du senefort

Quant li messagier li conterent
La response que il troverent
5475 Au conte, ki s'est mis a voie (f. 91 c)
Pour Jehan faire honeur et joie,
Mout en fu li maronniers liés
Et vint au conte mout haitiés,
Si li conta la grant mervelle,
5480 Dont li quens forment s'esmervelle,
Coment Jehans estoit passés.
« Certes, bien dut estre lassés, »
Respont li quens; « mout ot meschief.
« Ma fille passa a grant grief.
5485 « Et pour tant que vous li aidastes
« Et que la vie leur sauvastes,
« Vous doing cinquante mars d'argent. »
Che fu au maronier mout gent.
Entre tex mox tant nagié ont
5490 Que a Bouloigne arrivé sont.
De la mer issent au rivage.
Sans encombrier et sans damage
Firent hors traire leur chevaus
Et l'autre harnas avoec aus.
5495 Li keu sans plus lonc respit prendre
Vont en la vile l'ostel prendre ;
Pris l'ont si bel, il n'i ot el,
Qu'après celui n'i ot autel.
Li quens i vint et sa gent toute,
5500 Dont mout estoit bele la route ;
Mains hom en laissa sa besoigne
Pour aus veoir parmi Bouloingne.
Et li quens a l'ostel descent,
A son descendre plus de cent,

5480 li quens] Iehans — 5481 Jehans] li quens; *mais on lisait d'abord* Iehans. *La correction aurait dû être appliquée au vers précédent*

5505 Les deus chevaliers avoec lui,
Mesire Guillaume, o li Gui.
Icil dui pres le compaignoient,
Car du conte mout bien estoient;
Que pour Jehan que pour le roi
5510 Les honeroit autant con soi.
Quant leur hueses furent hostees,
Leur tables furent aprestees,
Si souperent a grant delit.
Après chou furent fait leur lit,
5515 Endementiers qu'il escouterent   (f. 91 d)
Menesterex qui viëlerent;
Car sans tel jent mie n'estoient,
Demie dousaine en avoient,
Qui mout leur firent de deduis.
5520 Tant se deduisent qu'il fu nuis.
Dont vont couchier dusqu'al demain
Que il se leverent bien main.

Cele nuit mout a aise furent;
Mais au matin ne se recrurent,
5525 Ainchois au cemin se remirent,
Et le maronier monter firent
Sur un palefroi que li quens
Li eut donné, qui mout ert boens.
La u volt il avoit ja mis
5530 L'argent qui en mer fu pramis.
Ains puis ce jour ne fut fors rices,
Ne li convient puis estre chiches,
N'ainques puis ne fu maroniers,
Fors quant ses signeurs droituriers,
5535 Li quens u Jehans vaut passer.
Si bien seut leur amour brasser

5528 bons

Que puis tous les jours de sa vie
Fu en lour ostel de maisnie.
Son avoir mist en bonnes mains,
5540 Si s'en parti, qu'il ne pot ains;
Ains disner le conte rataint,
Qui de cevauchier ne se faint.
A Mousteruel cel jour disnerent
Et puis dusk'a Heding alerent.
5545 A l'endemain au point du jour
Remonterent tout sans sejour.
Adont vinrent li dui message
Au conte et de chou li font sage :
« Sire, » dist mesire Guillame,
5550 « Vous estes entrés ou roiame
« Dont mainte gent lie ferés :
« Dusqu'a Clermont n'a, ce savés,
« Que deus journees bien aisieues,
« Et se n'a de la que vint lieues
5555 « Dusques la ou sera la feste. *(f. 92 ª)*
« Venredi venrés sans arreste
« A Clermont tout droit a la nuit,
« Et l'endemain si iert la nuit
« De pentecouste, et tant vous di
5560 « Que che jour ains de miëdi
« Porrés veoir Jehan et Blonde,
« Qui seront li plus lié del monde
« Quant il savront vostre venue.
« Ne puet trop tost estre seüe
5565 « Novele dont puet venir joie.
« Si vous prions que ceste voie
« Nous laissiés devant vous coitier
« Pour vostre fille rehaitier
« Et Jehan; car grant joie aront

5549 Guill'es — 5551 Dont vous feres mainte gent lies — 5558 ert — 5561 Porrés *L*] Portes; et] a

5570 « Quant vostre venue saront. »

Li quens respont que mout li plest.
Dont prendent congié sans arrest
Li dui chevalier maintenant,
Puis s'en partent esperonant.
5575 Avoec aus va li maronniers,
A envis demourast arriers;
Escuiers pour aus servir mainent.
Cele journee tant se painent
Et tant alerent mons et vaus,
5580 N'espargnierent pas lour cevax,
Que de deus journees font une.
Ains qu'a la nuit levast la lune,
Vinrent a l'ostel a Clermont,
Dont li chastiaus siet en un mont.
5585 Cele nuit illuec reposerent
Et l'endemain matin leverent,
Si chevaucent grant aleüre.
Tant ont coitie l'ambleüre
Qu'il sont venu ains bonne pieche
5590 A Dantmartin que il fust tierce.
El castel au perron descendent
Et a aler amont entendent.

Jehans et Blonde revenoient
Del moustier ou oï avoient
5595 Le service de ce haut roi   (f. 92 ᵇ)
En qui il n'a point de desroi.
Sans arrest les a conneüs
Jehans quant il les a veüs,
Si keurt vers aus et les acole.

5576 arrier

5600 Mout doucement a aus parole
Et leur demande : « Ques noveles? »
Il respondent : « Bonnes et beles.
« Li quens d'Osenefort vient chi.
« Legierement avrés merci,
5605 « Car plus vous aime que riens nee;
« Sa fille tient a bien donnee.
« Veoir vous vient a grant noblois.
« N'a tant vaillant li quens de Blois
« Com li tresor vaut qu'il amaine.
5610 « Sa route n'est mie vilaine,
« Ains i a trente chevaliers
« Et plus de soissante escuiers,
« Tant palefroi et tant sommier
« Et tant garnement bon et chier,
5615 « Que la grans plentés si m'encombre
« Que n'en savons dire le nombre.
« Vers nous n'a mie esté escars,
« Nous deus a donné d'or dis mars
« Et beles robes et parans,
5620 « Ains teles n'orent nos parans.
« Mais soiiés liés, ne remanra,
« Que demain ains midi venra. »
« Jehan, » ce dist li maroniers,
« Je vous redoi mout merchiier,
5625 « Car cinquante mars m'a donnés.
« Bien m'a les biens guerredonnés
« Que je vous fis au passer cha.
« Or soiiés liés, car il vient cha. »

Jehans et Blonde ont escouté
5630 Chou que li message ont conté;
Or est doublee leur grant joie.
Si liet en sont que ne poroie

Dire la joie que il ont.
Les chevaliers festoiiés ont,
5635 Et le maronier ensement   (f. 92 c)
Que il amoient durement.
Or est Blonde rasseüree,
Quant a son pere ert acordee.
La novele tost s'estendi
5640 Parmi la vile et espandi
Que li peres leur dame vient.
Dist l'uns a l'autre : « Or nous convient
« Faire la vile netoiier. »
Qui donques veïst desploiier
5645 Toilles de lin et couvrir rues
Si dru que nus n'i voit les nues,
Et es costés par les fenestres
Pendre tant couvertoirs a estres,
Tant drap d'or et tant d'escarlate,
5650 Qui ne sont pas fourré de nate,
Mais de vair, de gris et d'ermine !
Entour Dantmartin n'eut mescine,
Vallet ne bourgois ne bourgoise
A qui li quers mout ne renvoise
5655 Quant il voient tele leur vile.
« Ceste feste n'est mie a guile, »
Font cil qui voient l'apparoil,
Car mout erent en grant tooil
Des jens Jehan d'apparillier.
5660 Delés la tour en un vergier
I ont maint pavillon drecié.
Li autre se sont adrecié,
Selonc chou qu'il estoit mestiers.
A apparillier son mestier,
5665 Diex ! com Robins s'en entremet.
Dont son cuer a son pooir met

5633 Sire — 5664 apparillie

A chou que trestout voist a droit.
Tex varlès est peu or endroit,
Anchois en la taverne iroient
5670 Ou au bordel k'il ne metroient
Leur cuer en loialment servir.
Peu set on mais bien desservir.
Robins tex estre ne vaut mie;
Ains servi, si ne l'en vint mie
5675 Anui ne mal ne avantages. *(f. 92 ᵈ)*
Ainssi s'amonte qui est sages.
Tout ce jour furent en esvel
A Dantmartin pour l'appareil.
A l'endemain au point du jour
5680 Recomencierent leur labour,
La matinee une grant piece;
Tout eurent fait ains qu'il fu tierce.
Si tost com tierce fu passee,
De toutes pars est amassee
5685 La gent qui i doivent venir.
Qui dont oïst chevax henir,
Cars desteler, dames descendre
Et ces ostex partout pourprendre
Et menesterex assambler,
5690 Mervelles li peüst sembler.
Jehans contre le roi ala,
Et li chevalier qui sont la,
Et Blonde sur un paleffroy
Qui n'estoit mie plains d'effroy;
5695 Hors de la vile l'encontrerent,
Mout doucement le saluërent.
Meïsmement la bele Blonde,
Qui ert la plus sage du monde,
Li fist de cuer si lié samblant
5700 Que il est bien au roi samblant
Qu'ele n'a el monde pareille;
De sa grant biauté s'esmervelle.

Quant il eut le roi conjoï,
Si ot de la roïne oï
5705 Qu'ele venoit a mout grant route,
A itant del roi se desroute
Jehans et Blonde, et vont a cele
Qui o li ot mainte pucele.
En sa route ot cars plus de vint.
5710 A tant es vous Blonde qui vint.
La roïne le voit venir,
Son careton fait coi tenir,
Blonde fist avoec li entrer.
Je ne vous saroie conter
5715 Des femmes la bele acointance, (f. 93 a)
Mout furent tost d'une voellance.
Et Jehans decha et dela
De route en route s'en ala.
Dames et chevaliers salue,
5720 Et cil qui avoient tenue
La route au conte en Engleterre
Vinrent au roi sans respit querre,
Si li conterent sans delai
Tout ainsi com je conté l'ai
5725 La response qu'il respondi
Et que il venroit ains midi.
Li rois en fu liés durement.
Jehan apela erranment
Et dist qu'il ira contre lui
5730 Et tous les autres avoec lui.
Jehans durement l'en mercie.
Adont ont la vile laissie,
Et la roïne qui le seut
Du pere Blonde grant joie eut.

5721 conte *L*] roi

5735 Ses cars a fait tous retorner,
Car contre lui vaurra aler.
Qui dont veïst par les conrois
Tourner chevax et palefrois
Ou chevalier erent seant,
5740 Il deïst bien, ce vous creant,
Que de chevaliers sont deus mile,
Estre les bourgois de la vile,
Qui tuit estoient issu hors.
Par le congié sa dame lors
5745 Blonde sur son palefroi monte.
Plus de trente dames par conte
Pour sa compaignie monterent.
En cevaucant canchons canterent,
Et li chevalier respondoient;
5750 Ainsi le petit pas aloient
Contre celui qui ne demeure.
Car ja ne cuide veoir l'eure
Qu'il soit venus a Dantmartin.
De Clermont fu meüs matin,
5755 Si chevaucha la matinee. *(f. 93 b)*
Un pau devant tierce passee
A perceües les grans routes
Qui contre lui venoient toutes.
De la joie qu'il demenoient
5760 Trestuit li plain retentissoient.
Li quens les voit, a ses jens dit
Qu'ainc mais si bele gent ne vit.
Ses gens mie ne s'en descordent,
Mais a son dit mout bien s'acordent.
5765 Bien set li quens qu'en ceste voie
Vienent tuit pour lui faire joie.

5748 cacons — 5754 mus au m. — 5757 preceues

Tant chevaucierent, ce me semble,
Que l'une route a l'autre assamble.
Tost seut li rois qui li quens fu,
5770 Et au conte tost dit refu
Qui fu li rois ne la roïne.
La n'eut pas samblant de haïne,
Mais d'acointance et d'amistié.
De deus pars descendent a pié
5775 Li rois et cil qui o lui sont.
Le conte mout bienvegnié ont.
« Biau sire quens, » ce dist li rois,
« Mout avés or fait que courtois
« De venir en nostre païs.
5780 « Pour peür de vous esbahis
« Estoit vostre fille et vos genres,
« Qui ne sont mie ore des menres ;
« Car pour leur sens et leur bonté
« Leur ai donné une conté.
5785 « Se il se sont vers vous mesfait,
« Force d'amors leur a che fait.
« Merci vous en priënt andous. »   (f. 93 c)
Adont se misent a jenous
Sa fille et Jehans devant lui,
5790 Jointes mains li criënt merci.
« Sire, pour Dieu, » ce li dist Blonde,
« Ja mais n'eüsse joie el monde,
« Se mes amis fust par moi mors.
« Ains que de moi eüst confors,
5795 « Dut il morir, bien le saciés.
« Or nous a tant amours cachiés
« Que nous sommes andui d'un cuer.
« Tous anuis avons jeté puer,

5769 que — 5796 sachies

« Se nous poons a chief venir
5800 « De vostre voloir maintenir. »

« Sire, pour Dieu, » ce dist Jehans,
« S'il vous plaist prendre amendemens
« De riens que je mesfait vous aie,
« Je me mech en vostre manaie.
5805 « Car s'a la mort me metiiés,
« Pis faire ne me poriiés
« Que m'eüst fait la departie
« De moi et de ma douce amie.
« Car tout chou m'a fait force faire,
5810 « Ou a mort me convenist traire.
« Quant a li servir me meïstes,
« En peril de mort me meïstes ;
« Mais par la francise de li
« M'a jeté hors de tout anui.
5815 « Se nous vostre gre avions,
« Riens plus ne demanderions,
« Si vous pri que vous nous portés
« Bon cuer et d'el vous deportés. »
Li quens respont : « Or vous levés!
5820 « De chou durement me grevés
« Que tant a jenillons vous voi.
« Se ce n'estoit fors pour le roy,
« Qui de ceste acorde me prie,
« Ne l'escondiroie ge mie.
5825 « Tous courous de cuer vous pardoing
« Et quanques j'ai vous abandoing. »
A tant les lieve et si les baise, (f. 93 ᵈ)
Dont leur cuers durement aaise.
Et pour les deus sereurs Jehan
5830 Et les trois freres en cest an
N'avroie conté la maniere
Ne le biau samblant ne la ciere

Qu'il s'entrefont ; nis la roïne
Ne mist mie entr'aus la haïne,
5835 Mais amour et misericorde
De tous courous a fait acorde.

A tant es chevaus remonterent,
Ne de chevaucier ne finerent
Devant qu'il entrent en la vile,
5840 Ou il avoit plus de dis mile
De bourgoises bien acesmees,
Qui les routes ont saluëes
Le roi leur signeur, la roïne.
La oïssiés mainte buisine,
5845 Maint moïnel et maint tabour
Et maint grant cor Sarrazinour,
Mainte cytole et mainte muse.
N'est mervelle se on i muse
C'as courtines c'as estrumens
5850 C'as autres apparillemens
C'as trompes que devant aus vont
C'as danses que li vallet font.
Tant estrument devant aus sone
Que toute la vile en ressone.
5855 D'erbe vert estoient jonchies
Parmi la vile les cauchies.
En tel souslas et en tel joie
Ont tant maintenue leur voie
Qu'el castel au perron descendent.
5860 Plus de quatre cent leur mains tendent
A destriers leur signeur tenir.
Dont veïssiés sales emplir.
Es cambres et es garderobes
Vont les dames cangier leur robes,

5834 haïne] *corr. de* manie — 5853 deuans

5865 Et li chevalier el palès.
Li disners, qui ne fu pas lais,
Fu es pavillons aprestés. *(f. 94 ª)*
Adont ne s'ont plus arrestés :
Li trompeeur l'iauwe tromperent,
5870 Li chevalier la s'aünerent.
Es pavillons es vous le roi
Qui tenoit Blonde par le doi,
Et la roïne tint le conte.
Après aus venoient sans conte
5875 Chevaliers, dames et puceles,
Prestres, clers, bourgois, damoiseles.

Li rois prist le conte au laver.
Ce ne li doit mie grever,
Car il n'en valoit mie mains.
5880 Après aus laverent leur mains
Les dames et li chevalier.
Li rois fist le conte mengier
A sa table et Blonde les lui.
Et la roïne sans anui
5885 Rapela chiaus qui mix li sirent.
Après communalment s'assirent
A un disner, tant n'en vi mes.
Adont aporta on les mes,
Plus en i eut de douse paire,
5890 Autre mention n'en voel faire.
Jehans et si frere servirent ;
Partout servent, partout pourvirent
Qu'il ne fausist riens a nului.
Avant leur tourna a anui
5895 Que les napes fuissent ostees
Ne qu'eüssent leur mains lavees.

5868 *corr. de* assestes — 5869 trompeur

Mais quant il lavees les eurent,
Li menestrel viëler keurent.
Et Jehans pour chevaliers estre
5900 S'ala en un peu d'euwe metre,
Et ses freres et autres vint,
Et ki vaut chevaliers devint;
Ensi pleut au roi et au conte.
Vint et quatre furent par conte.

5905 Quant un petit lavé se sont,
D'unes cotes vestu se sont
Après les robes linges blanques. *(f. 94 b)*
Li quens cousi Jehan ses mances,
Puis mist a son col un mantel,
5910 Et Blonde s'entremist mout bel
De ses freres apparillier.
A la nuit alerent villier,
Si com drois fu, a sainte eglize,
Ou il eut en parement mise
5915 Mainte courtine bonne et bele.
Devant tous les nouviaus viële
Uns menestereus toute nuit,
Pour chou que il ne leur anuit.
Li rois et toute l'autre gent,
5920 A qui il estoit bel et gent,
En biaus lis bien fais se coucierent.
Et cil qui vaudrent compaignierent
La nuit les nouviaus chevaliers.
Mout fu li luminaires chiers
5925 Qui toute nuit art devant aus.
Li quens ne se mut d'avoec aus
Ne sa fille : duskes au jour
Firent avoec Jehan sejour.
Et Jehans Dieu mout mercia
5930 De l'onnour que faite li a.

De tant com croist sa signourie,
De tant Jehans plus s'umelie.
Si tost com la nuis fu passee,
Et il perchurent la journee,
5935 Une messe firent canter,
Puis se vont tantost reposer,
Pour ce k'il soient mains grevés.
Tant dormirent que fu levés
Li solaus, qui maine le jour.
5940 Dont se leverent sans demour
Li rois et tuit li chevalier
Se releverent sans targier.
Ja fu tans de la messe oïr.
Et Blonde, qui fait esjoïr
5945 Ciaus qui en li metent leur ex,
Car il ne pueent avoir mex,
S'est celui jour si bel paree *(f. 94 c)*
Et de si grant biauté pueplee
Que tout aussi com li solax
5950 Quant il lieve au matin vermax
Et il esclarcist l'air ombrage,
Tout aussi la bele, la sage
Esclarcist les lix entour li.
Tant savroie dire de li,
5955 De sa biauté, de sa bonté,
Que ja mais n'aroie conté.

Ne doit mais estre nului grief,
Se ma matere maine a cief.
Tuit et toutes vont al servise
5960 C'on fait cel jour en sainte eglize.
Quant on eut la messe cantee,
A Jehan a chainte l'espee

5946 Quant — 5959 seruuise

  Li rois, qui chevalier le fist.
  Et après el col li assist
5965 Une colee, et ensement
  Fist a ses freres erranment.
  Onques mais ne vous dis lor nons,
  Or les dirai, car c'est raisons.
  Li premiers après Jehan nes
5970 Fu tousjours sages et senés
  Et fors et legiers et apers,
  Et s'eut non mesire Robers.
  Li autres ne fu pas si grans,
  Qui eut non mesire Tristans.
5975 Li mainsnés fu et fors et fiers,
  S'eut non mesire Manessiers.
  Ciaus a fait chevaliers li rois,
  Qui mout fu sages et courtois,
  Et pour leur amour plus de vint.
5980 Tout leur donna quanqu'il convint.
  Puis retournent es pavillons,
  Car de disner estoit saisons,
  Si s'assisent après laver.
  Nus ne tint celui a aver
5985 Qui tel disner leur ot fait faire.
  De char i avoit tante paire
  Que je n'en sai dire le nombre. *(f. 94ᵈ)*
  La multitude m'en encombre
  De pors, de buès, de venoisons,
5990 De voleïlles, de poissons,
  Et voient mes a grant plenté
  Et bons vins a leur volenté.

  Mesire Jehans les le roi
  Sist cel jour, et si frere o soi,

5966 asses — 5987 fai

5995 Et o la roïne sist Blonde,
Qui ert la plus bele du monde.
Li servant par laiens randonnent,
A chascun mes les trompes sonnent.
Dames i avoit qui servoient;
6000 De dras d'or parees estoient,
Devant cascun mes vont cantant.
Partout avoit de joie tant
Qu'il estoit a cascun avis
Tel joie ne vit mais hom vis.
6005 Mais ce fu encore noiens.
Quant on eut mengié par laiens,
Si commencha tel melodie
Que plus bele ne fu oïe;
Li pavillon retentissoient
6010 Des estrumens qui i estoient.
Quant un peu escouté les eurent,
Les dames a caroler queurent.
La eut mainte dame paree,
La eut mainte canchon cantee,
6015 La eut a grans remuëmens
Cangié mains apparillemens.
Plus bele carole ne fu.
Quant ele fina, vespres fu,
Si les alerent escouter.
6020 Après vespres revont souper.
Après souper dusk'a la nuit
Remenerent joie et deduit.
Qui dont veïst les tors de cire
Par les pavillons tire a tire,
6025 Ne quidast mie par samblance
C'on pesast la cire a balance,
Ains sambloit que pour noënt fust.
Comment que la nuis orbe fust, (f. 95ᵃ)

6023 *corr. de* cirre — 6024 pauillon

         Entour aus veoient bien cler.
6030   Avant fu pres de l'ajourner
         Que les caroles derompirent,
         Mais en la fin se departirent;
         Ne peurent pas durer tousjours.
         Tuit vont jesir tant qu'il fu jors.

6035   Cele nuit fist Jehans de cele
         Dame qui estoit damoisele.
         De tous deduis sont a la voie,
         Tousjors plus et plus sont en joie.
         Comment qu'il leur deüst grever,
6040   Les couvint au matin lever
         Pour chiaus qui volrent congié prendre.
         Mesire Jehans volt mout tendre
         A aus priier, mais ne poet estre :
         Chascuns volt raler en son estre.
6045   A grant paine retint le roy
         Et la roïne avoeques soi.
         Et li quens a ciaus qui s'en vont,
         Selonc chou qu'il valent et sont,
         Donne joiaus de mainte guise,
6050   Dont cascuns l'aime mout et prise.
         Le roi retinrent quatre jors;
         Mout fu deduisans leur sejors :
         Es rivieres vont as faucons
         Et es forès as venoisons.
6055   Au bon conte d'Osenefort
         Pria li rois qu'il se deport
         En ses forès, en ses castiaus;
         De tout veut qu'il soit damoisiaus.
         Li quens durement l'en mercie,
6060   Et dist que ja mais en sa vie

6029 au — 6031 derompissent — 6032 departissent — 6048 qui — 6055 de senefort

De son genre ne partira;
D'aaige est, avoec lui sera.
Quant il vaurra, en ceste tere,
Quant il vaurra, en Engletere.
6065 Mout fu liés mesire Jehans,
Quant il de chou fu entendans.
Et Dieus! que Blonde en ot grant joie, *(f. 95 ᵇ)*
Qui voit que ses peres s'otroie
A tout quanques il vaurront faire,
6070 Riens ne li peüst autant plaire.
Au chiunquime jour au matin
Se departi de Dantmartin
Li rois Loëÿs et sa gent.
Ce ne fu mie bel ne gent
6075 As deus contes, car s'il poïssent,
Mout volentiers le retenissent.
Trois lieuues loing le convoiierent
Li novel chevalier, qui erent
Frere le conte, o lui s'en vont,
6080 Car de sa menie esté ont
Tant comme il furent escuier;
Aussi furent il chevalier,
Tant que bien leur guerredona,
Femmes et tere leur donna,
6085 Dont il furent riche et manant
Et tousjours a leur frere aidant.
Li dui conte et avoec aus Blonde
Au milleur roi ki fust u monde
Prendent congié, et il leur done,
6090 Et son pooir leur abandonne.
A tant departent, si s'en vont,
A Dantmartin revenu sont,
Et li rois s'en va a Corbuel.
Mais de lui parler plus ne voel,
6095 As deus amans voel retorner,

6071 martin — 6075 peissent

Qui ont loisir de sejorner
En feste, en deduit et en joie.
Nus ne les het ne ne gerroie.

A Dantmartin sunt li dui conte,
6100 D'un ostel sont et d'un seul conte.
Ce ke l'un plaist et atalente,
Li autres tantost li presente.
Bonne vie et honeste mainent,
Et de Diu honerer se painent.
6105 Meïsmement la bele Blonde
Fu de tous mauvais visces monde,
Ains de mauvaistié n'eut envie; *(f. 95 c)*
Tousjors se tient en bonne vie
Avoeques son ami loial,
6110 Plain de tous biens et vuit de mal.
Au chief de l'an ses deus sereurs
Maria a deus grans signeurs,
L'ainsnee au conte de Saint Pol,
Que on ne tenoit mie a fol;
6115 Uns siens freres prist la mainsnee,
Qui ricement fu mariëe.
Robin et son bon maronnier
Revaut ensement marïer.
A Dantmartin eut deus bourgoises,
6120 Qui furent rices et courtoises;
N'estoient pas de cuer vilaines,
Disnes sont d'estre castelaines.
Suers germaines andeus estoient,
Mout grant tere et grant meuble avoient.
6125 De ces deus fist le mariage :
De l'ainee a Robin le sage,
Et la mainee au maronnier.
Du sien leur donna maint denier,
Et maistre de son ostel furent,

6130 Qu'ains de servir ne se recrurent.
Puis ot li quens de bele Blonde
Quatre enfans, les plus biaus du monde,
Dont il vint puis grant avantage
Et grant honour a leur lignage.
6135 Quant il eurent a Dantmartin
Esté deus ans soir et matin,
Si ralerent veoir leur tere
D'Osenefort en Engletere.
A joie i furent requelli.
6140 Li quens d'Osenefort vesqui
Avoec sa fille bien dis ans
Com preudom et de cuer joians.
Et bien trente ans, après sa mort,
Fu Jehans quens d'Osenefort
6145 Et de Dantmartin en Gouele.
Deus contés out et femme bele.
Mout de bien firent entr'aus deus. *(f. 95 d)*
Onques ne seurent estre seus,
Tousjours ourent bele maisnie
6150 Et selon Diu bien ensignie.
Les povres nonains releverent,
Les povres femes mariërent,
As bons ki vaurrent honour quere
Donerent et deniers et tere,
6155 Mout honourerent sainte eglize.
Ne feïssent en nule guise
Vilenie n'outrecuidance,
Tousjors furent d'une acordance.
Tant leur otria Dix de biens
6160 Que leur amours pour nule riens
N'amenuisa ne ne descrut,
Ainchois mouteplia et crut.
Tant s'entramerent de bon cuer

6144 du senefort — 6147 furent — 6156 une

Que ainques li uns a nul fuer
6165 Ne fist l'autre qui li grevast;
Et s'uns anuis lour alevast,
Li autres si le confortoit
Que souef son anui portoit.
Bien furent des rois dont il tinrent,
6170 Loialment vers aus se maintinrent.
De tout le commun amé furent,
Vers aus firent chou que il durent;
Pitex furent vers povre gent,
Del leur donerent larguement.
6175 Quant en France manoir venoient,
Tout le païs lié en faisoient,
Et en Engletere ensement.
En ce point furent longuement,
Tant que Dix, ki sera sans fin,
6180 Les fist venir a bone fin.

Par ce romans poront entendre
Tuit cil qui lor cuer vaurront tendre
A honeur et honte laissier
Que cascuns se devroit plaissier
6185 Et travillier et cors et cuer
A chou que il vigne en haut fuer.
Entendés bien en quel maniere. (f. 96 a)
J'entens que cascuns honeur quiere;
Je n'entench pas par usurer,
6190 Mais par son sens amesurer
Et servir deboinairement
Et a soi tenir loialment
Et a estre courtois et dous
Et a savoir estre avoec tous
6195 Et a porter bonne parole.
Car cil a esciënt s'afole,

6164 Quainques li uns lautre — 6177 en *manque*

Ou li mauvais corages tire
Tant qu'il s'entremet de mesdire.
Tant a mauvaise compaignie
6200 En homme qui est de tel vie.
Qui tel langue a, li maus feus l'arde
Que plus est poignans que laisarde.
Après, qui veut en haut monter,
Son cors et son cuer doit donter
6205 A estre atemprés de soi taire
Duskes a tant qu'il doie plaire,
Et si doit deboinaires estre.
Et se il avient qu'il ait mestre,
Il doit aprendre son corage,
6210 Car ensi le font tuit li sage.
S'il voit son maistre bon et fin,
Bien le siue dusk'en la fin ;
Et s'il le voit trop mescreant,
Saciés, pour voir le vous creant,
6215 Ke sagement s'en doit retraire
Et soi garder de son afaire.
Ne pour service ne laist nus
Ice dont il est plus tenus,
C'est a Dieu crémir et amer
6220 Et a haïr le mal amer.
Qui laisseroit Diu pour nului,
Trop fol serjant aroit en lui ;
Car nus ne poet venir pour rien,
Se Dix ne li consent a bien.
6225 Toutes amours fait bon tenir
Dont on puet a bon cief venir.
Et s'on aquiert aucune cose, *(f. 96 b)*
On doit avoir en son cuer close
La volenté de bien despendre.
6230 Car cascuns, pour voir, doit entendre
Que riens del mont n'est hiretages.

6198 medire

Bien le puet aquerre li sages,
Et après bien metre le doit.
Autrement ne mece le doit
6235 A cose ki soit a che monde.
Car il en carroit en tel monde
Qu'en infer en seroit jetés,
Ou il avroit sans fin durtés.
Jehans conquist par son savoir
6240 S'amie et grant plenté d'avoir,
Mais en tere riens n'em porterent
Fors chou que pour Dieu en donnerent.
Il ouvrerent si comme il durent
Qu'ainc de bien faire ne recrurent.
6245 Or s'i pregnent garde li sage,
Car a bon port vient qui bien nage.
C'est pechiés d'estre trop oiseus.
Or soit donques cascuns viseus
De bien despendre et bien aquerre,
6250 Qu'anemis ne nous mece en serre.
Mal prie cil qui lui oublie.
Pour chou n'obliërai ge mie
Que je ne vous pri et requier
Que vous voelliés a Dieu priier
6255 Que Phelippe de Remi gart
Et de paradis li doinst part.
Car ce fu cil qui s'enlima
Tant que il ce conte trouva.
Ci faut de Jehan et de Blonde.
6260 Ains n'eut plus vrais amans el monde,
Ne ja n'avra, si com j'espoir.
Je n'en sai plus au dire voir.

Explicit de Jehan et de Blonde.

6244 Q inc — 6247 oisseus

SALU D'AMOURS

SALU D'AMOURS

     Phelippes de Biaumanoir dit   *(f. 97 ª)*
     Et tiemoigne que biau voir dit
     Qui sont par amours envoiié
Ont maint vrai amant ravoiié
5   De mal en bien, de duel en joie.
Et pour ce me semont et proie
Amours, qui m'est u cuer fremee
Sans estre ja mais deffremee,
Et ensengne que salus mant
10 A cele qui si duremant
Me navra par son biau maintieng.
He! las, trop longuement me tieng
De vous veoir, tresdouce dame;
Mais c'est pour chou, foi que doi m'ame,
15 Qu'on ne perchoive mon pensé.
Pour chou m'a mes cuers apensé
Que je vous mant une partie
De la grieté qui m'est partie.
A tant orrés, ma dame douce,
20 Chou qui me destraint et atouce.
Tant de salus com fins amis

SALU D'AMOURS

Puet mander cele ou il a mis
Son cuer, son cors et son penser
Vous manch, salus sans mal penser,
25 Et si vous pri que vous lisiés
Mon salu; ne le despisiés,
Chou que vous verrés en la lettre.
Car fine amours m'i a fait metre   *(f. 97 ᵇ)*
Comment je sui pour vous destrains,
30 Comment de doutes sui estrains,
Comment de desir sui laciés.
De ces deus est entrelaciés
Mes cuers et en trop grant contraire :
Bien me peüst mes desirs plaire
35 Se doute me laissast en pais.
Par doute ai mal, par desir pais.
Par ces deus sui en tel bataille
Que ja mais jour ne prendra faille
Se vous sur vous ne le prenés;
40 Si vous pri que vous aprenés
Du grant descort pour la pais faire,
Si ouverrés com deboinaire
Et comme plaine de bonté.
Des or mais vous sera conté
45 Comment doute et desir m'assallent,
Qui jour et nuit si me travaillent.

A tant, bele tresdouce amee,
Cent mile fois douce clamee,
Vous dirai dont vint li desir
50 Qni soutilment me vint saisir.
Un jour jetai vers vous mes iex,
Si me sambla, si m'aït Diex,

---

30 doutes *B*] toutes — 32 deus] .ii. — 37 deus] .ii. deus — 49 desirs

SALU D'AMOURS

  Et samble encore que si bele
  Ne fu ains dame ne pucele.
55 Après regardai vo maintien,
  Dont trop a deceü me tien
  Quant tousjours veoir ne le puis,
  Qu'en lui veoir troeve on le puis
  Plain de tresdouce compaignie.
60 Ce que g'i vi, (je n'en dout mie,)
  M'a mis mon cuer en tel desir
  Que il ne se puet dessaisir
  De desirer que vos acors
  Fust tex que de cuer et de cors
65 Fuissiés m'amie bonement ;
  Car je sui vostres bonement.
  Tex desiriers si fort me point
  Que de garison n'i truis point   *(f. 97 c)*
  Se par vous n'est. Vous estes cele
70 Dont m'est venue l'estincele
  De doute qui el cuer dedens
  M'est en tous poins caude et ardans.
  En tel point m'a mis nuit et jour
  Que de penser n'ai nul sejour.
75 Tousjours pens, tousjours voel penser
  Et en pensant moi apenser
  Comment je vous porai servir
  Pour vostre bon gre desservir.
  Mais ne puis trouver nule voie
80 Par coi le bien fait avoir doie
  Que mes fols cuers aime et couvoite.
  Par outrecuiderie esploite
  Mes cuers, com d'amours desvoiiés.
  Comment seroit il ravoiiés,
85 Quant des le jour que je vous vi
  Amours par ses ars le ravi

75 Tous

Et le mena dedens sa cartre?
La li fist Traïsons la cartre
Ou il a tant de dyvers poins.
90 Douce dame, il m'est grans besoins
Que vous qui la cartre gardés
Piteusement i regardés,
S'en ostés, pour moi alegier,
Dis poins qui ne sont pas legier.
95 Trestous dis nomer les vous voel,
Car du plus petit trop me duel,
Et si vous conterai comment
Je fui assaillis cruëlment
D'Amours qui en fist grant effors,
100 Comment je ne fui pas si fors
[Vers Traïson qui i sourvint],
Qui de pais faire court me tint.
Ele meïsmes fist le lettre
U tant de crualté vaut mettre
105 Qu'il n'est nus qui le peüst dire
Ne clers qui le seüst descrire.
Ma besoigne mis desseur lui,
Mais tant me fist que a nului
Ne me lo de chou qu'ele fist, *(f. 97 ᵈ)*
110 Car a son plaisir me desfist.
Tel lettre me fist creanter
Dont je ne me puis pas vanter
De bien se je ne voel mentir :
Maintes doleurs me fist sentir.
115 Et si sachiés, dame, sans doute,
Tenir m'estuet la lettre toute
Tele comme el me fu escrite.
Dame, a tant vous sera descrite
La lettre et la dure bataille

---

92 i *manque*. — 94 leger, *d'une main postérieure*. — 114 Mes maintes gens doleur sentir — 117 ele

120 C'Amours me fist sans deffiaille.

S`ACIÉS`, bele tresdouce amee,
Cent mile fois douce clamee :
L'autr'ier jouer alés estoie,
Aussi com je faire soloie,
125 A la carole entre la gent.
A vous me pris, bele au cors gent.
Bien sai c'Amours en eut despit;
Car bien trestout sans lonc respit
Me lancha, dont je trop me duel,
130 D'une flece d'amours par l'uel.
Li fers de cele flece ataint
Mon cuer, dont durement se plaint.
La flece si est, comparee,
Vostre biautés, blonde acesmee;
135 Car tout aussi comme la flece
Est sans neu, sans groisse et sans teche,
De blanc bos omni, delié,
Trestout aussi regardai gié
Vostre cors, bele, tout a droit
140 Longhet et delié et droit.
Li empenons c'est vostre chiés ;
Car par lui fu, bien le saciés,
Li cos en mon cuer avisés.
Or vous ressera devisés
145   Li fers acerés et trenchant,
Me vint ferir en decevant,
Vostres regars mus; je me vant
Que mais tel n'esgardai avant.
[Doloir me fist et nuit et jour.]
150 Enflambés estoit d'une ardour   *(f. 98ᵃ)*
Qui m'esprist le cuer au ferir.

138 ge — 141 chief — 145 trenchans — 148 avant] nul nul

A tant ne se vaut plus tenir
Amours, ains m'envoia Orguel
Et Cointise, dont trop me duel.
155 Cil dui de toutes pars me prisent,
Assés de cruëx tors me fisent.
A tant estes vous sur che fet
Traïsons qui trop set de guait.
N'en seuch mot devant qu'ele vint.
160 Quant cascuns de ces trois me tint
Avoec le dur cop de la fleche,
Miex sui tenus que bues a treche.
« Ren toi tantost! » fist Traïsons.
« De par Amours le te disons.
165 « Va li criër merci du tort
« Que fait li as cruëx et fort,
« Qui cele de la court presis
« Par le doit, n'ains ne li fesis
« Service dont ele se lot.
170 « Je cuich tu faisoies le sot.
« Ren toi a lui sans delaiier,
« Ne ne te caille d'esmaiier.
« Vers lui feras legiere amende.
« Nus ne s'i rent qui n'en amende. »

175 A tant, bele tresdouce amee,
Cent mile fois douce clamee,
Vi bien que la force n'ert pas
Moie, si dis isnel le pas :
« Biau signeur, a Amours me rent.
180 « Trop aroie cuer mesesrant
« Se ne voloie des siens estre,
« Puis que on amende en son estre.
« Si cruëxment en sui espris

159 quel

« Je ne puis mix, se me rench pris. »
185 Dont fui menés devant Amors.
En un jardin jonchié de flours
Le trovames faisant capel.
« Dame, ves chi le damoisel, »
Fait Orgex, « que nous pris avons.
190 « La raison que nous i avons   (f. 98 b)
« Est : pour chou k'il prist par le doit
« Chele qui le los avoir doit
« De celes de vostre couvent. »
Quant j'entendi qu'Orguex me vent,
195 Si dis a Amours : « Bele dame,
« Je n'i pensai nul mal, par m'ame !
« A vostre voloir me mech chi,
« Si vous pri jointes mains merci.
« Uns de vos dars m'a si navré
200 « Que ja mais garison n'avré
« S'en vostre court ne truis un mire. »
A ce mot prist Amours a rire
Et me dist que, se je voloie,
Jugement en sa court avroie,
205 S'iere jugiés selonc le fait
Que j'avoie a la bele fait.
Tout maintenant sans nul reprendre
M'otroiai au jugement prendre.
Mon cuer (n'i peuch metre autre gage)
210 Moi convint laissier en ostage,
Que je penroie en sa court droit
[Et ele entre tant me tenroit]
En sa plus fort prison juree.
Cele prisons a non Pensee.
215 Li chartriers de cele prison
A non Espoirs, ce vous dison.

189 auon — 191 Est] 7 — 196 mal] ma — 205 Sere — 212 *B avait suppléé*: Et ele pour tant me tenroit

S'il ne fust, je par fuisse mors;
Car mout m'a doné de confors.

A tant, bele tresdouce amee,
220 Cent mile fois douce clamee,
Bone Amours tous ses hommes mande.
Nus des mauvais ne contremande,
Mais cil qui mout aidié m'eüssent
A men besoing, se venu fussent.
225 Et nepourquant li bon m'aidierent,
Mais un seul petit trop targierent.
A tant orrés qui vint premiers,
Qui secons et ki derreniers,
Et si orrés, ma dame chiere,
230 Briement de cascun la maniere.
Premiers i est Orgex venus, (f. 95 c)
Qui si est enflés devenus,
Quant mes cuers en amours s'eslieve,
Que par un petit qu'il ne crieve.
235 Honis soit il, car sa coustume
Est trop vilaine et trop enfrume!
Avoec li vint fole Cointise
Qui en son malisce l'atise.
Tant quident entr'aus deus valoir
240 Que d'autrui ne leur quiert caloir.
Après vint damoisele Envie
Et sa cousine Felonie.
Cil eurent les cuers trop felons :
Pis valent ne fist Guenelons.
245 Pour peu ne se vont affronter,
Quant leur voisins voient monter
En signourie n'en hautece.
Eles heent sens et prouece,

224 fuissent — 236 enfrune

Sur cascun aiment mescaance ;
250 En eles n'ait ja nus fiance !
Après revint a court Mesdis.
Ne creés pas, dame, ses dis ;
Car qui souvent les ot et croit
Sans raison maint homme mescroit.
255 Si est sa lange envenimee
Qu'ele ocist tout a la volee ;
Par li devienent li ami
Sans raison souvent anemi.
Or ne li fist mie le sourt
260 Orgex, et Envie li sourt,
Cascüns d'aus forment le conjoie.
L'un mauvais fait a l'autre joie.
Après est Traïsons venue
Qui l'un après l'autre salue ;
265 A cascun fait si bel samblant
Qu'ele va tous lour cuers enblant.
Par son samblant mout de bien mostre,
Mais de mal a le cuer avoustre ;
Mais nul connoistre ne le peut,
270 Devant que comparer l'esteut.

A tant, bele tresdouce amee, *(f. 98 ᵈ)*
Cent mile fois douce clamee,
Estes vous venu un message
Devant tout le felon barnage.
275 Devant Amours s'ajenoilla
Et dist : « Dame, grant touoill a
« Loiautés : s'assés tost ne vient,
« Une besoigne le detient
« Que il a pour bien faire emprise,
280 « Si ne volroit en nule guise

259 On

« Que de vous fust a droit blasmés.
« Se vous sa compaignie amés,
« Atendés le ; tantost venra,
« Et avoeques lui amenra
285 « Tex gens qui de vous leur fix tienent.
« Si sage sont que bien avienent
« En vostre court quant il i sont.
« Or vous nomerai qui il sont :
« Ce est Pitiés et Loialtés,
290 « Franchise et Deboinairetés,
« Et Esperance la courtoise
« Qui en tous ses anuis s'envoise.
« Li droit qui sont fait par tel gent
« Sont a tenir et bel et gent. »

295 A tant, bele tresdouce amee,
Cent mile fois douce clamee,
Entendi Amours le message ;
Mout le vit bel, courtois et sage.
Maintenant de jenous le lieve
300 Et li prie, s'il ne li grieve,
Son non li die, et il respont :
« Dame, cil qui bien le despont,
« M'apelent Sens ou Sapiënce,
« En moi ont mainte gent fiance.
305 « Loialtés m'est bien pres cousine ;
« Je sai le plus de son couvine. »
« Certes, « fait Amours, « bien pensoie
« C'autre fois veü vous avoie.
« Or demourés, car je vous prie
310 « Que vous soiiés de ma maisnie. »
« Dame, » respont Sens, « non ferai. *(f. 99ᵃ)*
« Ja de vostre court ne serai,
« Devant que mi ami venront

SALU D'AMOURS

        « Qui mout de bien vous apenront.
315   « Se vous creés le droit conseil
        « D'endroit moi pour vous, vous conseil
        « Que vous del tout le voelliés croire
        « Et cex que je chi voi mescroire.
        « Je n'i voi fors mes anemis.
320   « Deables en i ont tant mis!
        « Je ne voi ame en vostre court
        « Qui assés ne sache de hourt.
        « Envie hach, Orguel ressoing;
        « De leur compaignie n'ai soing.
325   « A Diu! Ne voel plus demourer.
        « Ne finerai de labourer
        « Devant que venra Loialtés,
        « Franchise, Deboinairetés
        « Et tant de vos homes loiaus ;
330   « Car ci ne voi fors desloiaus.
        « Ja par aus n'avrés bien jugié.
        « Je m'en vois a vostre congié.
        « Que dirai ge chiaus qui chi vienent,
        « Qui en vostre hommage se tienent ? »
335   « Vous leur dirés, » che dist Amor,
        « Qu'il viegnent, s'orront la clamor
        « Que je voel sur Phelippe faire.
        « Puis m'aideront a lui droit faire.
        « De haster les ne vous dolés.
340   « Alés vous ent quant vous volés.
        « Mout vous amaisse a retenir,
        « Mais je n'en puis a chief venir.
        « De vous consieurre m'estevra,
        « Autrement estre ne pora. »

---

314 vous *manque*. — 320 Deable — 322 sage — 344 Tant cautrement; ne *manque*.

345 A tant, bele tresdouce amee,
     Cent mile fois douce clamee,
     S'en parti, que ains a Envie
     N'a Orguel n'a sa compaignie
     N'a Traïson congié ne prist.
350 A son cemin tost se reprist.
     Mais un petit de li vous lais.   *(f. 99 ᵇ)*
     De chiaus dirai qui ou palès
     D'Amours ja assamblé estoient.
     Le contremant oï avoient,
355 Dont de duel furent aengié.
     A conseil se sont arrengié.
     Premiere parla Traïsons.
     « Segneur, » dist el, « se ne faisons
     « Que cil jugemens par nous voist
360 « Maintenant, tant que il nous loist,
     « Et nous atendons Loialté,
     « N'iert pas à nostre volenté.
     « Disons Amours que ceste cose
     « Doit bien par nous estre desclose. »
365 Dist Orgeuls : « Dont ainsi le voel.
     « Tex jens atendre pas ne voel.
     « Dehais ait ki les atendra
     « Et qui vengance n'en prendra
     « De ce chetif maleürex
370 « Qui en tel lieu est amourex. »
     « Dist Cointise : « Je m'i acorch;
     « Du tout au dit d'Orguel m'acorch. »
     Et dist Envie : « Par mes ex,
     « Se j'en suis creüe, ses deus
375 « Croistra anchois qu'il amenuise.
     « Pescier deüst a la menuise,

346 mil — 358 il — 360 vous — 362 Nert

« Non pas a si grosse lamproie,
« Certes, se il est qui m'en croie. »
« Il s'est en tel piece embatus
380 « O il sera griement batus, »
Dist Felonnie. « Mais s'amende
« Soit tele que tantost le rende.
« D'endroit moi voel qu'il soit desfais,
« Ou que de travail ait tel fais
385 « Que mais ne s'en voie delivre.
« Pesee li soit a grant livre
« Mort ou grant paine, s'iere lie,
« Ne autrement nel voel je mie. »
« A vous m'acort, » respont Mesdis.
390 « Se vous volés croire mes dis,
« Paine ne li est pas cheüe. (f. 99 c)
« Je sai toute sa couvenue :
« Il est mauvais et surcuidiés,
« De tous biens est ses cuers vuidiés ;
395 « Il est tex que il ne doit estre
« Vers Amours ne compains ne mestre. »
« Or m'entendés, » fait Traïson.
« Metés sur moi ceste raison.
« Si le savrai desnicorder
400 « Que je le ferai acorder
« A quanques je vaurrai traitier.
« Puis ne nous couvenra gaitier
« De Loialté ne de Francise.
« Car je rendrai anchois ma mise
405 « Que il soient a court venu. »
A ce conseil se sont tenu,
Sur Traïson ont mis l'affaire,
Qui mout ot le cuer de mal aire.

382 pende — 397 menetntes — 407 ot

A tant, bele tresdouce amee,
410 Cent mile fois douce clamee,
Sont venu a Amours ensamble.
« Dame, » dist Traïsons, « moi samble,
« Et a ma compaignie toute
« Qui vous honneure et aime et doute,
415 « Que pour rendre tel jugement
« Ne convient atendre granment.
« Pour faire le sommes assés. »
Respont Amours : « Vous vous lassés
« De dire huiseuse, car j'atant
420 « Loialté, que chi vient batant. »
Dame Traïsons li respont :
« Et qui poroit faire le pont
« Vers Phelippe le prisonier
« Que il se vausist obligier
425 « Et metre sur moi haut et bas,
« Ja ne le desvolrés vous pas
« Se il le veut dessur moi metre.
« De duel n'en devés pas remetre,
« Car si le mettrai entre piés
430 « Que del tout iert dessous vos piés. » *(f. 99 d)*
Amours respont : « Li grans afaires
« Est siens, ne ce ne me nuist gaires.
« De tant comme a moi puet monter
« Me voel je bien vers vous donter. »
435 Traïsons respont : « Et je vois
« Lui querre. Ci iert anevois. »

A tant, bele tresdouce amee,
Cent mile fois douce clamee,

415 Que B] 7 — 430 ert — 436 ert

Vint a moi parler Traïson,
440 Si me trouva en la prison.
Tant jentilment me salua
Et de tant biaus mox m'englua
Et si me moustra biau sanlant
Qu'avis me fu a mon sanlant
445 Qu'ele m'amast plus que riens nee.
Mout, ce me dist, s'estoit penee
Vers Amours pour ma pais cachier.
Car mout veut mon bien pourcacier,
Ce dist, et mout est mes amis,
450 Mais que sur li me soie mis
Et du jugement me deport.
Tant me pramist bien et deport
Que mes Espoirs, qui me gardoit,
De son fel cuer ne se gardoit.
455 Andui fumes si durfeüs
Que je li dis con durs feüs :
« Sur vous me met. De moi pensés
« Comment soie de mort tensés —
« Mais comment que je puis m'esjoie. »
460 A ce mot ot Traïsons joie.

A tant, bele tresdouce amee,
Cent mile fois douce clamee,
Me fist mener devant Amours
Qui de moi fist ses grans clamours.
465 « Dame, » dist Traïsons, « merci
« Pour chou qu'a mesfait! Ves le chi!
« Il est sur moi de ce mesfait
« Que vers vous et vers cele a fait
« Qui pooir a en vostre court.
470 « A mon voloir le tenrés court.

448 mon B] mout

« Phelippe, en' est chou vos acors *(f. 100ᵃ)*
« Seur vostre cuer, sur vostre cors
« De tenir chou que vaurrai dire? »
Je respondi plourant, sans ire :
475 « Oïl, dame. De vo voloir
« Faire moi ne quich pas doloir.»
Amours respondi bonement :
« Et je le revoel ensement. »
« Phelippe, je voel en ostage, »
480 Dist Traïsons, « sans autre gage
« Vostre cuer. Amours le livrés!
« Après si serés delivrés. »
Je respondi : « Je ne l'ai mie.
« Cele que couvoite a amie
485 « L'a des l'autre an que je la vi.
« Par son douch regart le ravi,
« Ne dou ravoir noient ne sai
« Se par vostre dit ne le rai. »
« C'est assés, » ce dist Traïsons.
490 « Or est des ore mais saisons
« Que je voise la lettre escrire
« De tel dit com je volrai dire.»
A tant de nous se departi.
A peu li cuers ne me parti;
495 La ou il ert, se tresala.
Quant vi que consillier s'ala
A Orguel et a Felonnie
Et a Mesdit et a Envie,
Adont euch de moi grant peür.
500 Tant atendi en tel freür
Qu'ele revint et en sa main
Un parkemin de lettre plain.
Puis dist : « Vois ci mon dit escrit,
« Phelippe. Tout quanqu'il descrit

474 Je] Il — 499 eut — 504 descrist

505 « Tendrés. Ainsi vous rent ma mise.
 « Quant vostre bulle i sera mise,
 « Entendant vous ferai la lettre
 « Que je pour mon dit i vols mettre.
 « La bulle c'iert vostre obligance
510 « Que d'Amors tenrés la voellance.
 « Volés vous chou que je vous ruis ? » *(f. 100 b)*
 Je dis : « Oïl, car el ne puis. »
 Ma foi en prist, puis list la lettre.
 Or escoutés qu'ele i fist mettre.
515 Ele commence et on se teut.
 Dame, or orrés qu'en la lettre eut.

 A tant, bele tresdouce amee,
 Cent mile fois douce clamee,
 La lettre a lire commencha
520 Qui en maint torment me lancha.
 Ele fu du dire maniere,
 Si commence en ceste maniere :
 « Phelippe de Biaumanoir mande
 « Qu'il doit Amours en non d'amende
525 « Pour le mesfait que il mesfist,
 « Quant la bele par le doit prist,
 « Dis paines. Chascune iert nommee.
 « La premiere est qu'en grant pensee
 « Tenra prison et nuit et jour
530 « Sans avoir repos ne sejour.
 « Et la seconde paine après :
 « Souspirs fera si pres a pres
 « Qu'il ne passera jour ne nuit
 « Qu'il n'en face cinc cens et wit.
535 « Après sera la tierce paine

509 cert — 523 Phelippes — 527 ert — 528 qu'en B] quant —
532 Il soufferra si pres a pres

« Que set jours chascune semaine
« Avra devant lui une goute
« Que on apèle tresgrant doute ;
« Cele doute iert de meskaance,
540 « Dont il avra tousjours doutance.
« La quarte paine iert de villier,
« La ciunquisme d'estendillier ;
« Ces deus paines cascune nuit
« Avra, comment qu'il li anuit :
545 « En soi estendant villera
« Et en villant s'estendera.
« La siste paine sera grans :
« Car en tous poins sera en grans
« D'estre en la compaignie a cele
550 « Pour cui cis maus li renouvele,
« Et s'il i est par aventure, *(f. 100 c)*
« Il esprendra de tel nature
« Que riens n'estaint fors gres d'amie.
« Qui tel mal a, santé n'a mie.
555 « La septim paine devis :
« C'est que la biauté que devis
« Et son maintien et sa maniere,
« Soit pres de li u bien arriere,
« Avra en soi en liu d'ymage.
560 « D'ymagenier lor le fas sage :
« Si iert en son cuer enformee
« Sa forme que ja desformee
« Ne sera, ains enfourmera
« En son cuer cele ki fourme a
565 « En soi de la plus bele forme
« Qui onques fust fourmee en fourme.
« Mar vit sa fourme fourmiant,
« Souvent s'en ira fourmiant.
« Or redirai la paine witisme :

539, 541 ert — 542 *corr. de* destentillier — 561 ert — 565 fome

570 « Pour lui plus confondre en abisme
« Voel qu'il soit jalous si forment
« Que tousjours en soit en tourment :
« Tousjours quidera en son cuer
« Qu'ele aint autrui et lui get puer.
575 « Par chou ne savra il que dire ;
« Ce li tourra jouer et rire,
« Ce le fera plourer et plaindre,
« Ce le fera en dolour maindre.
« La noevime paine dirai :
580 « A ce cop le malbaillirai,
« Car par froit suëra de chaut,
« Tantost après de chaut en caut
« Retramblera par grant caline ;
« Ce ne li sera pas mecine
585 « De tost venir a garison,
« Ains li sera grant marison ;
« Ce le fera taindre et palir
« Et de grant grieté tressalir.
« La disime, la derreniere
590 « Li iert de crueuse maniere ;
« Car desesperance la male   *(f. 100 d)*
« Qui en maint cuer grietés enmale
« Nuit et jor le desvoiera ;
« Mainte fois le desvoiera
595 « En lui ramembrant sa folie
« Qu'il fist par sa melancolie.
« Quant tele amie couvoita,
« Par melancolie esploita,
« Mais ceste desfera sen conte,
600 « Que li dira : « A vous que monte
« De couvoitier si haute cose
« Qui de tel douceur est enclose ?
« Trop cangeroit son or en cendre

580 malbaillirai] b *a été fait d'un* p — 590 ert — 600 Cele d.

« S'ele voloit si bas descendre
605 « Que ele te daignast amer.
« A droit te puès caitif clamer,
« Que ja ton desirier n'avras,
« Pour cui con fox tant te navras.
« Or l'aime bien, que ja desserte
610 « N'en prendras, mais mainte grant perte. »
« A tant t'ai les paines nommees
« Que a tenir as creantees.
« Mar l'acointas, mar la veïs
« Et mar par la main le preïs.
615 « Des or m'en tais. Or tien ta voie !
« Paiié t'ai ce que te devoie. »

A tant, bele tresdouce amee,
Cent mile fois douce clamee,
S'est Traïsons du dit teüe.
620 Mout fu de grant joie esmeüe.
Orgeus et Envie et Mesdis,
Quant il ont entendu ses dis,
« Or prengne! » fait cascuns. « Or pregne! »   (f.
« Une autre fois mie n'enprengne   101 $^{a)}$
625 « Tel fais se de cestui escape.
« Bien li avons taillie cape ;
« Car par nos consaus tel cape a
« Dont, ce cuidons, nus n'escapa. »
En che point ne fui pas a aise.
630 Quant je vi que de ma mesaise
Rioient cele male gent,
N'en euch pas le cuer alegant,
Mais fui tristres et esbahis,
Car bien vi que je fui traïs ;
635 Et a tousjours mais traïs fusse

608 lui — 624 vne — 635 fuisse

Se je secours eü n'eüsse.
Mais Dix qui trop het Traïson
Ne vaut souffrir que sa reson
Fust tenue de chief en chief,
640 Qu'alegiés ne fuisse du grief,
Si m'envoia pour mon secours
Loialté, qui i vint le cours.
Avoec li vint si bele route
Que la cours en resclarci toute.
645 Lui sisime de son linage
Trouverent Amors seur l'erbage,
Si le saluërent tout sis.
Ce n'a mie a Amours desis :
Liëment leur salu leur rant,
650 Les li les fist seoir esrant.
La grant joie qu'ele leur fait
A mis Traïson en dehait.
Orgex et Mesdis et Envie
N'ont de leur compaignie envie.
655 Par le conseil de Traïson,
Qui au cuer eut grant marison,
Se sont parti sans congié prendre ;
Et qui a moi vaurroit entendre,
Je li diroie ou il alerent :
660 Sacent tuit que il ne finerent,
Se vinrent en la court de France.
Lueques ont fait leur arrestance,
Iluec lor plaist a demourer, *(f. 101 ^{b})*
Iluec font lor buens savourer.
665 Li plus de la cort tant les aiment
Signeur et compaignons les claiment,
Et se jou le roi ne doutaisse,
De ceste matere parlaisse ;
Mais n'en dirai ceste fois plus
670 (Mes cuers le me met en refus
Et chou que je ne voel mesdire),

Ains revenrai a ma matire
Pour l'amour cele a qui m'atens
De joie avoir a tout mon tens.

675 A tant, bele tresdouce amee,
Cent mile fois douce clamee,
Quant j'en vi aler cele gent,
Il me fu mout bel et mout gent,
Et si me remist en confort
680 Qu'Amours les conjoï si fort,
Si m'apensai que mon besoing
Leur conteroie et mon ressoing.
La ou j'esgardai Loialté,
Franchise et Deboinaireté,
685 Sens et Pitié et Esperance,
M'ajenoillai sans arrestance.
De plourer ne me peu tenir;
Ex lermoians me pleut venir.
Le cuer de griés souspirs noirci
690 Leur vois a tous criër merci;
Men grief leur conte et mon anui.
Trop vous conteroit a anui
Se je recordoie les plaintes
Dont je fis a aus les complaintes.
695 Toute la chartre leur ditai
Tele com chi devant dite ai.
Loialté mout s'esmervilla.
Deboinaireté consilla
Que Traïsons m'avoit traï.
700 « A! » dist Franchise. « Aÿ! aÿ!
« Traïson, ja ne seras lasse
« De muër haute cose en basse! »

696 a

   Pitiés, qui de mon mehaing pleure, *(f. 101 c)*
   Et dist : « Honnie soit cele heure
705 « Que tex jens sont a court roial
   « Qui toustans sont si desloial. »
   « Taisiés vous, » dist Sens a Pitié ;
   « S'Amours veut croire mon ditié,
   « Il metra en son mal mecine. »
710 « Cascuns max doit avoir termine, »
   Dist Esperance. « Ne s'esmaie !
   « Car on garist bien de tel plaie,
   « Et, s'Amours plest, il en garra,
   « Et nostre aïde li parra.
715 « Prions Amors tel don li doigne
   « Qui assouage sa besoigne. »
   Respont cascuns : « Je m'i acort. »
   Adont par leur quemun acort
   Ont mise seur Sens leur parole,
720 Qui bel et sagement parole.

   A tant, bele tresdouce amee,
   Cent mile fois douce clamee,
   Vint devant Amours Sapiënce.
   Mout bel sa parole commence.
725 Au premier mot dist : « Douce dame,
   « Foi que doi Diu et nostre dame,
   « Je vous voel tiemoignier et dire :
   « La piëur gent de vostre empire
   « Ont deceü vostre homme lige.
730 « Dont de par Loialté vous di ge
   « Et de par tous ses compaignons
   « Que de som mal tout nous plaingnons,
   « Et mout seroit grant courtoisie
   « Se li estoit amenuisie

701 lassa

735 « La paine dont morir l'estuet,
« S'aÿde valoir ne li puet,
« Car en la grieté n'a nul terme ;
« Et ou poroit il tante lerme
« Comme plourer li couvenroit ?
740 « Nus en soi ne les compenroit !
« Bien savés quex gens l'ont jugié.
« Tost s'en alerent sans congié,
« Quant chaiens nous virent entrer ; *(f. 101 d)*
« Car dedens aus ne puet entrer
745 « Plus de malisse qu'il i a.
« Bien pert a chou que cis chi a
« Qui pour vous servir et amer
« Se puet tante fois las clamer.
« Qui jugié l'eüst par raison,
750 « Il n'eüst en vostre maison
« Nului plus de vous honoré.
« Car tout vostre bon savouré
« Sont en lui de tele atemprance
« Qu'il n'en peut avoir repentance.
755 « Si vous prions vostre merci
« C'anchois qu'il se parte de chi
« Li voelliés donner tel deport
« Dont il plus legierement port
« La paine qui li est cargie ;
760 « Si ferés bien et courtoisie.
« Nous vous en prions jointes mains. »
Puis s'agenoillent qui ains ains.

A tant, bele tresdouce amee,
Cent mile fois douce clamee,
765 Amours de genillons les lieve
Et dist que durement li grieve

738 larme

    Ce qu'il ont a jenous esté.
    « Mais chou c'avés manifesté
    « En moi priant, a vous ensamble
770 « Responderai chou qu'il m'en samble.
    « Je croi bien selonc son mesfait
    « Ne li eüst pas drois ce fait.
    « Mais trop s'esprist d'ardant tison
    « Quant il se mist sur Traïson,
775 « S'en est en pensés plus dyvers
    « Que n'est a esté li yvers.
    « Car pour m'onneur, comment qu'il aille,
    « Voel qu'il tiegne le dit sans faille.
    « Mais sauve la mise tenue,
780 « Qui porroit sa descouvenue
    « Alegier, biaus vous en seroit
    « Et pour vostre bel me plairoit.
    « Et en vous tous a assés sens,   (*f. 102 ª*)
    « Si me devisés en quel sens
785 « Il pora avoir alegance
    « Sans faire autrui tort ne grevance.
    « Sur Loialté du tout me met,
    « Car par li nus biens ne remet. »

    A tant, bele tresdouce amee,
790 Cent mile fois douce clamee,
    A ceste parole s'apondent
    Tuit ensanle, si li respondent :
    « Dame, de chou pas ne nous poise.
    « Vous respondés comme courtoise
795 « Et comme plaine de bonté.
    « Or vous sera briement conté
    « Deboinairement et sans ire
    « Ce que Loialtés volra dire. »
    A conseil sont alé a tant,
800 Puis s'en sont revenu batant.

Fort fu Loialtés consillie,
Car ele est sage et ensignie,
Et li sages tost se conseille
De chou dont sos se despareille.
805 Loiautés son dit commencha ;
A nul des autres ne tencha.
« Or m'entendés, » dist il, « Amour! »
« J'ai entendue la clamour
« Que Phelippes li esbahis
810 « Nous fait de chou qu'il est traïs.
« Mais comment qu'il en ait contraire,
« Pour chou c'on doit tousjors droit faire,
« Il tenra le dit Traïson,
« Ja soit ce pour pau de raison.
815 — « Mais en ces max metrai un terme
« Dont il plouerra mainte lerme
« Pour desirer l'eure et le jour
« Qu'il puist de paine estre assejor.
« Li termes iert quant plaira cele
820 « Pour qui li max li renouvele
« Qu'ele li puist en lieu des paines
« Donner des joies les souvraines
« Et abatre tous les dis poins   (*f. 102 b*)
« Qui sont ou dit Traïson poins.
825 « Car drois est, quant pour li fu pris,
« Que seur li soit trestous li pris
« De son mal et de sa santé,
« Si en face sa volenté.
« Après pour li reconforter
830 « Je voel a Pitié enorter
« Que plus tost qu'ele pora face
« Qu'il ait de sa dame le grace
« Et que souvent li amonneste
« La grant grieté que li a faite.

816 plourra — 819 ert

835	« Se riens li puet avoir mestier,
	« Tant est Pitiés de douch mestier
	« Que par le conseil de Franchise
	« Savra par tens, en quele guise
	« On pora cele convertir,
840	« Que son amant voelle vestir
	« De s'amour que il tant couvoite.
	« Or i metent tout leur emploite,
	« Si que par defaute ne muire.
	« Et en dedens pour lui deduire
845	« Voel que ma cousine Esperance
	« Le confort de sa mesestance.
	« Mout est s'aïde douce et fort;
	« Bien li savra donner confort.
	« Pour son bien avoec lui se tiegne
850	« Et en boin espoir le maintiegne.
	« Mout est s'aïde aventureuse
	« Et vers mains amans eüreuse.
	« Après pri Deboinaireté,
	« Qui si est plaine d'onesté,
855	« Qu'ele soit tousjors en s'aïde.
	« Car honnis est s'il n'a aïde.
	« Après je commans a Phelippe
	« Ne face pas de courous lipe
	« Se sa desirance li targe.
860	« Pour lui assouagier li carge
	« Qu'il soit envoisiés et jolis,
	« Mignos et cointes et polis,
	« Sans vilenie et sans orguel; (f. 102 c)
	« De chiaus li desfench jou l'acuel
865	« Et il sour tous les doit haïr,
	« Car il l'ont aidiet a traïr.
	« Gart qu'en li n'ait nules tenchons,
	« Anchois truist ditiés et canchons,

840 uertir — 867 nule

« Et tele soit toudis sa trueve,
870 « Se sa dame ses dis espruève,
« Que par droit ne l'en puist reprendre,
« Mais si alumer et esprendre
« D'amours k'ele li soit amie.
« Le trouver ne li desfench mie :
875 « Avancié se sont maint amant
« De biau trouver, par saint Amant !
« Car ja soit chou que femme n'aint,
« Quant ele set c'on ne se faint
« Et c'on trueve ditiés pour li,
880 « Ne puet que ne pense a celi
« Qui pour li sueffre si grant soing.
« Et quant ele set son besoing,
« Plus tost a amer l'entreprent
« Par les biaus dis dont ele esprent.
885 « Après pour chou que je m'apens
« Que riens ne vaurroit ses apens
« Ne que ja ne venrroit a chief
« De son anui ne de son grief
« Se cele ne savoit son estre
890 « Pour qui amour il l'estuet estre,
« Je voel qu'il li envoit en rime,
« Pour qui amour grietés le lime ;
« En li saluant li envoit.
« Car s'ele son grief ne savoit,
895 « Doner ne li savroit santé.
« Mais s'ele savoit s'orfenté,
« Plus grant pooir ara Pitié
« De li priier que s'amitié
« Doinst celui qui est ses amis
900 « Et qui en li amer a mis
« Et cuer et cors sans repentir,
« Quel grief qu'il l'en estuet sentir.
« A tant m'en tais. Dit ai comment *(f. 102 d)*
« Donné li ai alegement

SALU D'AMOURS

905 « De son anui, de son mehaing.
« Or ne tiegne mie a desdaing
« Ce que j'ai dit ; car ses malages
« Garira par chou s'il est sages.
« Or voist sa besoigne cachier.
910 « Fox est qui ne veut pourcachier
« A avoir grant repos pour laste.
« Teus jens sont qui n'ont pain ne paste,
« Qui fussent et a aise et riche,
« Ne fust folie qui les triche.
915 « Pour li le di : maintenant a
« Pour Traïson qui le tenta
« Par nous et soulas et confors
« S'il les quiert com preus et com fors. »

A tant, bele tresdouce amee,
920 Cent mile fois douce clamee,
Quant Amours et sa compaignie
Orent entendu et oïe
Le grant conseil de Loialté,
Il leur vint mout a volenté.
925 Et moi, ce vous puis je bien dire,
Fui plus soués de mon martire.
Adonques me dist bone Amour :
« Biaus dous amis, vostre clamour
« Mousterrés cele qui poissance
930 « A d'alegier vostre grevance.
« Je meïsmes l'en priërai,
« Et par maintes fois li dirai
« Qu'autrui de vous pour bien amer
« Ne devra son ami clamer.
935 « Or soiiés sages, et servés
« Tant que son bon gre desservés. »

912 poin — 916 par — 921 Amous

Je respondi, il n'i ot el :
« Volentiers, dame, et vostre ostel
« Vous requier, car g'i voel manoir.
940 « Tant avés delitex manoir,
« Se j'ai de vous ceste pitance,
« Mix soufferrai ma penitance. »
Amours tantost le m'otria,   *(f. 103 a)*
Et Pitiés mout pour moi pria
945 Joliëté et Esperanche
Que il me feïssent aidance.
Il respondirent : « Volentiers.
« Mais or en voist, qu'il est mestiers,
« A la bele, et savoir li face
950 « Quel grief le tient, quel mal le lace,
« Et puis priërons nuit et jour,
« Sans estre a repos n'a sejour,
« De griés max garisse celui
« Qui de cuer l'aime plus que lui,
955 « Et endementiers si serons
« Avoec lui, et si li ferons
« Par le conseil Joliëté
« D'une grant part sa volenté. »
Ainsi fui d'Amours simplement
960 Retenus deboinairement,
Moi et ma compaignie toute.
Mais dous Espoirs qui riens ne doute
Dessus tous autres me conforte,
Par quoi plus legierement porte
965 Mes cuers le dit de Traïson.
Nepourquant grief m'est la prison,
Si est tans que garison quiere
Et que je li face proiiere
Qu'ele piteusement regart
970 Les max dont sui a son esgart.

946 faisoient — 962 dōte

A tant, bele tresdouce amee,
Cent mile fois douce clamee,
Empris a rimer ce salu,
Par qui tante fois vous salu.
975 Tantes fleurs sont, seront et furent,
Et tantes goutes d'yauwe plurent,
Puis que Dix vaut criër le monde;
Tant poisson noant et tante onde
Sont en douce iauwe et en la mer;
980 Tant souspir sont fait pour amer,
Tantes grietés d'amors souffertes,
Et tantes joies aouvertes,
Tant capiau fait, tantes paroles, (f. 103 b)
Tantes canchons, tantes caroles,
985 Tant ver, tant motet, tant ditié,
Et tant dyvers cuer afaitié;
Tant souslas et tante plaisance
Puet estre, quant amors se lance
Si d'un point qu'ele soit onnie
990 En cuer d'ami, en cuer d'amie :
Tante fois je vous fas savoir
Ce qu'il m'estuet pour vous avoir,
Et tante fois vous fas priiere
Que vous voelliés, ma dame ciere,
995 Mon salut oïr et entendre
Et la chartre esgarder et prendre
Qui pour moi laidir fu ditee.
Et quant vous l'avrés recitee,
Recordee et prouvee a vraie,
1000 Bien savrés qu'en vostre manaie
Fui ét serai, de mort, de vie.
Mais pour chou que n'aiiés envie

979 la *manque* — 991 fai

SALU D'AMOURS

Que je muire sans guerredon,
Vous requier je d'amors le don
1005 Et pri cent mile fois merci.
Et nepourquant je vous merci
De tout ce que vous vaurriés faire.
Car, douce dame deboinaire,
Se vous mes maus volés souffrir,
1010 Dusk'a mort me voel pouroffrir.
Et nepourquant en seürté
D'Espoir et de Joliëté,
De Loialté et de Franchise,
Qui m'ont grant aïde pramise,
1015 Et de Pitié, qui m'asseüre,
Tieng et tenrai m'envoiseüre.
Si vous pri que les voelliés croire
Ne mes dis ne voelliés mescroire.

A tant, bele tresdouce amee,
1020 Cent mile fois douce clamee,
Courtoise et sage, pure et fine,
Phelippes son salu desfine
En vous priant c'a bonne fin   (*f. 103 c*)
Li traiiés ses tourmens a fin,
1025 Par si que ja ne finera
De vous servir. Ains finera
Qu'en son cuer puist l'amour finer
Qu'il a pour vous faite afiner.
Or le tenés a fin amant,
1030 Si que duske a sa fin amant
A fin sans fin le poés metre
De joie. A tant defin la lettre
Que jou a garder vous envoi.
Or gardés c'on ne die « Avoi ! »

1010 Duskes a

1035 D'outrage que vous me fachiés.
Et quant vous plaira, s'esfachiés
Les dis poins qui si me destraignent,
Qui de moi ledir ne se faignent,
Et j'atendrai joliëment
1040 Dusk'a vostre commandement
En chantant : Bele, bone et sage,
Mon cuer avés en yretage,
Si atendrai vostre voloir
De bien, de joie u de doloir.
1045 Quant vous plaira, j'arai salu.
A tant vous defin mon salu.
Ci fine li Salus d'amours
Et de Traïson les clamours.

        Explicit.

CONTE D'AMOURS

CONTE D'AMOURS

1

CONTER me plaist une mervelle, *(f. 103 ᵈ)*
  Ains mais nus n'oï sa pareille,
  Qui d'amours m'avint cruëlment.
Voir, se cil qui bien set en veille
5   Et pour le conter se traveille,
Amer l'en doivent toute gent ;
A tout le mains li vrai amant
Qui d'amours ont paine et torment
I metent volentiers l'oreille!
10   Car qui son preu ot et entent,
S'il est sages, mien essiënt
En icel point pas ne soumeille.

2

Or pri Amours que la matere
Que j'ai chi commencié a faire
Me laist faire que je n'i faille.

Car de li voel ma rime faire ;
Que n'en poroie a nul chief traire
S'ele pour moi ne se travaille.
Des griés qu'ele m'a fait, sans faille
Vaurrai conter, comment qu'il aille,
De ma joie et de mon contraire.
Car a son gre Amours me taille,
Or en fri et ore en baaille.
Pour chou ai ge empris cest afaire.

3

Des or mais vous commencerai.
Il avint, par amours amai,
Et aim et amerai tousjours,
Celi ou tant biauté trouvai
Que, quant de premiers l'esgarday,
Mout en euch paines et dolours.
Lonc tans souffri mon cuer en plors *(f. 104 ª)*
Comme fins et vrais amourous,
Mais toutes voies m'apensai
Comme chetis et dolerous,
Que je diroie mes dolours
Celui ou je peu conquestai.

4

A li ving et li dis : « Amie,
« Pour Dieu je vous requier et prie
« Que vous aiiés de moi merchi.
« Du tout sui en vostre baillie :
« Se volés, je perdrai la vie ;

2, 6 S *semble être fait d'un* P.

« Se volés, j'avrai joie aussi.
« Tres le premier jour que vous vi,
« Pour vostre biauté m'assailli
« Amours, en qui je mout me fie.
10 « Bele, tenés moi a ami !
« Certes, se pour vous muir ainsi,
« Ja mais tel n'avrés en vo vie.

5

« Douce dame, en qui j'ai fiance,
« Par vo bonté aiiés voellance
« De moi alegier le torment
« Que pour vous sueffre en atendance
5 « Et ferai tousjors sans faillance,
« Tant me plaist li max que je sent
« Dont amors pour vous si me prent
« Que je n'en voel avoir garant
« Par la force d'outrequidance,
10 « Ains sui si mis en vo commant
« Qu'en moi poés mettre briement
« Deduit, doleur, joie u pesance

6

« Dame, se cuers qui ne ment mie
« Puet pour voir dire avoir amie,
« Li miens n'i devra pas faillir.
« Se de parole a vous s'alie,
5 « Sa volentés ne s'i oublie,
« Ains se paine de l'obeïr.
« Et certes j'aimme mix morir

5, 4 atendant

« Ou atendre vostre plaisir
« Que j'en face ja departie.
10 « Et se il m'en estuet partir,
« Que vous ne me voelliés oïr,   *(f. 104 ᵇ)*
« Ains que m'en parch, perdrai la vie.

7

« Dame, ne samblés pas celi
« Qui jadis ocist son ami
« Par sa deffaute a grant martire!
« Trestout certainement vous di :
5 « Puis que vrais cuers s'alie ainsi,
« N'est pas legiers a desconfire.
« Se vous estiés del mont la pire,
« A ce qu'il ne puet mix eslire,
« Si aime il mix languir ensi
10 « Que d'une autre juër et rire.
« J'ai grief plaie, et si n'ai nul mire
« Fors vous, a qui je pri merci.

8

« Dame, en la mer sans rive prendre
« Ai tant noé que tuit li membre
« Me duelent del douch noëment.
« La mers, si com je quit entendre,
5 « M'a tant pené que plus atendre
« Ne puis, se je n'en ai garant.
« En ce point m'alai regardant,
« Si ai veü une nef grant;
« Au bort m'alai maintenant prendre,
« Mais dedens vi un fier serjant,
10 « Qui m'esbahi si duremant

« Que de peür m'i laissai pendre.

9

« Dame, la clause que j'ai dite
« Fu es secrés d'amors escrite.
« Les mox vous ferai entendant.
« La mers qui ainsi me labite,
5 « Saciés, ele n'est pas petite,
« Ainchois est si douce et si grant
« Que, quant je plus i vois pensant,
« Et je mains en sai que devant :
« C'est vos biautés. Or vous ai dite
10 « La douce mer u vois noant.
« Par la maistre onde irai noiant
« Se je n'ai de mes max merite.

10

« Dame, la nef ou je me pris
« Quant je me senti entrepris
« Pour avoir respit de la mort, *(f. 104 c)*
« C'est bons espoirs ou me sui mis.
5 « Honeur et joie m'a pramis ;
« Ne sai, se il a droit ou tort ;
« Pour chou me pris devers le bort,
« Car autre pensee me mort.
« Nepourquant esté m'a amis
10 « Et mout m'a donné de confort.
« Mais se de vous ne vient deport,
« Le sien afaire relenquis.

11

« Dame, säciés que li serjans,
« Qui ert si fiers que tout dedans
« Espoir ne me laissa entrer,
« Chou est Doutance la puans
5 « Qui me dist que par mon fol sens
« Vous entrepris jou a amer.
« Mais ele ment, par saint Omer!
« Ce n'est pas folie d'amer,
« Ains est honeurs et joie grans
10 « Quant cele s'i veut acorder
« Qui ot priiere sans fausser.
« Vous l'oés, dame, ailleurs ne pens.

12

« Dame, je sui en une mue
« Dont mes cuers pour vostre amour mue,
« Dont il est en paine et en plour.
« En la mue n'a nule issue
5 « Fors une qui m'est desfendue.
« [N'en puis issir ne nuit ne jour,
« Et s'i morrai a grant dolour
« Se ne m'en trait vostre douchour]
« Et vostre biauté qui m'argue.
10 « Vous avés la clef de la tour
« Et la mecine de l'ardour
« Dont mes cuers art, frit et tressue.

11, 11 ot] eut

13

« Douce dame, de cuer amee,
« Je vous ai dite ma pensee.
« Parti vous ai, si prenderés !
« Se il vous plaist, mors m'iert privee,
5 « Ou la plus grant joie doublee
« Qui onques fust, c'est verités.
« Le quel que volés me donnés,
« Et je le prendrai en bons gres.
« Mais, voir, se la mors m'est donnee
10 « Pour vers vous faire loiautés,   (*f. 104 ᵈ*)
« Après moi sera fox clamés
« Par qui amie iert tant amee.

14

« Dame, dites vostre plaisir.
« C'est martires de trop languir ;
« Assés vaut miex morir briement.
« Je sui apparilliés d'oïr
5 « Ma dolour ou mon esjoïr,
« Mon bien, ma joie ou mon torment.
« Respondés moi vostre talent :
« Se vostres cuers a moi s'assent
« Ou se del tout me veut guerpir.
10 « Del tout sui vostres ligement.
« C'est en vostre commandement,
« De joie avoir, de mort sentir. »

13, 4 mert — 8 bon gre — 12 ert

15

Signeur, ce est ci la priiere
Que je fis a m'amie chiere.
Or esgardés se par nul droit
Devroit avoir tele maniere
Que ele se feïst plus fiere
Pour moi metre en grignour destroit.
Et certes, cil qui chou diroit,
Je croi que trop grant tort avroit;
Il diroit ce devant derriere.
Qui pour bien fait max me donroit,
Amors bien fausser le devroit,
A qui la querele est entiere.

16

Sa response vous conterai :
Dedens le cuer escrite l'ai,
Je ne la poroie oubliër.
Quant d'aucune part vient esmai,
Oubliër ne le puet, bien sai,
Qui del contraire a desirier.
Ele me dist : « Traiiés arrier,
« Si ne me venés plus priier!
« Car au cuer que maintenant ai
« Vous n'i poriiés gaagnier.
« En autre liu alés brillier!
« D'amours chierir que faire n'ai.

16, 12 *Ce vers est écrit deux fois (la première fois* cierir quen)

17

    « Vous dites, ensi l'entendi,   *(f. 105 ª)*
    « Que pour moi avés max senti ? »
    « Certes dame, c'est verités. »
    « Ains de tex max parler n'oï. »
5   « Douch et amer sont, tout ainsi
    « Ont vers vous tornés mes pensés. »
    « Or sai ge bien grant tort avés, »
    Fist ele, « qui si vous clamés
    « De moi, si ne l'ai desservi.
10   « Ainques, puis que vous fustes nes,
    « Ne fu tele ma volentés
    « Que vous eüssiés mal par mi.

18

    « Mal ! Et ainsi me doinst Dix joie
    « Que je mout a envis vaurroie
    « Que vous eüssiés mal par moi.
    « Mais se vostre cuers se desroie
5   « Et il vous met en male voie,
    « De ce n'afiert noient a moi,
    « Ne je n'en preng noient sur moi.
    « J'aim mix que soiiés en effroi
    « Que je ; pour coi en mentiroie ?
10   « Mal gre me savriës, je croi,
    « Se vous disoie en male foi :
    « Je vous aim ! et puis en mentoie.

19

    « Puis que mes cuers ne s'i assent,

« De l'otroiier n'ai nul talent,
« Si ne m'en devroit nus blasmer,
« Ains vous lo : tost alés vous ent!
5 « Car je vous di certainement :
« Vous n'i poés riens conquester.
« Aussi tost avriés la mer
« Espuisie sans iauwe hoster
« Com vous me donriés talent
10 « D'Amours servir ne honerer.
« De li me cuich mout bien garder,
« Je ne la douch ne tant ne quant.

20

« On dist piech'a tout en apert :
« Mal doit avoir qui le dessert.
« Se je laissoie mon usage
« Et je me metoie el desert
5 « Dont on le cuer et le cors pert, (f. 105 b)
« Je ne seroie mie sage.
« Se vous avés el cuer tel rage,
« Ne voel pas partir al malage.
« Fax est qui mauvais mestre sert.
10 « Bon fait laissier le signorage
« Ou on ne conquiert fors damage.
« Qui plus i met, et plus i pert. »

21

« Certes, dame, bien m'i acort.
« De ce dire n'avés nul tort.
« Autrement ne vous os desdire,

20, 4 dessert

  « Mais n'ai pas desservie mort,
5 « Et si morrai sans nul ressort
  « Puis que me volés escondire.
  « Las, caitis, dolerex, plains d'ire !
  « De mon anui, de mon martire
  « Cuidai en vous trouver confort.
10 « Quant vous plaira moi escondire,
  « Ne sai que faire ne ke dire
  « Fors tant que je morrai a tort. »

22

  « Morrés ? Et vous pour coi morrés ?
  « Se vostre dis est verités
  « Que vostre cuers soit en moi mis,
  « Congié vous doing que l'en rostés
5 « Et en autre lieu le metés,
  « La ou il soit miex recuellis.
  « Ainsi serés de mort garis. »
  « Douce dame, par saint Denis !
  « Amours sans faindre n'est pas tes.
10 « Qui bien aimme, il het a envis :
  « Pour chou n'iert ja mes cuers eschis
  « De vous a qui il s'est donnés.

23

  « Ne samble pas drois ne raison,
  « Puis que j'ai fait de mon cuer don,
  « Que je le doie recuellir.
  « Je l'ai mis en vostre prison,
5 « Et si vous dirai l'occoison

22, 11 nert

« Pour coi je le vaus consentir.
« Je voi en vous si mon plaisir
« De biauté, de bonté, d'oïr,
« Que n'i puis se gaaignier non,   (f. 105 c)
10 « Se mi oel ne me font mentir,
« Qui pour vous vinrent assaillir
« Mon cuer et mis l'ont en prison. »

24

« Or avés dit trop grant folie.
« Ains mais tele ne fu oïe
« Ne si grant bourde controuvee.
« Vostre oel sont en vostre baillie,
5 « Si dites que dure assaillie
« Ont vostre cuer pour moi livree. »
« Dame, c'est verités prouvee,
« Par foi ! » « Ains est bourde trouvee ;
« Que par moi, voir, ne fu ce mie ! »
10 « Dame, ma parole escoutee
« N'avés pas bien, ne recordee
« Bien croi que par vous ne fu mie.

25

« Mais pour vous fu. » « Pour coi ? Pour moi ?
« Sont dont vostre oel si dessous moi
« Que pour moi ont le cuer navré ? »
« Oïl, dame, foi que vous doi !
5 « Si vous dirai raison pour coi.
« Mi oel sont consillier privé

23, 8 *Que de b.*— 24, 12 *Ce vers se trouve écrit avant le* 10⁰ *vers de la même strophe.* — 25, 1 *pour moi pour coi*

« A mon cuer. Or ont regardé
« Vostre gent cors plain de biauté,
« Dont il l'ont mis en tel effroi
10 « Que, se par deboinaireté
« Ne me restorés me santé,
« Je morrai par ma bone foi. »

26

« Par vostre bonne foi? Comment? »
« Dame, je vous dirai briement
« Pour coi j'ai en vous mon cuer mis. »
« Vostre cuer? Non avés noient! »
5 « Dame, ma volentés autant
« Vaut com mes cuers, ce m'est avis;
« Mes cuers est mes voloirs tousdis.
« De nului n'en serai desdis
« Qui ait en lui entendement.
10 « Et quant j'ai tout mon voloir pris
« Et mis l'ai en vostre devis,
« Ce m'est vis, loialtés est grant. »

27

« Vous vous faites mout loiaus hom. *(f. 105 ᵈ)*
« Tex paroles bien entend om,
« Mais ja par chou n'i ataindrés.
« Se vous estes en ma prison,
5 « Si i soiiés longue saison,
« Tant comme vous estre i voldrés.
« Quant assés esté i avrés,
« S'il ne vous siet, vous en irés.

26, 7 est] 7 — 27, 3 ataindries — 6 voldrois

« Si puisse je avoir pardon
10 « Que je sai ce : plus n'en avrés.
« Faites le mix que vous porés,
« Que ja de m'amour n'avrés don.

28

« Alés vous ent ! Sachiés sans doute,
« Ce est la certaineté toute
« Que vous n'avrés point de m'amor. »
« Dame, dont m'estes vous la goute
5 « Ou fisique n'a mestier toute.
« De la mort n'a mais nul retour.
« Ore morrai ge a grant dolour ! »
« Certes, chou iert grant deshonour
« A vous ! Onques n'en aiiés doute
10 « De ma honte ne de m'onour,
« Mais alés vous ent sans demour.
« D'oïr sui anuïe toute.

29

« Ou vous de ci vous en irés
« Ou jou, le quel que vous vaurrés,
« Mais que che sera maintenant ! »
« Douce dame, quant c'est vos gres,
5 « Je ne sui mie si osés,
« Je n'en ai tant de hardement,
« Que plus alaisse demourant,
« Anchois, dame, a Dieu vous commant.
« De vous me part mout esgarés.

27, 10 sa — 11 vous *manque;* porois — 28, 7 Or — 8 ert —
Après le vers 11 un vers a été gratté.

10   « Esgarés m'en vois voirement;
     « Mes cuers cache, et noient ne prent
     « Fors que doleurs pour loialtés. »

30

A tant de ma dame partí.
A peu li cuers ne me parti,
Quant de li me couvint partir...

[A cet endroit a été arraché du manuscrit un feuillet contenant probablement douze strophes, de la 30ᵉ à la 41ᵒ, que je désigne comme la 31ᵉ.]

31

. . . .
« Ja couars n'ara bele amie. »   (f. 106 ᵃ)

32

Après ces mos je m'esvillai.
A mervelle me mervillai
De ce que je Pitié oï.
En mon cuer ses dis avisai
5   Et mon voloir acertenai
Au conseil qu'ele m'eut basti.
A tant del bois me departi
Et d'espoir mon cuer garandi,
Tant que vint l'issue de may.
10 Quant passés fu, plus n'atendi :
Douteus de faute de merci
Vers ma dame m'en retornay.

33

Je la trouvai en une place
Qui ert clere comme une glace
De la grant biauté que ele a.
Avoec li n'ot qui noise face.
5 Grant peür eu ne li desplace
La venue que je fis la.
Ainsi com mes cuers m'ensigna,
Qui grant piece servie l'a,
M'ajenoillai devant sa face;
10 Mais ma bouce mot ne sonna.
Bien sai pour coi : ele n'osa,
Trop redoute sa male grasce.

34

Ainsi grant piece fumes coi.
Ma dame si regarda moi
Et je li peüreusement.
Muiaus ressamblions andoi,
5 Tant c'avis me fu que je doi
Dire que quier premierement.
Dont dis : « Dame, cuers qui ne ment,
« Qui a vostre commandement
« Est et sera en bonne foi,
10 « Vient de rechief merci priant,
« Pour ce que de mort ait garant.
« Car en vous gist, n'aillours ne voi.

33, 5 eu] ot

35

« Dame, toute joie ai perdue
« Tres dont que me fu mal solue
« Li priiere que je vous fis.
« Dame, pour Dieu, cuers qui ne mue *(f. 106 ᵇ)*
5 « Et qui d'un point ne se remue
« Est mout loiaus, ce m'est avis.
« Mes cuers est si tous en vous mis
« Que ja mais jour n'en iert eschis.
« Tout adiès vous sieut et salue.
10 « Se le jour ai mal, la nuit pis,
« El cors m'avés le tison mis
« Qui si m'estendeille et remue. »

36

Puis que j'eu commencié a dire,
Bien li racontai le martire
Et le torment que j'eu souffert.
En racontant mes cuers souspire ;
5 Mi oeil n'eurent talent de rire,
De larmes furent tout covert.
Je li dis trestout en apert
Comment la soie amours me sert,
Que or m'i boute, or m'i retire.
10 « Ainsi ai trouvé tans dyvert,
« Dame ; a moi, comme a vous couvert,
« Avés fait souffrir maint martire. »

35, 8 ert — 36, 6 trestout

37

Ma dame a moi tout bonement.
Ne fist pas si cruël samblant
Com je li vi autre fois faire,
Anchois, quant j'euch dit mon talent,
5 Respondi amiablement :
« Dous amis, je ne sai que faire.
« Tans vous ai veü de max traire
« Pour moi que je plus debonnaire
« Serai vers vous d'ore en avant.
10 « Pitiés m'a moustré vostre afaire.
« Bien sai de voir sans fainte faire :
« Amee m'avés loialment.

38

« Amee m'avés, bien le sai,
« N'onques mais jor ne vous amai
« Fors puis que cis mois fu entrés.
« Des grans tourmens que fais vous ai
5 « Vous bail amende, prenés lai
« Tele com vous deviserés.
« Bien sai que cose ne ferés
« Dont vous doiiés estre blasmés, *(f. 106ᶜ)*
« Puis que vous m'amés de cuer vrai.
10 « Nepourquant vostre bon ferés,
« Car de moi estes si amés
« Que tout vostre plaisir ferai. »

37, 1 tout *manque* — 38, 4 toumens — 11 amés] blasmes

39

Quant j'euch entendu ces mos dous
Qui si me furent saverous,
Si liés fui, nus nel doit cuidier.
Liés! si m'aït li Dix de tous,
5   Je fui si liés que nus courous
Ne me peüst mie aprochier.
L'amende que me vaut baillier
Pris (mie refuser n'en quier),
Puis li rendi comme amourous
10 Et dis : « Dame, pour un baisier
« Vous quit trestout le destorbier
« Que j'ai lonc tans souffert pour vous.

40

« Pour un baisier? Biaus dous amis,
« Voir, ja ne vous iert escondis
« Ne cist ne des autres cinc cens! »
Adont entre mes bras le pris
5   Et ele entre les siens m'a mis.
De ce ne sui ge pas dolens
Que ge vi ses biaus iex rians
Qui si pres des miens sont joignans
Et bouce a bouce et vis a vis.
10 Dont sui ge liés, dont sui joians;
Joians! si me soit Dix aidans,
Ne volsisse estre en paradis!

39, 6 me *manque* — 8 Pris] Ps — 40, 2 ert

41

Et je pour coi estre i volsisse,
Puis que en fin me partesisse
De la grant joie qui me lace?
Pour coi la joie guerpesisse
5 Qui ma doleur si apetise
Par sa valeur et par sa grasce?
S'ele m'apoint, si me manace,
Ja mais ne quich que mal me face;
Car joie s'est en son lieu mise
10 Qui li a tolue sa place.
Bien doit cascuns siuir la trace
D'amours qui ensi rent service. *(f. 106 ᵈ)*

42

J'ose bien tiemoignier pour droit
Que, qui tout l'or del monde avroit,
Si le meïst a une part,
D'autre part un baisier verroit
5 De cele qui il ameroit
Tant com fas cele que Dix gart,
Ja a l'or ne prendroit regart,
Anchois courroit de cele part
U Amours li ensegneroit.
10 Amours pas ingalment ne part:
L'un donne joie, l'autre hart,
Un flate et les autres dechoit.

41, 2 partesise — 7 S'ele m'apoint] Ioie ma pour

43

    Qui les max en sent, bien doit croire :
    Amors n'est mie miex a boire,
    Anchois est fix et amertume.
    Car aussi comme jou espoire,
5   Entendant fait fable pour voire,
    Les uns taint, palist et alume.
    Mout par a dyverse coustume :
    A l'un est largue, a l'autre enfrume,
    Les autres fait menchoigne acroire
10   Et les autres de leur cuers plume.
    Se ne fust la grant souatume
    D'espoir, nus n'en eüst victoire.

44

    Comment c'aillent li autre afaire,
    D'endroit moi ne voel plainte faire
    Vers Amours, car j'avroie tort.
    Quant Pitiés a fait mon afaire,
5   De mes max me doi mais bien taire.
    Si ferai ge, je m'i acort,
    Fors tant que, pour doner confort
    A ciaus qui les max ont a tort,
    Je lo tant facent qu'il i paire
10   Par loialté et par aport.
    De cuer ainsi atent confort
    Qui en veut a bonne fin traire.

43, 12 victore — 44, 1 autres

45

    Des or voel finer m'aventure.
    Li rois de toute creature
    Gart celi pour qui je l'ai faite,
    Si que nostre amour lonc tans dure. *(f. 107 a)*
5   Garder la doit bien par droiture;
    Car, quant il l'eut a ses mains faite
    Et de si grant biauté pourtraite,
    En grant bonté l'a si parfaite
    Que tous biens i est sans mesure.
10 Mais s'ele me devoit de dete
    S'amour et je l'ai a moi trete,
    Ce n'est mie contre nature.

Explicit.

CONTE DE FOLE LARGUECE

CONTE DE FOLE LARGUECE

        D<small>E</small> fole larguece casti   *(f. 107 ª)*
        Tous ciaus qui en sont aati ;
        Car nus ne la puet maintenir
    Qui en puist a bon cief venir.
5   Je ne blasme pas le donner
    Ne les bontés guerredoner;
    Mais il convient maniere et sens
    De soi tenir ou droit assens,
    Par coi on puist le gre avoir
10 Des bons sans perdre son avoir.
    Au fol large ne chaut de rien,
    Ou ses avoirs voist mal u bien.
    Qui toutes gens met a un fuer,
    Par fol sens jete le sien puer.
15 Maint rice homme en sont deceü
    Et en brief tans si deceü
    Que, partis, d'aus cure n'avoient
    Cil qui le sien eü avoient.
    Pour chou dist on en un reclaim :   *(f. 107 ᵇ)*
20 Tant as, tant vaus et je tant t'aim.
    Li sages larges n'est pas tex,

Anchois regarde combien Deus
Li a presté de son avoir,
Et puis si prent garde au savoir,
25 Et plus au povre que au rice;
Car je tieng a sot et a nice
Qui avoir a, se larguement
N'en depart a la povre gent.
Mais au fol largue point ne caut
30 S'il donne ou au bas u au haut,
Et une gent a par le mont
Qui souvent perdent ce k'il ont
Par ce ke il ne sevent mie
La grant paine ne la haschie
35 Qu'il convient au povre homme avoir,
Ains qu'il puist avoir bon avoir.
Nus ne set que bons avoirs vaut
S'il ne set qui sont li assaut
Et li travail du pourcacier.
40 En essample voel commenchier
Un conte dont savoir porés,
Vous qui entendre le volrés :
Qui sueffre aucune fois mesaise,
Il set mix puis conjoïr l'aise.
45 Or oës, mais que nus ne tence!
Phelippes son conte commence.

A quatre lieuwes de la mer,
Que tous li mondes doit amer
Pour ce que bien fait a mainte ame,
50 Manoit un preudom et sa femme.
Li preudom ne manouvroit el
Fors que souvent aloit au sel;
Assés avoit fait sa journee
Quant il raportoit sa colee.
55 Avant ke sa femme eüst prise,

CONTE DE FOLE LARGUÉCE

    Se chevissoit bien en tel guise ;
    Car il vendoit son sel si bien
    Que il n'i perdoit onques rien,
    Si estoit cras et bien peüs   *(f. 107 c)*
60   Et bien cauchiés et bien vestus
    Tant qu'il ne seut l'aise qu'il eut.
    Fame volt, si fist tant qu'il l'eut.
    Quant les noces furent passees,
    Si se reprist a ses jornees :
65   A la mer va, du sel aporte,
    Et a sa femme bien enorte
    Qu'ele le vende et l'argent praigne.
    Ele respont qu'il ne desdaingne
    Son sens, mais au sel s'en revoist ;
70   Car, s'ele puet et il li loist,
    Si sagement le vendera
    Que le tiers i gaaignera.

    Li preudons en fu forment liés.
    Au sel s'en reva mout haitiés
75   Hui et demain et cascun jour,
    Comme chil qui n'a nul sejour ;
    Le jour oirre pour sa besoigne,
    Mais la nuit encor plus ressoigne
    Pour le grant anui c'on li fait ;
80   Car sa feme les lui se trait,
    Qui demeure a l'ostel a aise
    Et ki peu sent de sa mesaise.
    Si l'esvoille et si le tastonne,
    Tant l'esmuet et tant le tisonne,
85   Comment que au preudome anuit,
    Qu'il veille dusk'a mie nuit
    Pour sa femme a son gre servir.

61 laisse — 67 prengne

Et vers le jour quant veut dormir,
Si li dist : « Or sus, mon ami,
« Souvent vous voi trop endormi.
« Foi que je doi au roi celestre,
« Deus lieues loing deüssiés estre ;
« Mais hui de jours ne venrés pas
« Se vous n'alés plus que le pas. »

Adont convient que tost se lieve ;
Au sel s'en va que qu'il li grieve.
Et sa femme a l'ostel s'envoise,
Qui de canter pas ne s'acoise,
Despent et chante, il n'i eut el :   *(f. 107 ᵈ)*
Peu entent a vendre son sel.
Ses voisines et ses commeres,
Qui virent tost a ses manieres
En son cuer la fole larguece,
L'une après l'autre a li s'adrece.
Et la vielle qui plus set honte
Si li a trait de loing son conte,
Et dist : « Dix vous gart, ma voisine !
« Ou est li sires ? » « Il chemine, »
Respont sa femme, « vers la mer. »
« Certes, mout le devons amer, »
Fait cele qui mout la losenge.
« Ainques ne le trouvai estrange.
« Mout souvent, quant il revenoit,
« Dou sel volentiers me donnoit.
« Et vous qui estes bonne et bele,
« Ves ci m'a petite foissele,
« Qui n'en tenroit mie denree
« Se ele estoit toute comblee,

---

89 mon] nul — 113 *Ce vers avait été écrit deux fois ; la seconde fois il a été supprimé*

« Si vous pri que vous m'en donnés.
120 « Bien vous sera guerredonnés! »
Cele respont : « Mout volentiers!
« Tant comme il vous sera mestiers.
« A mes voisins et as voisines
« Et as veves et as meschines
125 « Dites qu'eles en viegnent querre.
« Ja ne serai en si fort serre
« Que volentiers ne leur en doigne.
« Ne voel qu'il en aient besoingne.
« Revenés quant cis chi faurra! »
130 « Dame, a Dieu! cis mox vous vaurra. »

A tant la vielle s'en retorne.
Toutes ses voisines a ourne
Va acontant la bone chiere
Que li fist la jone sanniere.
135 Celes qui mestier en avoient
Furent lies quant eles oient
Que la sauniere est si courtoise.
[« Alons i tost sans faire noise! »]
Dist Mehaus, Richaus et Hersens.   *(f. 108 ᵃ)*
140 « Mais ouvrer nous covient par sens.
« Ne seroit pas bon, ce me samble, »
Font eles, « c'alissons ensamble.
« L'une i voist demain sans sejor
« Et l'autre après dusk'al tierch jor. »
145 Ainsi l'ont fait comme dit l'eurent :
Au sel apetichier labeurent.
Tant li diënt planté paroles,
Peu de sages, assés de foles,
Que ses avoirs apeticha.
150 Une piece après s'avisa

126 sera — 141 pas] par *abrégé* — 147 plantes

Li bons hom qui au sel aloit
Que son sel plus souvent faloit
Et a mains d'argent qu'il ne seut.
Et de chou durement se deut
155 Qu'il ne set dont li vint la perte,
Dusques a cel jor qu'il vit Berte
Issir de dedens sa maison,
Li preudons la mist a raison,
Demanda li qu'ele avoit quis.
160 Et ele li dist : « Dous amis,
« N'i alai querre fors que tant
« Que j'alai veïr Hermesent,
« Vostre femme que je mout aim,
« Si m'a donné de son levain, »
165 Fait cele qui bien set mentir,
« Pour chou qu'i me convient pestrir. »

Li preudon l'ot, qui set et pense
Qu'ele li ment en sa desfense,
Si li a son giron ouvert
170 Et a veü tout en apert
De son sel une platelee.
Or ne li a mestier celee :
Bien set comment ses sex s'en va !
Berte laist, et ele s'en va
175 Mout honteuse et mout esbaubie.
Et li sanniers pas ne s'oublie,
Qui est de sa perte dolens,
Si pense comment n'en quel sens
Il puist sa femme doner carge, *(f. 108 b)*
180 Par coi ne soit mie si large.
Tant pensa avant et arriere
Qu'il devisa n'en fera chiere

157 de *manque* — 162 Que iou alai uir H.

A sa feme, mais a la mer
Le fera avoec li aler.
185 Pour li castoiier soutilment
Li fera aporter briement
Dou sel trestout cargié son col :
« Demain savra bien se je vol
« Quant j'ai ma carge sur ma teste ! »
190 A tant de son penser s'arreste,
Si est venus en sa maison.
Sa femme le mist a raison :
« Sire, » fait ele, « nos sex faut.
« Pau cargastes, se Dix me saut,
195 « Devant ier quant vous en venistes,
« Mais or en soiiés clamés quites,
« Par si, quant demain i venrés,
« Que vous plus en aporterés. »

« Dame », dist il, « mout volentiers.
200 « Mais il nous seroit bien mestiers
« Que vous avoec moi venissiés
« Et un fais en aportissiés.
« Ce n'est fors uns esbatemens :
« Vous verrés verdoiier les chans
205 « Et s'orrés chanter l'aloëte,
« Si en serés plus joliëte. »
« Sire, » dist ele, « je l'otroi.
« Plus a aise en serés, je croi,
« Aussi m'anuie li sejors.
210 « Demain mouvrai quant il iert jors. »
A tant la parole laissierent.
Après souper tost se coucierent,
Et aussi tost com l'aube crieve,
Cascuns d'aus deus errant se lieve.

204 uenres — 210 ert

Vestu se sont, a la mer vont,
Deus vuis paniers portés i ont.
La fame a l'aler se renvoise,
De son cant tentist la faloise.
Li preudom n'en fait nule chiere : *(f. 108 c)*
Bien pense, quant venra arriere,
Qu'il sera bien vengiés de lui.
Tant tienent leur chemin andui
Que il sont a la mer venu.
Du sel ont pris et retenu
Tant que res furent leur panier.
Puis si s'en retornent arrier.
Hui mais orrés comfaitement
S'i demena dame Ermesent.

Quant li faissiaus li apesa,
De chou qu'ele vint li pesa,
Si se commence a souffachier
Et a demourer par derrier.
Ses barons aloit par devant
Et bien s'en va garde prenant.
Il la semont d'aler bon pas.
Ele respont en es le pas :
« Sire, certainement vous di,
« Il n'est mie encor mie di.
« Un petitet nous reposons ! »
Li preudom dist : « Alons, alons !
« De reposer trop vous hastés ;
« Encor ne sommes pas alés,
« Je cuit, le quart de nostre voie. »
La femme l'ot ; pou s'en esjoie.
En son cuer petit se deporte

216 Deu ; wuis — 218 D — 228 Ermensēt

De ce faissiel que ele porte.
Se ses barons o li ne fust,
Mout tost delivree s'en fust ;
Toutevoies n'ose pour lui,
250 Anchois li choile son anui,
Pour chou que blasmer le soloit
Quant il disoit qu'il se doloit,
Si sueffre au mix que ele puet.
Grant cose a en « Faire l'estuet. »
255 Tant sueffre cele penitance
Qu'ele a recreandir commence.
A un fossé s'est apoiie
Tant que ele s'est descargie.
Ses barons le voit, si s'arreste, *(f. 108 ᵈ)*
260 Son fais oste de sur sa teste.
« Dame, » dist il, « que vous en samble?
« Mainte fois m'avés, ce me samble,
« Pour petit faissel laidengié.
« Avrai ge des or mais congié
265 « De cargier si peu que voldrai,
« Par tel covent que je prendrai
« Avoec mon sel del vostre un peu ? »
« Sire, » dist ele, « je fach veu,
« Je ne vous en blasmerai mais,
270 « Car trop par sont grevex tel fais. »
A tant li preudom li descarge
Bien le tierch ou plus de sa carge,
Si l'a desseur sa carge mise ;
Et nepourquant grant paine a mise
275 Que d'ilueques s'en voisent tost,
Qu'il veut que petit se repost.

246 faisiel — 254 a *manque* — 272 garge

CONTE DE FOLE LARGUECE

Andui recargent, si s'en vont.
Mie une lieue alé ne sont
Quant ele reprent a lasser.
« Or m'estuet mon orguel quasser, »
Pense cele, « qu'avoir soloie.
« Certes bien hors del sens estoie
« Quant je creoie mes voisines.
« Pleüst a Dieu que leur eschines
« Eüssent autretant d'anui
« Comme la moie avra ancui
« Pour le fais qu'il m'estuet porter.
« Ne me vienent mais enorter
« Que je leur doingne folement!
« Foi que je doi Dieu qui ne ment,
« Eles i venroient en vain !
« Lasse, comme j'ai le cuer vain !
« Quant mes barons se dementoit,
« De son travail peu se sentoit
« Mes cuers qui ert si orgilleus.
« Miex s'est vengiés, se m'aït Dex,
« De moi que s'il m'eüst batue.
« Ja mais ne serai deceüe.
« Ne viegne mais nul a l'ostel *(f. 109 a)*
« Pour querre demie de sel
« Se il ne m'aporte l'argent !
« Il est mout de chetive gent
« Qui folement jetent l'avoir
« Qu'a lor oes devroient avoir. »

A tant s'arreste ; aler ne puet,
Par force reposer l'estuet.
Que vous iroie je alongant
Ne ses reposees contant?

Anuis de l'escouter seroit,
310 Qui toutes les vous conteroit.
Par tante fois se reposerent
Que, quant a leur maison entrerent,
Il estoit pres de mie nuit.
Ne quidiés pas que il anuit
315 A Ermesent quant fu venue :
Couchie s'est trestoute nue,
Qu'ele ne se pot soustenir.
Ou preudome n'ot qu'esjoïr.
Il soupa, puis s'ala couchier.
320 L'endemain, quant vit esclairier,
Dist a sa feme : « Levés sus !
« Li jours est piech'a apparus.
« Alons au sel ! » « Mais de semaine ! »
« Bele suer, on doit avoir paine
325 « Pour avoir en cest siecle avoir.
« Car avoirs fait souvent avoir
« Ricesse, joie et signourie,
« Que povretés ne feroit mie.
« Povretés fait mainte ame honte. »
330 A sa femme plaist peu tel conte,
Si li respont : « Sire, par foi,
« Aler n'i puis, ce poise moi.
« Mais, pour Dieu, laissiés me a l'ostel,
« Et je vendrai mix vostre sel,
335 « Saciés, que je ne fis ains mais.
« N'avoie pas apris le fais
« Ne les griétés de l'aporter.
« Se vous me volés deporter (f. 109 b)
« Que je plus a la mer ne voise,
340 « Tousjours mais vous serai cortoise.
« De chou que g'i alai me duel,
« Si que croi mix que je ne suel

342 que] con

« Vostre paine et vostre grieté.
« Mais, se Dieu plaist, en cest esté,
345 « Vendrai tant amont et aval
« Que nous acheterons cheval
« Qui aportera vostre fais. »
« Dame, » dist il, « et je m'en tais.
« Puis que m'avés fait convenance,
350 « J'esgarderai vostre chevance. »

A tant s'en part. Ele demeure,
En son lit fu dusk'a haute heure.
Quant assés se fu reposee,
Si s'est vers mie di levee.
355 En sa maison ja l'atendoient
Tex quatre qui dou sel voloient.
Ele leur dist : « Volés vous sel? »
Eles diënt : « Ne volons el.
« Bien savons vous i fustes ier,
360 « Or en avrons nous sans dangier. »
Et la sanniere leur respont :
« Foi que je doi le roi du mont,
« Ja mais jor vos paroles fausses
« Ne me serviront de tex sausses
365 « Comme piech'a m'avés servie,
« Poitevinee ne demie
« N'en arés se je n'ai l'argent.
« C'est mervelle d'entre vous gent :
« Vous quidiés pour noient l'aions
370 « Quant a la mer querre l'alons.
« Non avons! Hier bien m'i parut,
« Pluiseurs fois reposer m'estut.
« On ne l'a pas si comme on veut :

348 il *manque*. — 363 jor] par — 372 Pluiseur — 373 ne ne
Nouvel alinéa dans le ms.

« Tous li cors encore m'en deut.
375 « Qui un denier avra, denree
« L'en iert maintenant mesuree.
« Qui denier n'avra, si laist gage.
« Par Dieu qui me fist a s'ymage,
« Autrement point n'en porterés. *(f. 109 c)*
380 « De moi mais ne vous mokerés. »
Quant les voisines l'entendirent,
Teles i eut qui du sel prirent,
Et qui argent ou gage n'a
De son sel mie n'em porta.
385 A tant s'en sont illuec alees.
Ains que passaissent deus jornees,
Fu de fole larguece hors,
Et au bien vendre se prist lors.
Quanques ses barons aportoit
390 Si tresbien et si cier vendoit
Qu'ains que passassent deus estés
Eurent deus kevax acatés,
Si leva li preudom carete.
Des ore estuet qu'il s'entremete
395 De mener sel par le païs.
Et il n'en fu mie esbahis,
Ains fist tant qu'il monteplia.
Ainsi sa femme castoia
Et mist hors de fole largueche.
400 Si firent tant puis sans pereche
Qu'il furent rice et aaisié
Et entre leur voisins prisié.

Par ce conte poës savoir
Que fox larghes pert son avoir,
405 Et mout souvent maint tel largece

376 ert — 391 passast

En cuer oiseus, plain de perece.
Car cuers preceus ne veut aquerre,
Et li poi visex le desserre.
L'escriture dist, ce me samble,
Que, qui a oiseuse s'asamble,
De fourvoiier est en peril
Mainte ame et menee en escil.
Aussi dist ele qu'a delivre
Devons aquerre com pour vivre
Et vivre com pour luès morir,
Car on ne set quant doit venir
A cascun l'eure de la mort.
Pour chou a tout le monde enort
Qu'il sacent vivre sagement   *(f. 109 d)*
Et donner ordeneement.
Or si prions que Dix nous doingne
Faire a tous si bone besoigne
Qu'après nostre mort par sa grasce
Le puissons veoir en sa face.
Amen. Dix nous doinst paradis !
A tant est tous mes contes dis.

        Explicit De Fole Larguece.

407 pereceus

Iʳᵉ FATRASIE

Iʳᵉ. FATRASIE

            1   (f. 109 ᵈ)

En grant esveil   sui d'un consell
                que vous demant.

2

Au parlement   eut assés gent
                de maint païs.

3

Di moi, amis,   sont ce plaïs
                en ce panier?

4

Pour un denier   euch avan ier
                une vendoise.

1 demanc

5

Cil se renvoise.   Peu li poise
>   du froit tans.

6

Quaresme issans   et hors d'avans
>   aim je tousjours.

7

Ribaus en fours,   prison en tours
>   souvent avient.

8

Qui amours tient,   se trop les crient,
>   ce est folages.

9

Bons est froumages   et compenages,
>   quant il yverne.

10

En la taverne   me governe
>   volentiers.

11

Sire Gautiers   me doit deniers;   (f. 110 a)
>   nes puis avoir.

5 renuois — 7 four — 10 goiuerne

1. FATRASIE

12

Par estavoir   m'estuet mouvoir
      a la journee.

13

Dame Aubree,   ou est alee
      Marions?

14

Trois quarterons   de biaus boutons
      vous venderoie.

15

Simple et coie,   mout m'i guerroie
      vostre amour.

16

Li arc d'aubour   sont li millour,
      ainsi le croi.

17

Foi que vous doi,   soissante et troi
      sont cil de la.

18

Cil s'en tourna,   car il n'osa
      plus demourer.

19

Je voel aler a Saint Omer
                      au matinet.

20

Haste, varlet, tost ce brouet,
                      si mengeron.

21

Par saint Symon, car et poisson
                      ce sont bon mes.

22

J'euch a Calais dis herens fres
                      pour un tournois.

23

En Aucerrois cevaucans vois
                      vins acheter.

24

Qui veut amer, trop a d'amer
                      s'il n'est amés.

25

Se ne vous gardés, vous perdrés
                      tout vostre argent.

20 tot

26

Bien sai, argent   meut mainte gent
                               en couvoitise.

27

Vostre chemise   fu gehui mise
                               envers l'envers.

28

Sire Robers,   faites vous vers,
                               qui pensés si?

29

Je vous afi,   la saint Remi
                               va aprochant.

30

Je sai bien le cant   d'Agoulant
                               et de Hiaumont.

31

En son ce mont   alé en sont   *(f. 110 b)*
                               a tout les ciens.

32

Sire noiens,   de mes loiiens
                               que monte a vous?

26 argens — 30 Iaumont — 32 noient

33

Cuers saverous, amés me vous?
                              Dites le moi.

34

De par le roi je vous envoi
                              en Chastelet.

35

Vallet, vallet, pren ce mulet ;
                              il s'en ira.

36

Qui s'en fuira couars sera ;
                              je l'os bien dire.

37

Baissiés vostre ire! Saciés, biaus sire,
                              peu en donroie.

38

Je n'oseroie aler la voie
                              par dela.

39

Je donrai ja ce ribaut la
                              du poing es dens.

40

Trop sont prenans   et gaaignans
                              cist userier.

41

Onques denier   ne m'eurent chier :
                              de moi s'en vont.

42

Compaignon sont   mout bon a Pont
                              sainte Messence.

43

Grant reparlance   est de l'enfance
                              Lancelot.

44

Trop grant riot   a en ce sot :
                              ostés le moi !

45

Foi que vous doi,   en bone foi
                              vous amerai.

46

Quant je porai,   j'amenderai
                              vostre estoutie.

40 ces useriers.

47

Douce amie, je vous prie
            pour Dieu merci.

48

Par saint Remi, mout a en li
            bon cuisinier.

49.

En ce solier s'en vont mengier
            li compaignon.

50

Qui sans raison a desraison,
            il n'est pas liés.

51

Se vous issiés, si tornoiiés   *(f. 110 ^c)*
            hardiëment.

52

Ne te repent! Aporte avant
            ce que tu tiens.

53

Dedens Amiens n'eu j'onques riens
            se je n'i fui.

49 ce] se; von

54

Ne menjai hui, ne hui ne bui,
                        dont il me poise.

55

Ceste poise decha plus poise
                        que dela.

56

Qui te navra pas ne t'ama
                        de bone amour.

57

Mais cascun jor venront du four
                        gastelet chaut.

58

Sire ribaut, et que me caut
                        de vostre ju?

59

Se je mengu, j'avrai du fu
                        les mon costé.

60

Qui a osté nostre pasté
                        que j'aportai?

61

Je buverai, saciés de vrai,
      comment qu'il aille.

62

Quatre vaille ! Il ne me caille
      se tu pers.

63

Plus es divers que n'est uns vers
      c'on veut tuër.

64

Je voel ruër sans esluër
      a ce coulon.

65

Dix ! quel laron et quel glouton
      il a en vous !

66

Vous estes cous, car vostre tous
      va en dechié.

67

Qui a mengié, s'il l'a paiié,
      cuite en doit estre.

1. FATRASIE

68

Sire maistre,   estes vous prestre?
                          Couroune avés.

69

Tost aportés   des aus pelés
                          en ce mortier.

70

Alés plaidier   sans atargier!
                          Il en est tans.

71

Moine d'Oscans   sont bones jens;   *(f. 110 ^d)*
                          ensi le cuit.

72

Ves comme il fuit!   Alons trestuit
                          après courant.

73

Par la devant   s'en va fuiant
                          uns grans connins.

74

Cix Yolins   boit si fors vins
                          que il se noie.

68 maistres; ēstres; prestres

75

Pour riens que voie   plus ne diroie
                     de ces oiseuses.

LAI D'AMOURS

LAI D'AMOURS

Nus ne puet sans boine amour
       grant joie avoir.
Ses grans sens me fait doloir
       et sa biauté.
Plus bele est d'un jor d'esté,
       ce m'est a vis.
Las! quant je regart le lis
       sous le vermeil,
5 Voir, mout souvent m'en esvel
       pour lui mirer.
Ce me fait mout souspirer
       que n'aime mie.
Que voelle ja estre m'amie
       a nes un jour!
E! Dix, dont verroit la fierour
       dont el me hee?
Ele m'a la mort donnee
      s'ele ne m'aime.

5-8 *L'écriture étant effacée, une plume moins ancienne l'a repassée.*

10 Sa biauté dont mes cuers se claimme
                    voel deviser. *(f. 111 ª)*
    Ele a le front aussi cler
                    comme cristal.
    Si chevel sont de fin metal
                    d'or enbordé.
    Si sorcil ne sont pas pelé,
                    ains sont brunet ;
    Si bien sont fait au lignoleit
                    comme a devise.
15 Dix, com sont de bele assise
                    ses oreilles !
    Je me merveil a mervelles
                    de son col ;
    On me tenroit bien a fol
                    se l'oublioie.
    Ele l'a lonc, et si blancoie
                    comme argent,
    Et si rit si tresdoucement
                    de ses biaus iex
20 Que de ses deus mains les fist Dix
                    pour moi grever.
    Il sont vair et riant et cler
                    et blanc entour,
    Et s'a aussi fresce coulour
                    com rose en mai,
    Le cors joli et le cuer gai
                    tout par raison.
    Comment deviseroit nus hon
                    les dens qu'ele a !
25 Ains nature ne les fourma,
                    qu'ele ne seut,
    Mais Dix qui bien faire le seut
                    par son commant

---

12 endorde — 15 assises

LAI D'AMOURS

    Les i mist si sereement
                        qu'il ne pot plus.
    Mout sont courtoisement repus
                        de ses levretes,
    Qui sont grosses et vermilletes
                        sur la bouce ;
30   La douceur dusk'au cuer m'en touce
                        nuit et jour, *(f. 111 b)*
    Et si ressont de tel coulour
                        comme d'argent.

    Ele a le nes si avenant
                        qu'il n'i faut rien.
    Il n'est trop cours, ce sa ge bien,
                        n'il n'est trop lons,
    Si n'a mie trop cours talons,
                        ce m'est a vis.
35   La gorge a plus blance que lis
                        sous le menton,
    Et li dous plois c'on dit goitron
                        li avient si
    Que li jours en plain mïedi
                        n'est pas si blans.
    S'a les bras lons, haingres les flans,
                        s'est longue et droite.
    L'amour de li que je couvoite
                        m'a si pris
40   Que je ne puis escaper vis
                        s'ele ne m'aime.
    S'a lons les dois et douce alaine
                        et beles mains,
    S'est crassete, s'a beles rains
                        et s'est courtoise.

36 dist

Environ li a une toise
       n'a fors bonté.
Ici m'a amours arresté.
       Du sureplus
45 Le douch tresor qui est repus
       ne vi je onques;
Se l'eüsse veü adonques
       sous les dras,
Confortés fust de grant soulas
       mes dous mehains.
Mais bien voi ne puis estre sains
       de ce malage
Se ele ne m'oste la rage
       de mon cuer.
50 Coment? Le savrés, douce suer,
       se jeu vous conte. *(f. 111 c)*
Tous esbahis serai de honte
       au commencier;
Nepourquant irai vous priier.
       Dix m'en doinst joie!

Bele, Amours a vous m'envoie:
       pour Dieu merci!
Savés vous comment je ving ci?
       Com prisonnier;
55 Car vous m'avés pris tout entier
       et cuer et cors,
N'une riens n'en lais au dehors
       qui me chierisse
Car trestous sui en vo service
       sans fausser,
Et si ne m'en voel destourner,
       ne ne voldroie

43 a] na

LAI D'AMOURS

  Que a tousjors vostres ne soie,
        douce amie.
60 Souvent me fait dure assaillie
        vo biautés;
  Car nule part n'est mes pensés
        se en vous non.
  Ne puis mengier car ne poisson
        n'autre viande,
  Nule riens mes cuers ne demande
        fors que vous.
  Or vous ai dit tout a estrous
        chou que pensoie,
65 Si me poés mettre en la voie
        de morir
  Ou de grant joie recuellir
        a tousjors mes.
  Icist dui mes sont mout divers
        li un de l'autre. *(f. 111 ᵈ)*
  Or me donnés u l'un ou l'autre :
        en vous en est.

  « Qu'est ce? Dont vient ore ce plet
        que vous me dites?
70 « Que vous estes trestous miens quites,
        cuer et cors?
  « Je ne vous fis onques esfors
        de vo servise.
  « Vous me dites tout par faintise,
        bien le sai ;
  « Mais ja jour ne vous amerai
        pour tel parole.
  « Ce n'est mie max qui m'afole
        que d'amer.

64-66 *Par inadvertance le copiste a écrit deux fois ces trois vers en variant ce... jour mais.* — 68 l'un] bien — 71 seruice

75 « Je n'ai nis un talent d'amer
  vous ne autrui.
« Ja ne serai n'onques ne fui
  en son dangier ;
« Car trop i a grevex mestier,
  ce m'a on dit,
« Si avrés de moi l'escondit,
  bien le sachois !
« Car vous dites tout par gabois
  pour essaiier
80 « Se vous me poriiés ploiier
  en tel maniere. »

Si m'aït Dix, amie chiere,
  n'est pas gabois
Ce que vous di, ains est tous voirs,
  bien le sachiés !
Et s'il vous plaist, si essaiiés
  se vostres sui.
Vous m'avés mis en tel estui
  que je ne puis
85 Ne par les jours ne par les nuis
  mon cuer ravoir.
Pour chou m'estuet par estavoir
  priier merci,
Se le vous pri comme a celui
  qui mon cuer a. (*f. 112 ª*)
« Je l'ai, voire ? Qui l'esracha
  de vostre cors ? »
Je le vous dirai : li esfors
  de vo biauté,
90 Vostre cors li bel acesmé
  et vostre sens.

90 acesmes

« Mes sens qu'i a mesfait? Mes sens
                            ne mes savoirs
« Onques n'i misent leur pooirs,
                            que je seüsse.
« Et se je vostre cuer eüsse
                            en mon pooir,
« Tantost le vous rendisse, voir,
                            sans detenir ;
95   « Car je ne voel riens retenir
                            del vostre a tort. »

Douce dame, n'est mie a tort,
                            ains est a droit;
Car quant vostre amours l'en portoit,
                            nel saviés mie.
Or le savés vous, douce amie,
                            sel me rendés !
Si m'avrés de tous max jetés
                            par vo bonté.
100 « Ice que jou ai emporté
                            vous rench je bien
« Sans nule riens metre du mien,
                            cors ne avoir. »
Je ne le puis mie ravoir
                            en tel maniere
Se ne m'amés, amie chiere;
                            nient autrement.
Ja mais n'avra herbegement
                            se en vous non,
105 Tousjors ert en vostre abandon
                            com prisonier.
Certes, mie ravoir n'en quier
                            se n'est de prest.

99 jete — 104 naurai — 105 prisoniers

Et puis que de servir prest est,
                il ne puet estre, *(f. 112 b)*
S'il sert a deboinaire mestre,
                que guerredon
Ne lui doinst ou face aucun don
                dont s'esjoïsse.
110 Bien doit amender de service
                qui bien sert,
Et se mes cuers son servir pert,
                c'iert vostre honte.
« Ma honte, voire? A moi que monte
                s'il se deut,
« S'il meïsmes la verge quelt
                dont est batus?
« Nus n'est a li garir tenus,
                ce m'est a vis.
115 « Se folement s'est en moi mis,
                je n'en puis mes.
« Or m'en laissiés ester hui més,
                je vous en pri. »

Dame, n'afiert pas a ami
                qu'il escondie
De riens la volenté s'amie
                ne sa requeste.
Respondés moi a une enqueste
                que vous demant,
120 Et puis si me tairai a tant
                quant a ceste heure :
Se vous savés que je labeure
                loialment,
Ainsi com font li vrai amant
                et je vous serf

111 cert

Si sougis que com de vo serf
      en poés faire,
Se vous veés mon grant contraire
      et mon mescief,
125 Verrai ge ja nul jour a cief
      de vostre amour
Par priiere ne par clamour?
      Dites le moi,
Si me metés en grant esfroi,
      ou en espoir *(f. 112 c)*
D'ataindre a mon tresdouch voloir.
      Il ne me chaut
Combien j'en aie froit ne caut
      ne duel ne ire,
130 Mais que j'en puisse en la fin rire
      et avoir joie.
Se il vous plest que vostres soie,
      ains mais tel vie
Ne fu entr'ami et amie
      vraicment.
Respondés m'ent vostre talent,
      de chou vous pri!

« Volentiers. Se vous m'amés si
      com vous contés,
135 « Bien en pora estre dontés
      en aucun point
« Mes cuers, se il voit qu'en tel point
      comme vous dites
« Soit tousjors miens, liges et quites
      sans fausser.
« Mais bien le vaurrai esprouver,
      sachiés, anchois;
« Ne voel pas que vous me gabois
      de fole trueve,

140 « Ne que j'aie d'amour reprueve
　　　　　　　　s'el n'est vraie.
　« Car s'il avient qu'en sa manaie
　　　　　　　　m'ait Amours,
　« Je volrai poursiuir tousjors
　　　　　　　　sa volenté,
　« Et pour chou sui ge en volenté
　　　　　　　　de bien savoir
　« Le cuer de celi qui avoir
　　　　　　　　vaurra m'amour. »
145 Dame, ce n'est mie folour ;
　　　　　　　　et grans mercis !
　Car or croi que n'iert pas peris
　　　　　　　　mes grans travax.
　Des or enduërrai mes max
　　　　　　　　en bon espoir. *(f. 112 ^{d})*
　Quant il vous plaira, mon doloir
　　　　　　　　metés en joie.
　Or me gar que je ne recroie
　　　　　　　　de vous amer ;
150 Car vous m'en porriés clamer
　　　　　　　　a recreant.
　Non ferai je. Je vous creant,
　　　　　　　　n'en doutés ja,
　J'atendrai tant merchi, dame,
　　　　　　　　qu'il vous plaira.

145 grant — 146 nert

AVE MARIA

AVE MARIA

1

Ave Maria. O tresdouce Marie,
Fontaine de pitié qui ja jour n'iert tarie,
Qui a maint pecceur donnés misericorde,
Je vous pri, douce dame, que vous ne souffrés mie
5 Que deables ait m'ame en la soie baillie,
Mais a ton douch fil, dame, me repaie et racorde!
Anchois que la mors viegne ne que ele me morde,
Vous pri que vous rompés du deable la corde
Qu'il a mise entour moi par sa grant felonnie *(f. 113 ª)*
10 Pour moi traire en la flamme qui est puans et orde,
Ne je ne sai comment, dame, je leur estorde
Se vostre grans pitiés leur pooir n'afeblie.

2

Gratia plena. Dame de toute grasse plaine

1, 2 nert torie

Plus assés que n'est d'iauwe riviere ne fontaine,
Ne la mers ensement qui est grans et parfonde;
Dame, ki esleüe fustes pour la souvraine,
5 En qui Dix s'aombra pour nous oster de paine
Se nel nous taut pechiés, dont tant a par le monde
Que je dout, douce vierge, que en enfer ne fonde
Se vostre grans pitiés ne me fait de max monde
Et vostre grans secours en joie ne me maine.
10 Donques puis je savoir que je sui en la fonde
Dont anemis me quide jeter en mort segonde,
N'atent fors le passage de ceste premeraine.

3

Dominus tecum. Dame, avoeques toi est Diex
Et tu avoeques lui en la joie des ciex
Qui si est grans et bonne nus ne le poroit dire
Qui soit en tout le mont tant comme il soit mortex.
5 Douce dame, ostés moi de tous peciés mortex, *(f.*
Si que je vostre fil et vous es ciex remire! 113 *b)*
Douce dame, de qui pecheour font leur mire,
Voelliés destorner m'arme de la ou cil la tire
Qui de li tourmenter par est si enviëus!
10 Sachiés, tant a ja fait qu'il en quide estre sire;
Se vostre grant pitiés ne li veut contredire,
Del tout m'a ja honni li fel maliciëus.

4

Benedicta tu in muliëribus.
Par cest mot poons bien tuit savoir que tu fus
Par deseur toutes femmes sainte et bonne eüree.

2, 8 uostres — 3, 1 Dix — 4, 2 mont

Bien le nous moustra la,   ou tost fu secourus
5 Par ta misericorde,   tes clers Theophilus
   Qui de mettre en enfer   s'ame avoit encartree;
   Et de son sanc meïsmes   fu la chartre ditee,
   Puis baisa l'anemi   plain de male pensee;
   Ainsi par desespoir   se fu tous confondus,
10 Mais puis se ramembra   de s'ame c'ot dampnee;
   A tant connut en vous   force et pitiet doublee
   Que ses malvais convens   fu par vous derompus.

5

Et benedictus. Dame,   estre doit beneois
Li enfes. Et pour cui   fu ce dit, ja l'orrois : *(f. 113 ᶜ)*
Fructus ventris tuï,   de ton ventre li fruis,
Qui tant fu debonaires,   simples, dous et cortois
5 Qu'il volt pour nous morir   el gibet de la crois
   Et souffri tant martires,   tant tourmens, tant anuis,
   Plaiiés, crucefiiés   fu des felons Juïs
   Qui plain erent de max   et de tous les biens vuis;
   La vaut recevoir mort   cil qui est rois des rois
10 Pour ses amis oster   d'infer, del parfont puis.
   Vierge, qui le portastes,   vierge avant, vierge puis,
   Conduisiés m'ame la   ou sont les douces vois!

Amen.

II. FATRASIE

II. FATRASIE

1

Li chans d'une raine
Saine une balaine
Ou fons de la mer,
Et une seraine
Si em portoit Saine
Deseur Saint Omer.   (f. 113 d)
Uns muiaus i vint chanter
Sans mot dire a haute alaine.
Se ne fust Warnaviler,
Noié fuissent en le vaine
D'une teste de sengler.

2

Li pes d'un sueron
Feri un lyon

1, 1 chan — 7 muiau — 2, 1 pies, *comp. Jubinal Nouv. Rec.* 2, 219.

Si k'il le navra.
La moule d'un jon
A pris un limon
Ki s'en courecha.
Mauvais laron le clama.
Es vous le bech d'un frion
Qui si bien les desmella
Que la pene d'un oison
Trestout Paris em porta.

3

Je vi toute mer
Sur tere assambler
Pour faire un tournoi,
Et pois a piler
Sur un chat monter
Firent nostre roi.
A tant vint je ne sai quoi
Qui Calais et Saint Omer
Prist et mist en un espoi,
Si les a fait reculer
Deseur le Mont saint Eloi.

4

Uns grans herens sors
Eut assis Gisors
D'une part et d'autre,
Et deus homes mors
Vinrent a esfors
Portant une porte.
Ne fust une vielle torte
Qui ala criant « A ! hors »,

II. FATRASIE

  Li cris d'une quaille morte
10 Les eüst pris a esfors
  Desous un capel de fautre.

5

  Li cras d'un poulet   (f. 114ᵃ)
  Menja au brouet
  Pont et Verberie.
  Li bes d'un coket
5 Em portoit sans plet
  Toute Normendie.
Et une pume pourie
Qui a feru d'un maillet
Paris et Romme et Surie,
10 Si en fist un gibelet;
Nus n'en menjut qui ne rie.

6

  Uns des estourdis
  Portoit Saint Denis
  Parmi Mondidier,
  Et une pertris
5 Traïnoit Paris
  Deseur Saint Richier.
Es vous le pet d'un plouvier
Sur le clokier de Saint Lis,
Qui si haut prist a criër
10 Que il a tous estourdis
Les bourgois de Monpellier.

6, 7 piet

7

 Une grant vendoise
 En traïnoit Oise
 Deseure un haut mont,
 Et une viés moise
5 Deseure une toise
 Em porta Hautmont.
Une espane de roont
Quarante muis de ble poise
Sur le castel de Clermont,
10 Si c'une flestre jorroise
En sooula tout le mont.

8

 Quatorze viés frains
 Aporterent rains
 Pour faire un estour
 Encontre deus nains,
5 Qui eurent es mains
 La bouce d'un four,
Si en eurent le millour,
Pour chou que carbons estains *(f. 114ᵇ)*
Leur geterent tout entour,
10 Si k'il eurent ars les rains
Sur le pumel d'une tour.

9

 Li chiés d'une trelle
 Par nuit se resvelle

8, 4 mains — 10 mains

II. FATRASIE

  Pour pestrir pastés,
  Et une corneille
5 Prist une corbelle.
  Ce fu foletés.
Car dis et nuef vaissiaus d'es
Cururent a la mervelle.
Ja i eüst cous donnés,
10 Quant une viés chaloreille
D'un baston les a sevrés.

10

  Une viés kemise
  Eut s'entente mise
  A savoir plaidier,
  Et une cerise
5 S'est devant li mise
  Pour li laidengier.
Ne fust une viés cuillier
Qui s'alaine avoit reprise,
S'i aportoit un vivier,
10 Toute l'iauwe de Tamise
Fust entree en un panier.

11

  Gornais et Ressons
  Vinrent a Soissons
  Prendre Boulenois,
  Et troi mort taons
5 Parmi trois flaons

9, 10 viés *manque.* — 11, 1 Gornais] *le rubricateur a tracé une* S, *mais on voit encore le* G *indiqué par le scribe.*

Mengierent Franchois.
A tant i vint Aucerrois
Acourant en deus pochons,
Si que Chaalons et Blois
S'en fuïrent dusk'a Mons
En Henau par Orelois.

SALUT A REFRAINS

SALUT A REFRAINS

1

Douce amie, salus vous mande *(f. 114 ᶜ)*
Cil qui de vous atent l'amande
Des grans tourmens qu'il a sousfers.
Vos hom a esté et vos sers
Et sera tousjours bonnement.
Car, se loialté ne me ment,
Espoir ai d'estre vos amis.
   En bone amour ai
   Mon cuer mis.

2

Voirement l'ai mis en amour
Si boine que ne passe jour
Que je n'i pens plus de cent fois.

1, 6 ne *manque*

Mout sui angoiseus et destrois
De penser et de souspirer
Et de sa biauté ramembrer
Qui si m'a mis en grans effrois.
  Bien sai qu'ele m'ocira
  Se Amours ne la vaint pour moy.

3

Se Amours pour moi ne la vaint,
Celui ressamble qui se plaint
Tousjours et noient n'assouage.
Mais ele ne seroit pas sage
Se son serjant faisoit morir.
En ce chant que porés oïr
Ai grant esperance tousjors :
    De deboinaireté
    Vient amors.

4

Amors en vient, certes c'est voirs.
Estre ne puet graindres avoirs
A femme que de lui avoir,
Et je croi bien de li savoir
Que ele l'a, et si set bien   (*f. 114ᵈ*)
Que je l'aime sur toute rien.
Tousjors m'est la dolour novele.
  Ci me point une estincele
  Au cuer desous la mamele.

2, 7 grant effroi — 4, 3 qui

5

Desous la mamele me point
Li dous maus qui mon cuer ajoint
A s'amour que je tant desir.
Bele, ore vous viegne a plaisir
De moi alegier ma dolour
Que je sench pour vous nuit et jour,
Tant que tous li miens cors en font.
   Dix! pour coi le regardai,
   Quant si vair oel traï m'ont?

6

Traï? Si m'aït Dix, je ment.
Delivrer les en voel briement.
Se mes voloirs a chou me maine
Qu'avoir voelle doleur et paine,
En chou n'ont si oel riens mesfait.
Non, voir! Mais ce dire me fait
La grant amour que j'ai a li.
   Douce dame a qui je sui,
   Pour Dieu merci!

7

Pour Dieu merci, ma douce amie,
Vous pri que vous n'ociés mie
Celi qui est vos liges hom
Et qui met en vostre abandon

Son cuer, son cors. Tant riens ne crient,
Et pour l'amour qui de vous vient
Demaine souvent joie et plours.
 Jolis sui, jolis!
 Ce me font amors.

8

Jolis me font amors sans faille.
D'autre part rai une bataille
Qui mout me destraint durement.
Car je sai bien certainement
Qu'en trop haut lieu ai m'amour mise ;
Mais il a tant en li franchise
Que, s'il li plaist, merci avrai.
 Se pour bien amer doit nus avoir
 Joie, je l'arai.

9

. . . .

---

8 *Le premier vers de cette strophe se trouve dans le ms. après le deuxième.*

APPENDICE

LES TROIS VERSIONS DE LA NOUVELLE
DES *GESTA ROMANORUM*

(Voir t. I, p. cv)

A

VERSION POLLENTIUS[1]

a 1 *Grenville XXII, N. 26,* xive *siècle.*

a 2 *Harl. 206 f. 84^r, N. 18,* xve *siècle.*

a 3 *Harl. 2270, N. 18,* xve *siècle. Je dois une collation à M. L. Proescholdt.*

a 4 *L'original perdu de la traduction anglaise publiée par Sir Fr. Madden et par M. Herrtage, N. 12.*

b 1 *Harl. 5369 f. 52^r, N. 14,* xive *siècle ou comm. du* xve.

b 2 *L'original perdu de la traduction anglaise publiée par Wynkyn de Worde, N. 14.*

b 3 *Sloane 4029 f. 24^v, N. 18,* xive *siècle.*

Les manuscrits a 1 a 2 a 3 b 1 b 3 *appartiennent au Musée Britannique. Il manque dans* a 1 a 2 a 3 a 4 *la fin du § 14 et le § 15;* b 1 b 2 b 3 *partagent des fautes*

---

[1]. Dans tous les textes qui suivent, je distingue *i* et *j*, *u* et *v*, et je résous les abréviations. *aj.* dans les variantes veut dire : *ajoute* ou *ajoutent*. J'omets les variantes qui ne regardent que l'ordre des mots.

évidentes, voir les variantes de 16. b 1 et b 2 *s'accordent dans beaucoup de leçons qui leur sont particulières.*

---

1 Pollentius in civitate Romana regnavit, prudens valde, et possessio ejus multa, qui habebat filiam pulchram et oculis omnium graciosam, cui nomen erat Aglaës. 2 Erat tunc quidam miles generosus in palacio, qui plus quam credi potest puellam dilexit. 3 Accidit uno die quod miles cum puella colloquium habebat et ei de amore cordis ejus versus eam intimabat. 4 At illa : « Sine dubio, ex quo secreta cordis tui michi revelasti, ego simili modo propter amorem langueo, et ante omnia te diligo. » 5 Ait miles : « Terram Sanctam volo visitare, et ideo trade michi fidem tuam et ego tradam tibi meam quod infra istos septem annos aliam uxorem non accipiam et tu propter amorem meum tamdiu expectabis. 6 Et si non venero ad te hodie ad septem annos, accipe quemcunque volueris, et ego per omnia

---

1 *a 1 ms.* Douce Polentius, *a 2 a 3* .Polencius, *a 4* Polemus, *b 1* Pollennus, *b 2* Pylomius *(Swan* Philominus), *b 3* Pollemius; regnavit] *b 3* et c.; prudens-multa] *a 2* cuius possessio magna erat, *b 3 manque;* et] *a 2 aj.* in; *b 1 b 3* hominum; *a 1* generosam, *a 2* gloriosam; *b 1* cui *manque;* erat] *a 2 manque, b 1* eius. 2 palacio] *b 3 aj.* imperatoris; plus] *a 1* ultra; plus-potest] *a 2* ultra modum; *b 1* dilexerat. 3 *a 2* una; *a 2* habuit; *a 1* et *manque; a 2* ei *manque; a 1* eius *manque;* eam] *b 3* illam. 4 *a 3* Ait; illa] *a 1 a 2 aj.* et; *b 3* et ego; *a 1 a 2* simili *manque; b 3 aj.* tuum; langueo et te] *b 1 b 2* secreta cordis mei tibi propalabo et certissime dico quod vos; *a 4 b 1 b 2 b 3* omnes. 5 *b 1 b 2 b 3* propono; *b 3* ego *manque;* et — meam] *b 1 b 2 manque; b 1* illos, *a 2 manque;* aliam — accipiam] *a 3* aliam uxorem non capiam, *a 2* aliam in uxorem non capiam (et — expectabis *manque), b 1 b 2* nullum alium virum accipias, *b 3* alium uirum non accipies; *a 1* tu] *b 1* tamen, *b 3 manque;* tamdiu] *b 3* tamen. 6] *a 2 manque; a 1* Et *manque; a 1* accipias; et — accipiam] *a 4 manque;*

tibi simili modo faciam, quod infra septem annos uxorem non accipiam. » 7 At illa : « Michi placet istam convencionem tenere. » 8 Hiis dictis mutuo fidem tradiderunt. Miles valefecit puelle et ad Terram Sanctam perrexit. 9 Imperator cito post hec cum rege Ungarie de matrimonio filie contulit. 10 Rex vero ad palacium imperatoris, ut videret puellam, perrexit. 11 Cum autem vidisset eam, miro modo placuit ei de ejus pulchritudine et generositate, sic quod imperator et rex erant in unum per omnia concordati, nisi quod voluntas puelle super hoc esset probata. 12 Imperator vocavit ad se puellam et ait : « O filia dulcissima! de rege tibi providi qui erit vir tuus; verumptamen super hoc voluntatem tuam expectabo. Dic ergo michi quid ad hoc dicis. » 13 Ait illa : « Michi bene placet de rege, set unum est quod propter dei amorem concedatis michi : vovi soli Deo castitatem per septem annos; 14 et ideo pro Dei amore nolite michi virum nominare, quousque septem anni fuerint completi, et tunc parata ero vestram voluntatem per omnia adimplere. » 15 Ait imperator : « Ex quo ita est, voluntatem tuam nolo infringere ; set, cum anni septem fuerint finiti, regem Hungarie in virum habebis. » 16 Statim nun-

b 1 ego *manque; a 1* per *manque.* 7 *b 1* Ait; *b 3* bene *placet.* 8 *b 1 b 3* dederunt et; *b 1* uale puelle fecerat, *b 3* puelle ualefecerat. 9 *a 1 b 3* cito *manque; a 2 b 1* Hungarie; *b 1 b 3 aj.* sue. 10 *b 1* peruenit, *b 3* uenit. 11 Cum — miro *b 3 manque; b 1* ipsam ; miro modo] *a 2* optime; *a 1* ei *manque;* gen.] *b 1 b 2 b 3* bonitate; *b 1* in uno, *a 2 manque;* nisi] *a 1 a 2* ita. 12 *a 2* filiam suam et ait ei; *b 1 aj.* mea; tibi] *a 1* te; vir] *b 3* maritus; *a 2 b 3* tamen; *b 1 b 3* attemptabo; *a 1 a 3* Hoc dic ergo, *b 1* Dic, *b 3* Dic igitur; ad] *b 3* super; quid ad hoc dicis *(b 1* respondens, *b 3* respondes)] *a 2* uoluntatem tuam. 13 *a 2 b 1* At; *a 1* puella; *b 1* bene *manque; a 1* quod *manque; a 1* concedatis michi] *a 2* michi concedere dignemini, *b 1 manque, b 3* michi concedas; *b 3* uouere. 14 *b 1* ideo *manque; a 1 a 2* pro Dei amore] *b 3* de amore, *b 1 b 2* pro omni amore qui est inter nos duos; *b 1* michi *manque; a 1* uerum; *b 1* aliquem denominare; *b 1 b 3* finiti; et — adimplere] *a 1 a 2 a 3 a 4 manque;* ero] *b 3* sum ad; *b 3* per *manque.* 15] *a 1 a 2 a 3 a 4 manque; b 1* est *manque; b 3* frangere. 16 *a 1* nunciabit, *b 3* nuncians;

ciabat regi per litteras quod, si placeret ei per tantum tempus expectare propter votum filie sue, eam libenter haberet. Rex cum hoc audisset, propter nimium amorem puelle videbantur ei pauci dies. 17 Cum autem septem anni fuissent completi, una die stetit puella in fenestra camere sue et flevit amare, dicens.: 18 « Heu michi, heu! Die crastina promisit amasius meus michi venire ad me de Terra Sancta. Dies crastina est dies regis Ungarie, ut me in uxorem ducat. 19 Si amasius meus cras hora debita non venerit, de intimo amore meo erga eum sum decepta viliter. » 20 Cum autem aderat dies, rex paravit se ad imperatorem cum magno exercitu, ut filiam ejus duceret in uxorem secundum convencionem, et erat indutus totaliter purpura et bisso. 21 Cum vero per viam equitasset, miles de Terra Sancta applicuit, palafridum ascendit in via et ad regem appropinquabat. 22 Rex cum vidisset, ait : « Karissime, unde es et quo tendis ? » 23 At ille : « Miles sum de imperio Romano et jam de Terra Sancta venio, et vester servus in omnibus! » 24 Cum autem sic equitassent, venit magna pluvia et confudit omnia vestimenta regis. 25 Ait miles : « Stulte fecisti quod tecum domum tuam non portasti. » 26 Ait ei rex : « Quomodo loqueris? Domus mea est larga et lata, de lapi-

b 1 regi per *manque*; *b 1 b 3* si *manque*; ei] *b 1* regi, *b 3* sibi; propter votum — propter] *b 1 b 2 b 3* propter; eam — haberet] *a 1 manque*; libenter *a 3 manque*; *a 2* hec; *a 1* puelle *manque*; ei] *b 1* ei nisi, *b 3* enim ei. 17 *b 3* autem *manque*; *a 2* erant; *a 1* impleti; completi *b 1 b 2 b 3 aj.* excepta; in] *b 3.* una; *b 1 b 3* dicens *manque*. 18 *a 1* Heu michi heu michi Die; *b 1* amisius; *a 2* michi *manque*; Dies] *b 1* Et die, *b 3* Et dies; est] *a 2* erit. 19 *b 1 b 3* amisius; *b 1 b 2 b 3* cras *manque*; erga] *a 2* penes; *b 3* illum; *a 1* viriliter, *a 2* totaliter. 20 *a 2* affuit, *b 1 b 3* adest; ad] *b 1* uersus; *b 1 b 2 b 3* comitatu; secundum] *b 3* iuxta; *b 2 b 3* et bisso *manque*. 21 *a 2* Dum; *a 2* equitabat predictus miles; *b 1* in via *manque*; *b 1* ad *manque*; *b 1* appropinquauit, *a 1 a 2 a 4* equitabat. 22 *a 2* vero cum dum, *a 3 b 3* cum eum; ait *b 1 aj.* ei, *b 3 aj.* O; *b 1 b 2 b 3* et unde uenis. 23 *a 1* Ait, *a 3 b 3 manque*; *a 1 a 3 b 2 b 3* ille *manque*; sum] *b 1* existo; iam] *b 1 b 2 aj.* tarde; *a 1* ueneo 24 *a 1* autem *manque*; *b 1* confundebant. 25 *b 1 b 2 b 3 aj.* Domine; *b 1* pro eo quod. 26 rex — loqueris] *a 1 a 4*

dibus et semento facta ; quomodo ergo domum meam mecum ducerem? Stulte michi loqueris! » 27 Ait miles : « Bene credo tamen stultum me non sencies. » 28 Rex vero cum ulterius equitasset, vidit ante se aquam cujus profunditatem ignorabat : percussit equum suum cum calcaribus et fere in aqua erat submersus. Miles ex alia parte aque equitabat et in nullum incidit periculum. 29 Et ait regi : « Domine, in periculo fuisti, et ideo stulte egisti quod pontem tuum tecum non duxisti. » 30 Ait rex : « Miro modo loqueris. Pons est de lapidibus et semento et continet in quantitate plus quam dimidium miliaris, quomodo ergo pontem meum mecum ducerem? Certe stulta verba protulisti! » 31 Ait miles : « Forte stulticia mea vertetur michi in prudenciam. » 32 Rex vero cum equitasset ulterius, quesivit que hora diei esset. 33 At ille : « Domine, si quis indigeret commedere, tempus prandendi esset. Ideo rogo vos, domine mi rex, ut offam mecum capiatis, quia non erit dedecus vobis, set michi honor et gloria coram satrapis imperii. » 34 Ait rex : « Libenter cibum sumam. » Et erant in quodam viridi loco, et omnes cum rege existentes cibum sumpserunt. 35 Finito jantaculo ait miles regi : « Domine, stulte egisti quod in

manque; loqueris *a 3 aj.* tu ; *b 1 b 3* ei *manque; a 2* mei; *b 1 b 2* lata et ; et] *b 1 aj.* de; Stulte — loqueris] *a 2 manque; b 1 b 2 b 3* quasi stultus.   27] *b 2 manque; b 3* Ait miles *manque; b 3* crede; tamen] *b 1 b 3* quod.   28 *a 2* ergo ; *b 1* ultra ; *b 1* equitabat, *b 3* equitaret ; *b 1* percussitque, *b 3* percussusque est ; *b 3* suum *manque;* erat] *b 3* est, *b 1* fuit ; *b 1* dimersus ; Miles] *b 1 b 3 aj.* uero ; *a 1 a 2 a 3* alia *manque; b 3* aque *manque; a 2 b 1* in *manque; a 1* cecidit, *b 1* sibi incidit.   29 *a 1* rege ; *a 2* et *manque; b 1* quia ; *b 1* portasti uel d.   30 est de] *b 1 b 3* meus est ex ; in] *a 2* de; *b 1* quantitudinem ; *a 1* miliarie ; ergo] *b 3* autem ; *a 1 b 3* meum *manque; a 1* possem ducere ; *b 1 b 3* Ecce stulti.   31 *b 3* mea *manque; b 1* michi *manque.*   32 *b 3* equitaret ; *b 1 b 2 b 3 aj.* a milite.   33 *a 1 b 3* Ait ; *a 1* miles ; si — commedere] *a 2 manque; a 2* est ; *b 1 b 2 b 3* Et ideo ; *b 1* vos *manque;* rex] *b 1 b 2* reuerende ; *b 3* unam *offam; b 3* capias ; quia non] *a 2* nec ; *b 1 b 2 b 3* est ; *b 3* coram *manque; a 2* coram — imperii *manque.*   34 *b 1 b 2 b 3 aj.* tecum ; *b 1 b 3* Sederunt (*b 1* uero); vir. loco] *b 1 b 2* viniario, *b 3* vinario; loco] *a 2 aj.* statim rex ; *b 3* cum eo ; *a 1* exeuntes ; *b 1 b 3* susceperunt   35 *a 1* fecisti ; *b 3*

via ista patrem tuum et matrem tuam non duxisti. » 36 Ait rex : « Quid loqueris? Pater meus mortuus est et mater mea vetula; quomodo ergo eos ducerèm? Amen dico tibi stulciorem te vix inveni. » 37 Ait miles : « A fine laudetur opus! » 38 Rex cum ulterius equitasset et prope palacium venisset, miles peciit ut ab eo diverteret, eo quod scivit viam propinquiorem versus palacium, ut puellam ante adventum regis secum duceret. 39 Ait illi rex : « Dic michi, rogo, ad quem locum vis pergere? » 40 Ait ille : « Re vera dicam vobis veritatem. Hodie ad septem annos dimisi unum rethe in quodam loco, et jam volo illud visitare : si invenero fractum, illud dimittam et aliud michi adquiram; si vero totaliter sanum et integrum invenero, erit michi valde preciosum et mecum tollam. » 41 Hiis dictis valefecit regi et perrexit viam suam, et rex viam regiam et latam tenebat. 42 Imperator cum audisset de adventu regis, occurrebat ei cum magno exercitu et ipsum recepit honorifice. 43 Rex fecit deponi vestimenta sua, eo quod erant madifacta, et novis se induit. 44 Cum autem rex juxta imperatorem in mensa erat collocatus, imperator ei omne solacium quod potuit fecit. Finito prandio imperator a rege rumores quesivit. 45 Qui ait : « Dicam vobis quod audivi hodie in via.

viam istam; *a 2* et *manque*; in — tuam] *a 2* patrem tuum tecum; tuam *a 3 aj.* tecum. 36 *a 2* et *manque*; *b 1* vetus; *b 3* igitur; *b 1 b 3* adducerem; *a 1* stulticiorem; vix inveni] *a 1* inueni, *b 3* ego nunquam mei, *b 1 b 2* non uidi ego. 37 Ait] *b 3* Et; *a 1* a suis, *a 3* fine; *a 1* laudabatur, *a 3 b 1 b 2 b 3* laudatur. 38 *b 1* ambulasset; *a 2* uenit; miles *a 3 aj.* uero; *b 1 b 2 b 3 aj.* licenciam; *b 3* uerteret; ante — regis] *a 2 manque*. 39 *a 2 b 1* ei, *b 3 manque*; rogo] *a 3 b 1 b 3 aj.* te; ad] *b 1* per; *b 3* locum *manque*; *a 2* intendis; *a 3* tu pergere, *b 3* tu ire. 40 *a 1* At; *b 1* Re vera *manque*; *b 1* vobis *manque*; *a 2* ueritatem *manque*; quodam] *b 3* uno; *a 2* intendo, *b 1* uolo et intendo; *b 1 b 3* et si; *a 1 a 3* reperio, *b 1 b 3 aj.* rethe; *b 3* illud *manque*; *b 1 b 3* attraham et acquiram; *b 3* ualde *manque*; *a 1* gloriosum; *b 1* quid et; *a 3* reportam et tollam. 41 *a 2* rex uero; *a 2 b 1* et *manque*. 42 *b 1* currebat; *b 1 b 2 b 3* comitatu; *b 3* honeste. 43 Rex] *b 1 b 2 b 3* Et; *a 2* deposuit; *a 1* sua *manque*; *b 1* essent; *a 3* malefacta; *a 1 a 3* et *manque*; novis se] *b 1 b 3* noua. 44 Cum autem rex] *a 2* Et; *b 3* sederet; *a 2 aj.* unde; ei] *a 2* regi; *a 2* quod sciuit. 45 *b 1*

Venit quidam miles ad me et satis curialiter me salutavit. 46 Cito post hoc venit pluvia magna et confudit vestimenta mea. Statim miles dicebat : Stulte egisti quod domum tuam tecum non portasti. » 47 Ait imperator : « Quale indumentum miles super se habebat? » Ait rex : « Utebatur collobio et capucio. » 48 Ait imperator : « Sapiens erat ille : collobium erat domus de qua loquebatur, et ideo vobis dicebat quod sapienter non fecistis, quia sine collobio equitastis; quia, si tecum habuisses vestimenta tua, non fuissent cum pluvia sordidata. » 49 Ait rex : « Cum ulterius equitassemus et a casu in aquam profundam fere descendi, miles iste ait : Stulte egisti quod pontem tuum tecum non duxisti. » 50 Ait imperator : « Quomodo transivit miles aquam? » At ille : « Equitabat in circuitu et evasit periculum aque. » 51 Ait imperator : « O sapiens erat ille quando tibi dixit quod pontem tuum tecum haberes : verum enim dixit prius debuisses hominibus tuis precepisse aquam transsire et periculum aque vobis denunciare et sic eos pontem tuum facere. » 52 Ait rex : « Cum ulterius equitavimus, me ad jantaculum

b 3 Ait rex; *a 1* que, *a 2* quos; *a 2* uidi et audiui; *b 1* humiliter; *a 2 aj.* et meos familiares. 46 *b 3* hec; *b 1* confundit; *b 1 b 3 aj.* omnia; *b 1* Et statim; *a 2 b 3 aj.* michi; *b 3* dixit; *b 1* pro eo quod; *a 1* mecum. 47 *b 2 manque; b 1 b 3* miles *manque; a 1* habuit; rex] *b 1 aj.* uero; et capucio] *b 1 manque, b 3* et capello. 48 *a 1* Et imperator ait; *b 1 b 3 aj.* Re uera; *a 1* illud; quia] *b 1* eo quod; *b 1 b 3* uenistis; *a 2 b 1* uobiscum habuissetis, tua] *b 1* tunc, *a 2* uestra; *b 1 b 3* per pluuiam; *b 1 a 3* sordida.   49 *b 1* equitauimus, *b 3* equitaremus; *b 1 b 2 b 3* ad aquam profundam deuenimus *(b 3* uenimus) percussi equum *(b 1 aj.* meum) cum calcaribus et fere in aqua eram *(b 3* fui) submersus ille uero ex alia parte equitabat *(b 1 aj.* aque) et nullum periculum inuenit et ait michi· ait] *a 2 a 3* statim dixit; *b 1 b 2* Stulte egistis pro eo quod pontem uestrum uobiscum non duxistis; *b 3* fecisti. 50] *a 4 b 1 b 2 b 3 manque (bourdon de* Ait imper. *à* Ait imper.) ; transivit] *a 2* euasit. 51 *a 2* O *manque*; O — haberes] *b 1 b 2 b 3 manque*; quando] *a 2* qui; verum enim dixit prius] *a 2* prius enim; *a 2* vobis *manque; b 1 b 2 b 3* Reuera uerum dixit quia pontem *(b 1 aj.* uestrum) uocauit armigerum uestrum *(b 3* tuum) qui debuisset uos *(b 3* te) precessisse et profunditates *(b 3* - tem) *(b 1 aj.* aque) experisse *(b 3* expertum fuisse). 52 *b 1 b 2 b 3* Cum *manque; a 2* equi-

invitavit. Finito jantaculo ait : Stulte egisti quod patrem tuum et matrem tuam non duxisti tecum. 53 Ait imperator : « Sapiens erat ille : patrem et matrem vocavit ille panem et vinum et cetera cibaria. » 54 Ait rex : « Cum ulterius equitavimus, licenciam recedendi peciit a me. Quesivi diligenter ab eo, ad quem locum tenderet; respondit michi in hac forma : Hodie ad septem annos unum rethe preciosum dimisi in loco privato : si rethe sit scissum vel fractum, dimittam et recedam; si vero sit integrum sicut dimisi, erit michi valde preciosum et illud tollam. » 55 Imperator cum hec audisset, voce magna clamabat : « O famuli et milites, cameram filie mie agili cursu intrate, quia sine dubio illud est rethe de quo miles loquebatur. » 56 Statim milites et famuli cum festinacione intrabant et puellam non invenerunt, quia miles eam secum abstulit. 57 Et sic rex de puella privatus est et ad propriam patriam rediit cum confusione.

58 Karissimi, iste imperator est dominus noster Ihesus Christus. 59 Filia tam pulchra est vita eterna, quam Deus ordinavit pro regibus, militibus, simplicibus, pauperibus. 60 Miles qui dilexit puellam est bonus Christianus, qui non reputat se dignum in conspectu Dei ad tantam gloriam pervenire, sicut ait apostolus [*Rom. 8, 18*] : *Non sunt condigne passiones hujus temporis ad futuram gloriam.* 61 Mi-

tassemus (*b 1 b 2 b 3 aj.* et); *b 1* egistis eo; *b 1* p. uestrum; *b 1* tuam *manque*; *b 1* duxistis. 53 *b 3* Sapiens — ille *manque*; *b 1 aj.* nam; *b 1* ipse; *a 2* patrem uocauit panem et matrem uinum. 54 *b 1 b 2* Cum *manque*; ulterius] *b 3* autem; *a 2* equitassemus, *b 3* equitaremus; *b 1 b 2 aj.* et; *a 1 b 1* recedendi *manque*; *a 1* Et quesiui; ab] *a 1* ad; ad q. l.] *b 1 b 2 b 3* quo; in] *a 2* sub, *b 1 manque*; *b 1 b 2 b 3* in quodam loco priuato et *(b 1 aj.* dixit); sit] *b 1 b 3* est; *a 2* fractum illud, *b 1 b 3* fractum rethe; *b 1* sit *manque*; *a 2* valde *manque*; *b 1 b 2 aj.* mecum. 55 *b 1 aj.* et dixit; famuli] *a 2 a 3 b 1 aj.* mei; *b 3* loquitur. 56 *a 2 a 3 b 3 aj.* cameram; *a 1 a 3* secum *manque.* 57 de] *a 1 a 2 a 3* a; est] *a 2* erat; est — patriam] *b 1 b 3* ad patriam *(b 3 aj.* suam); *a 1* ad *manque.*

58 *b 1 b 3 aj.* Reductio; *a 2* dominus noster *manque.* 59 *b 1* dominus; *a 2* et — et — et; *b 1 b 3* et paup. 60 *b 3* puellam *manque*; est] *a 4 b 1 b 2 b 3 aj.* quilibet; *b 1* sic; *b 2* Non est; *a 2* digne; temporis] *a 3 b 3* mundi. 61 *b 1 b 3 aj.* Set; *a 2*

les iste perrexit peregrinando per septem annos : sicut bonus Christianus toto tempore vite ejus debet laborare in septem operibus misericordie, et sic sine dubio vitam eternam obtinere poterit. 62 Per regem qui venit sine collobio et erat madefactus per pluviam possunt intelligi potentes et magnates, sicut sunt justiciarii, ballivi et alii, qui collobium non habent. 63 Per collobium, quod ceteros pannos cooperit, debemus intelligere caritatem *que*, secundum apostolum [*I Petr.* 4, 8], *cooperit multitudinem peccatorum.* Multi non habent istud collobium et ideo sunt madefacti per aquam superbie, avaricie, luxurie et aliorum peccatorum. 64 Item rex fere submersus est, quia non habebat pontem suum secum : karissimi, nos debemus sepe videre quod difficile est aquam sine ponte transire, et eodem modo impossibile est aliquem sine fide salvari. Sunt ergo multi qui fidem debelem habent, quando cicius ponunt vitam illorum in auxilium mundanum quam in Deum, qui est non solum potens, ymo omnipotens. 65 Unde ait salvator [*Matth.* 17, 19] : *Si habueritis fidem sicut granum sinapis, poteritis*

b 3 sic; *b 3* quilibet *bonus;* ejus] *b 1* sue.   62 *b 1 b 3* Rex qui uenerat; *b 1 b 2* cum pluuia per istum regem possumus intelligere huius mundi potentes sicut sunt j. maiores, *b 3* per pluuiam est mundi potencia sicut reges magnates j.; *a 1* balliui et alii] *a 2* balliui et ceteri mundani, *b 1 b 3* et ceteri balliui; *a 1* qui *manque.*   63 quod] *b 3* qui ; *b 3* pannos *manque; cooperit*] *b 3* cooperuit, *b 1* sic describitur caritas operit; *b 1* Nam multi; *a 3 b 1* illud ; *b 1 b 3* aqua (per *manque)* ; *a 3* superbie *manque;* lux. — pecc.] *b 1 b 2 b 3* et luxurie.   64 *b 1* fuit, *b 3* erat; *a 1* habuit ; *b 3* suum *manque;* karissimi — transire et] *a 2* pons iste est fides nam sicut uidemus quod impossibile est aliquam aquam s. p. tr.,; karissimi — salvari] *b 1 b 2* hoc est perfectam fidem nam videmus ad oculum quod nullus sine ponte uel aliquo ipsum ducente aquam magnam longam latam et horribiliter profundam bene transire poterit sic sine fide impossibile est placere deo sic nemo potest s. f. s., *b 3* karissimi nos uidemus quod sine ponte secure nequimus transire sic eodem modo non possumus s. f. s.; ergo] *b 1* igitur, *b 3* enim; cicius] *b 1 b 3* plus; *a 3* p. fidem; *a 2 b 1* eorum; *b 1* in mundanam gloriam uel in m. aux.; Deum] *a 1 a 2 a 3* diuinum; *b 1 b 2* qui est potens omnia facere, *b 3* qui est potens et non impotens.   65 *a 2* de fide ait; *a 4* ut; *Transi*] *a 1* aj. hinc; *a 4 dicere huic monti « Transi! » et transibit.* Set multi ex vobis habent fidem debilem nimis et ideo sepe cadunt in aquam desperacionis et mortalis peccati. 66 Item rex non habuit secum patrem et matrem. Per patrem, qui est causa generacionis, debemus intelligere humilitatem, sine qua non est dare virtutem in homine, et hoc est quod dicit Gregorius [*voir Migne Patrol. lat. LXXXVIII 609*] : *Si quis ceteras virtutes portat sine humilitate, quasi pulverem in vento portat.* 67 Mater est spes, de qua loquitur apostolus [*Rom. 8, 24*] : *Spe salvi facti sumus.* 68 Unde, qui voluerit vitam jeternam obtinere, oportet quod caritatis collobium habeat, pontem fidei, patrem humilitatis et matrem spei. 69 Item rex ibat per latam viam (et non per semitam sicut fecit miles), qui igitur deceptus erat. Sic qui voluerit vitam eternam obtinere, oportet quod pergat per strictam viam, scilicet per viam jejunii et penitencie, de qua loquitur apostolus [*Matth. 7, 14*] : *Stricta est via que ducit ad celum, et pauci per eam ambulant, set multi vadunt per latam viam que ducit ad infernum,*

transiet, *b 1* transibitur; ex vobis] *a 2 manque, a 4 b 1 b 2* nostrum hiis diebus, *b 3* ex nostris ; sepe] *b 1* cito ; aquam] *a 3* lutum, *a 4 diche ; a 2* in — peccati] *a 1 manque, b 3* in luto desp. et peccata mort, *b 1 b 2* in luto desp. et per peccatum mortale sepe deum offendunt. 66 *b 1* Similiter; *a 1* Item — habuit *manque;* matrem] *a 1 aj.* et c.; *b 2 cause of governacyon ;* virtutem] *a 2 aj.* aliquam; *b 1 b 3* in aliquo h.; et hoc est quod] *a 2* igitur; *b 1 b 3* beatus Gr.; portat] *b 1 b 2* congregat; *a 2* quasi qui pulverem in vento portat habetur, *a 1* quasi inuentat portat et c., *a 4* quasi in ventum portat *(var. poudir).* 67 *b 1 aj.* uero; *b 1 aj.* ubi sic dicit. 68 quod — spei] *a 1 a 4 manque;* quod] *b 1 b 3* ut; *b 1* et — et — et; *b 3* sancte spei; spei] *b 1 b 3 a 3 aj.* set quidam *(a 3* quidem) ex uobis *(b 3* nobis) ista *(b 3* istam iam) non habent et *(a 3* qui) *(b 1 b 3 aj.* ideo) eternaliter *(a 3* eternitatem) pereunt *(a 3* perdunt). 69 Item — oportet] *a 1 a 4 manque, a 3 b 1 b 2 b 3* Item miles ibat per semitam et rex per latam viam *(a 3 aj.* sic, *b 1 aj.* nam) qui uitam eternam desiderat *(a 3* voluerit, *a 3 b 3 aj.* obtinere) oportet; pergat] *b 1 b 3* uadat; scilicet] *b 1* et, *b 3* uel; *b 1 b 2* jej. elemosine castitatis et pen., *b 3* jej. et maturitatis et penurie; qua] *a 2 b 1 aj.* uia; *a 2 aj.* hominem ; et — ambulant] *b 1 manque, b 3* et c.; latam] *b 1* illam ; que — infernum] *a 2 manque ; a 1* erant; *b 1 b 2* Et ceteri tales exiunt de uia

scilicet per viam carnalitatis. Certe tales erunt defraudati de vita eterna. 70 Studeamus ergo sic in via ista ambulare quod poterimus vitam eternam obtinere. Ad quam nos perducat Christus!

uite eterne et ab illa uia erunt defr.   70 *b 3* igitur; *b 1* sic *manque*; *a 1 a 2* uita; *b 1 b 3* illa; *a 2* ad uitam eternam attingere; *b 1 b 3* beatam; Ad — Christus] *a 3 b 2 manque*, *b 1* et c, *b 3* Ad quam nos et c.; Christus] *a 1 a 4* et c.; *a 2 aj*. Amen.

TRADUCTION ANGLAISE

DE LA VERSION POLLENTIUS

L'exemplaire unique de l'édition de Wynkyn de Worde appartient à St. John's College, Cambridge. Je dois une transcription du texte qui suit à M. J. B. Mullinger, bibliothécaire du college, et une collation à M. le professeur I. H. Hessels.

1 In Rome dwelled somtyme a myghty emperour named Pylomius, whiche had no chylde but a doughter, a fayre mayden and a gracyous in the syght of every man, and was named Aglaes. 2 There was also in the emperours palays a gentyll knyght, that loved this lady above all thynge in the worlde. 3 It befelle after upon a daye that this knyght talked with this lady and uttred in secrete wyse his desyre to her. 4 Than sayd she curtoysly : « Syth ye have uttred to me the prevytes of your herte, I shall in lyke wyse for youre love utter to you the secretes of my herte, and truly I saye that above all other I love you best. » 5 Than sayd the knyght : « I purpose to vysyte the holy londe, and therfore gyve me your trouth that this seven yere ye shall take none other man, but onely for my love that ye shall so longe abyde me. 6 And yf I come not agayn to this day seven yere, take than what man that ye lyst best. And in lyke wyse I shall promyse you that within this seven yere I shal take no

wyfe. » 7 Than sayd she : « This covenaunt pleaseth me wel! » 8 Whan this was sayd, everyche of them bytrouthed other, and than the knyght tooke his leve of this lady and wente forth to the holy londe. 9 Anone after that th'emperour treated with the kynge of Hungry for maryage of his doughter. 10 Than came that kynge of Hungry to th'emperours palays to se that yonge damoysell. 11 And whan he sawe her, marvaylously he lyked her of her fayrnes and goodnes, soo that the emperour and the kynge were accorded in all thynges touchynge that maryage, upon the condycyon that the damoysell wolde consent. 12 Than called th'emperour the yonge lady to hym and sayd : « O my swete doughter, I have provyded for the that a kynge shall be thy husbonde yf that lyst to thyn assent; therfore telle me what answere thou wylte gyve to this.» 13 Than sayd she to her fader : « It pleaseth me well but of one thynge, dere fader, I you beseche yf it myght please you to graunte me for the love of god : I have avowed my chastyte only to god for this seven yere. 14 Therfore, dere fader, I beseche you, for all the love that is bytwene your gracyous faderhode and me, that ye name no man to be myn husbonde tyl this seven yere be ended, and than I shall be redy in all thynges to fulfyll your wyll. » 15 Than sayd th'emperoure : « Syth it is so that thou wylte none husbonde have this seven yere, I will not breke thy vowe; but whan the seven yere ben passed, thou shalt have the kynge of Hungry unto thyne husbonde. » 16 And than th'emperoure sente forthe his letters unto the kynge of Hungry, praynge hym yf it myght please hym to abyde seven yere for love of his doughter, and than sholde he spede of his entente without fayle. Herof the kynge was pleased and graunted to abyde. 17 And whan this seven yere were ended save a day, the yonge lady stode in her chamber wyndowe and wepte sore saynge thus : 18 « Alas alas! to morowe my love promysed to be with me agayne fro the holy londe, and also the kynge of Hungry wyl be here to morowe for to wedde me accordynge to my faders promyse; 19 and yf my love come not atte a certayne houre, than am I utterly dysceyved of the inwarde

---

9 of m. for   10 domoysell   15 hushonde

love of hym. » 20 Whan the daye came, that kynge arayed hym towarde the emperour with a grete company to wedde his doughter, and was ryally bysene and arayed in purple. 21 And whyle the kynge was rydynge upon his waye, there came a knyght sodenly rydynge by hym, 22 to whome the [kynge] sayd thus : « Dere frende, whens art thou and whens cometh thou ? » 23 The knyght answered and sayd : « I am of th'empyre of Rome, and now am come late fro the holy londe, and am redy to do you servyce suche as I can. » 24 And as they rode talkynge on the waye, it began to rayne so fast that all the kynges araye was almoost loste. 25 Than sayd the knyght : « My lorde, » quod he, « ye have done folysshly, for as moche that ye broughte not with you your house. » 26 Than sayd the kynge : « How speketh thou so? Myn house is large and brode and made of stones and morter; how sholde I than bere with me my house? Thou spekest to me lyke a fole. » 28 Whan this was sayd, they rode ferther tyl they came to a grete water and a depe. The kynge smote his horse with his spors and lepte in to the water, soo that he was almoost drowned. Whan the knyght sawe this and was over on that other syde of the water without peryll, 29 he sayd to the kynge : « Ye were in peryll, and therfore ye dyde folysshely bycause that ye brought not with you youre brydge. » 30 Than sayd the kynge : « Thou spekest mervaylously ! My brydge is made of lyme and stone and conteyneth in quantyte more than halfe a myle; how sholde I than bere with me my brydge? Ther fore thou spekest folysshly. » 31 « Wel », sayd the knyght, « my folysshenesse may torne the to wysdome. » 32 Whan the kynge had ryden a lytell ferther, he axed of the knyght what tyme of the daye it was. 33 Than sayd the knyght : « Yf ony man have luste to ete, it is tyme of the daye to ete, and therfore, my reverent lorde, I praye you to take a soppe with me ; for that is no dysworshyp to you, but grete honoure to me before the states of this empyre. » 34 Than sayd the kynge : « I wyll gladly ete with the. » They sate bothe doune in a vyne gardeyne, and all that were with the kynge and with the knyght dyned. 35

20 basene   30 sepkest   33 ha = *(à la fin d'une ligne)*

And whan the dyner was ended and the kynge had wasshen, the knyght sayd to the kynge : « My lorde, » quod he, « ye have done folysshely, for that ye ledde not with you your fader and your moder. » 36 Than sayd the kynge : « What sayst thou ? My fader is deed and my moder is olde and may not travayle ; how sholde I than brynge them with me ? Therfore to the I saye the trouth : a folyssher man than thou art sawe I never ! » 37 Than sayd the knyght : « Every werke is praysed at the ende. » 38 Whan the kynge had ryden a lytell ferther and was nyhande th'emperours palays, the knyght axed leve to goo frome hym for this cause : he knewe a nerer waye to the palays to the yonge lady, that he myght come fyrste and lede her with hym. 39 Than sayd the kynge ? « I praye the, syr, tell me : by what place purposest thou to ryde ? » 40 Than sayd the knyght : « I shall tell you trouth : this daye seven yere I lefte a nette in a place, and now I purpose to vysyte it and drawe it to me, and yf it be broken, I wyll leve it, and yf it be hole, than wyl I take it to me and kepe it as a precyous jewel. » 41 And whan he had sayd what hym lyst, he toke his leve of the kynge and rode forth, and the kynge kepte the kynges hye waye. 42 Whan th'emperoure herde of the kynges comynge, he wente ayenst hym with a grete company and worshypfully receyved hym, 43 and lete doo of his wete clothes and arayed hym agayne with newe clothes. 44 And whan the emperour and the kynge were sette to mete, the emperour dyde hym all the chere and solace that he coude. And whan they had dyned, the emperour axed tydynges of the kynge. 45 « My lorde », sayd he, « I shall tell you what I herde this daye by the waye. There came a knyght to me and reverently salued me, 46 and anone after that there came a grete rayne and confounded gretely my clothynge, and anone the knyght sayd : Syr, thou hast done folysshely, for soo moche thou brought not with the thyne house. » 47 Than sayd th'emperour : « What clothynge had that knyght on hym ? » « A cloke, » quod the kynge. 48 Than sayd th'emperour : « Forsoth, that was a wyse man ; for the house wherof he spake was a cloke, and therfore

37 werkes 44 of ye kynge

he sayd to you tha tye dyde folysshely by cause ye came without your cloke. For, yf ye had brought with you a cloke, than had your clothes [not] ben defoyled with the rayne. » 49 Than sayd the kynge : « Whan we had ryden a lytel ferther, we came unto a depe water. I smote my hors with the spors and almoost I was drowned, and he rode on the other syde of the water and founde no peryll. And than sayd he to me : Ye have done folysshly, for soo moche that ye ledde not with you youre brydge. » 51 « Forsoth, » sayd the emperour, « he sayd trouth, for he called the brydge youre squyres whiche sholde have ryden before and assayed the depnesse of the water. » 52 Than sayd the kynge : « We rode ferther more, and atte the laste he prayed me to dyne with hym, and whan we had dyned, he sayd I dyde unwesely, for I ledde not with me my fader and my moder. » 53 « Sothly, » sayd the emperour, « he was a wyse man and sayd trouth ; for he called your fader and your moder brede and wyne and other vytayles. » 54 Than sayd the kynge : « We rode ferthermore, and anone after he asked me leve to go fro me, and I asked dylygently whether he wente. And he answered agayne and sayd under this fourme : This daye seven yere, sayd he, lefte I a precyous nette in a prevy place, and nowe I wyll ryde and vysyte it, and yf it be broken or totorne, than wyl I leve it, and yf it be hole as I lefte it, than shal it be to me ryght precyous, and I shall bere it with me. » 55 Whan the emperour herde this, he cryed with a lowde voyce and sayd : « O ye, my knyghtes and my servauntes, goo ye lyghtly unto my doughters chamber, for sothely that is the nette where of the knyght spake. » 56 And anone his knyghtes and his servauntes wente unto his doughters chamber and founde her not : the forsayd knyght had take her with hym. 57 And thus the kynge was dysceyved of the damoysell, and he wente home agayne to his owne countree confounded.

58 Dere frendes, this emperoure is our blyssed lorde Jhesus Cryste. 59 And this fayre doughter is everlastynge lyfe, the whiche that the emperoure hadde ordeyned for kynges, knyghtes and for men. 60 The knyght that loved

60 unto to suche

this yonge lady is every good Crysten soule, whiche holdeth hym selfe not worthy to come in the syght of god unto suche joye. As the appostle sayth : *Non est condigne passionis hujus temporis ad futuram gloriam* « The be not soo worthy of sufferynge to come unto the glorye that is to come. » 61 This knyght wente seven yere on pylgrymage, lyke as a good Crysten man all the dayes of his lyfe sholde laboure in fulfillynge the seven werkes of mercy. 62 By this kynge that cometh withoute cloke in the rayne is to understande the myghty men of this worlde, as justyces, mayres and balyes, whiche had no clokes to cover al their other clothes. 63 By this cloke is understande charyte, the whiche, as the appostle sayth : *Caritas cooperit multitudinem peccatorum* « Charyte coverth all our synnes. » But many men have not this cloke, wher fore they be wete in the rayne of pryde, avaryce and lechery. 64 This kynge was also almoost drowned, for by cause he lacked his brydge, that is to saye parfyte fayth. For we see dayly that there may no man passe over a grete water brode and horryble depe without a brydge or somme other thynge that is able for to bere hym. Ryght so without fayth it is impossyble for to please god, and thus may no man be saved withoute fayth whan they sette theyr lyfe in worldely joye or wordely help more than in the helpe of almyghty god whiche is myghty for to do all thynges. 65 Wherfore he sayth himselfe thus : *Salvator si habueritis fidem sicut granum sinapis poteritis* et cetera « Yf ye have fayth as the grayne of mustarde, than maye ye saye unto the hylles : Goo thou forth, and it shall goo. » But many of us now a dayes hath to over feble a fayth, and therfore they shall sodanly falle in the claye of desperacyon, and by deedly synne often tymes they offende god. 66 Also this kynge had not brought with hym his fader and his moder. By the father, whiche is cause of governacyon, is understande humylyte, without whome there is noo vertue in no man. And therto accordeth saynt Gregory saynge thus : *Si quis ceteris virtutes sine humilitate congregat* et cete « He that gadereth al other vertues without humylyte is lyke a man that casteth duste in

61 fulfilynge   62 undestande

the wynde.» 67 His moder betokeneth hope; 68 therfore he that wyll opteyne ever lastynge lyfe hym behoveth to have the cloke of charyte, brydge of fayth, a fader of mekenesse and a moder of hope, 67 as the appostle sayth : *Spe salvi facti sumus.* 69 Also this knyght wente the strayte pathe waye and the kynge the brode waye, for he that wyll be saved behoveth to goo a strayte waye, that is to saye the waye of fastynge, almes dedes, chastyte, and penaunce, of the whiche waye speketh the appostle : *Stricta est via que ducit ad vitam eternam* « The way is strayte that ledeth to everlastynge lyfe. » But many men gone that other waye whiche ledeth to helle, that is to saye by the waye of flesshely luste, and suche men gone out of the waye of everlastynge lyfe, but suche men be deceyved thrughe the waye. 70 Therfore study we to walke that waye wherby we may opteyne everlastynge lyfe! Amen.

B

VERSION HERODES

A *à Innsbruck 310 p. 73 b, Œsterley p. 750, écrit en 1342. M. von Hörmann, bibliothécaire, et M. le Dr Oswald Zingerle ont bien voulu me procurer une copie collationnée.*

B *à Munich lat. 18786 f. 85, N. 142, écrit en 1419. Je dois une collation au savant Wilhelm Meyer.*

C *ib. lat. 5865 f. 493°, N. 15, écrit en 1411.*

D *ib. lat. 26623 (jadis à Ratisbonne 47) f. lxxx^v, N. 61, xve siècle.*

Œ *texte de l'édition de M. Œsterley, Gesta Romanorum p. 597, N. 193.*

J'allègue toutes les variantes de A, B, Œ et celles de C et D pour tous les passages où A, B, Œ en fournissent. C change souvent, D abrège souvent le texte. La version B se base sur un manuscrit de la version A où le § 15 ne faisait pas défaut et qui appartenait par conséquent à la classe b 1 b 2 b 3.

1 Herodes regnavit qui filiam pulchram habebat, quam miro modo dilexit. 2 Quam unus miles de suis intime dilexit, sed hoc ostendere non audebat. 3 Quodam die vidit eam solam, venit ad eam et dixit : « O bona puella, si tibi non displiceret, tibi proferrem aliqua. » Que ait : « Dic, que tibi placeant per omnia. » Qui ait : « Miro modo te diligo, si ad hoc essem dignus. » 4 At illa : « Sine dubio non est creatura sub celo quam magis diligam quam te. » 5 Qui ait : « Dicam tibi propositum meum : ad Terram Sanctam propono accedere. 6 Si non venero ad te hodie per septem annos, quemcunque maritum velis accipere accipias; sed fidem meam tibi do, quod, si per tantum tempus exspectare volueris, medio tempore me ab omni pollucione tenebo, donec ad te rediero. » 7. At illa : « Ecce fides mea in manu tua, quod ab hodie per septem annos virginitatem meam custodiam pro tuo amore, et si ista die finitis septem annis non veneris, quilibet nostrum a juramento sit solutus. » 8 Ait miles : « Omnia ista adimplebo. » Osculatus est puellam et perrexit ad Terram Sanctam. 9 Cito post hec venit rex Ampullie ad palacium imperatoris, ut filiam suam in uxorem duceret. 11 Placuit imperatori. Statim ei consensit, 12 vocavitque filiam et ait : « O bona filia, tibi de marito providi, scilicet de rege Ampullie. » 13 Que ait : « O domine, miserere mei ! Votum Deo feci ut pro Christi amore septem annis virginitatem meam custodiam, et ideo finitis septem annis, quod Deo placuerit, hoc faciam. » 15 Imperator cum hoc audisset, votum ejus nolebat infringere, 16 sed omnia regi retulit et quod in fine septem annorum veniret et filiam suam in uxorem duceret. Rex vero cum audisset, ei placuit. Imperatori vale fecit et ad regnum suum perrexit. 17 Cum autem septem anni finiti fuissent, et

---

2 ostendere *B aj.* ei   3 *Œ* placent, *C D manque*   4 *D Œ* diligo   7 *A D* At, *B Œ* Et, *C* Ait.   8 *Œ* illa   9 *C D Œ* hoc; *Œ* Apullie   11 *Œ* et statim, *C* et ipse; *Œ* consentit, *C manque*   12 *Œ* Apullie, *C manque*   13 *Œ* dei ; amore *A aj.* ut; *C Œ* meam *manque*   17 *Œ* essent, *C manque*

dies que erat assignata inter militem et puellam adesset, 20 rex eodem die cum maximo apparatu versus palacium equitabat. 21 Cum autem sic equitasset, miles de Terra Sancta venit et eodem die in eadem via equitavit usque pervenit ad regem. 20 Rex vero totaliter purpura et pallio erat indutus, miles vero cappucio et clamide. 22 Cum autem rex ad eum venisset et eum vidisset, quesivit ab eo unde veniret. 23 At ille : « De Terra Sancta venio. » 24 Cum vero sic simul equitarent, cecidit pluvia in magna copia, ita quod rex totaliter erat madefactus. 25 Miles vero ait ei : « Domine, magna stulticia est, quod domum vestram vobiscum non portastis; si jam domum vestram haberetis, non fuissetis madefactus. » 26 Ait ille : « Ut michi videtur, stultus es. Domus mea est lapidea ; quomodo ergo illam portare mecum possum? » 28 Cum vero ulterius processissent, venerunt ad locum lutosum ac profundum. Rex usque ad ventrem equi intravit, miles vero in circuitu equitavit et sic nec se ipsum nec equum violavit. 29 Et ait regi : « Domine, si sapienter fecisses, pontem tuum tecum duxisses, et sic corpus tuum nec equus essent fedati. » 30 Ait ille : « Quomodo loqueris? Pons meus est lapideus et bene continet dimidium miliare in longitudine ; quomodo ergo potui illum mecum ducere? Michi videtur quod sis stultus. » 31 At ille : « Domine, possibile est. » 32 Cum vero circa prandium equitassent, 33 ait miles regi : « Domine, si placet, ostendatis michi illum honorem, et panem et vinum mecum sumite ; quia tempus est comedendi. 34 At ille : « Placet michi. » In campo sedebant et cibum sumpserunt. 35 Finito prandio rex gracias militi reddidit, quia satis splendide ei ministravit. Ait ei miles : « Semper per viam patrem et matrem deberetis habere vobiscum. » 36 At ille : « Quomodo loqueris? Pater meus mortuus est et mater mea bene 60 annos habet in etate ; quomodo ergo possem eos per viam mecum ducere? Stultus es ! » 37 At ille : « Domine, possibile est. » 38

21 usque] *Œ aj.* dum, *D aj.* quo, *C manque*   20 *A D* pallo, *B* bysso, *C manque*, *Œ* pallio   26 est] *Œ aj.* tota ; *C Œ* possem   28 *A B C* Imperator ; *B Œ* maculavit, *C* poluit   29 *Œ* portasses ; *A D le premier nec manque*   30 *A* illi, *C* isti, *D* iste   32 *Œ* equitasset   33 *C Œ* illum *manque*   35 *Œ* Et finito ; *Œ* grates   36 *B Œ* mortuus est *manque*, *A* est mortuus ; *Œ* habent ; *B Œ* possum

Cum vero miles prope palacium esset, licenciam a rege accepit, quia per viam propinquiorem accedere volebat. 39 At ille : « Dic michi, karissime, per quam viam ascendere velis et ubi intendis pergere. » 40 Qui ait : « Domine, per istam viam asscendere volo. Sed quando dicis ubi intendam pergere, tibi veritatem demonstrabo. Hodie sunt septem anni quod rethe quoddam in quodam loco dimisi. Ad illum locum pergo : si inveniam rethe totaliter sanum et non fractum, rethe mecum accipiam et erit michi predilectum ; si fuerit vero in aliqua parte fractum, ibidem dimittam et recedam et nunquam post hec illud visitabo. » 41 Hiis dictis caput regi inclinavit et per quandam semitam equitavit, et per diem naturalem occulte ad palacium venit et puellam filiam regis secum duxit. Rex vero die secunda ad palacium venit. 42 Imperator vero eum satis honorifice recepit. 44 Cum autem ambo in mensa sederent, 45 ait rex imperatori : « Domine, narrabo tibi mirabilia, que heri audivi in via. 46 Miles quidam venit de Terra Sancta et mecum equitabat. In quantitate magna cecidit pluvia. Miles ille dixit quod stultus essem quod domum meam mecum non portaverim, et respondi quod domus mea esset lapidea et ideo non possem eam mecum ducere. » 47 Ait imperator : « Qualia vestimenta habebat ille miles ? » At ille : « Pallium cum cappucio. » 48 Ait imperator : « Certe sapiens erat ; de domo tali loquebatur ipse : si mantellum vel collobium habuisses, vestimenta tua madefacta non fuissent. » 49 Ait rex : « Deinde cum equitavimus per quendam locum profundum et lutosum, ita quod equus meus usque ad ventrem in luto ambulavit, hoc videns miles ait : Magna stulticia erat vobis quod pontem vestrum vobiscum non portastis. Ego respondi quod pons meus haberet bene dimidium miliare in longitudine ; quomodo ergo illum

38 *C D Œ* recepit; *Œ* propriorem   40 *Œ* illam, *C D manque*; *Œ* sed si fuerit, *C* quod si fuerit; *B C Œ* vero *manque*; *A* hec illud, *Œ* hoc, *B* ho illud, *C* ipsum (post *manque*)   41 *Œ* filiam *manque*; *C* puellam *manque*; *Œ* abduxit   45 *Œ* vobis   46 *Œ* aj. ad me; Miles ille] *B* Mille ille, *Œ* Miles, *D* iste miles, *C manque*; *C Œ* portassem, *C* portaui   47 *B Œ* miles *manque*   48 *Œ*. Ipse si, *C* ipse nam si, *D* Si; *Œ* collabium   49 *A* fere, *C D manque*   *B C* possum, *D manque*

possem ducere ? » 50 Ait imperator : « Quid fecit tunc miles? » Ait rex : « Equitabat in circuitu sine aliquo impedimento. » 51 At ille : « Sapienter fecerat : unde tibi dixit quia prius armigeri tui debuissent locum attemptasse et sic pontem, id est locum, si necesse esset, preparare, ante quam transires in propria persona. » 52 Ait rex : « Deinde equitavimus usque ad horam prandii et ipse me instanter rogavit ut secum cibum sumerem, quod et feci. Finito prandio dixit michi quod stulte agerem quod sine patre et matre per viam equitarem. » 53 Ait imperator : « O sapiens erat ille miles ; ipse sapienter tibi dixit : patrem et matrem vocavit panem et vinum et alia necessaria que in via habere deberes, sicut ipse fecit. » 54 Ait rex : « Audi, domine, aliud mirabile. Quando de me recedere volebat, satis humiliter licenciam recedendi quesivit, unde ab eo quesivi quo proponeret ire ; respondit michi in hec verba : Hodie sunt septem anni quod unum rethe dimisi in quodam loco ; vadam et videbo si rethe integrum et non fractum nec divisum, et si sic, erit michi predilectum ; si vero piscem accepit vel est fractum in aliqua parte, in eodem loco illud dimittam et recedam. » 55 Imperator cum hoc audisset, alta voce clamabat : « Heu michi ! rethe illud est filia mea predilecta. Intra et vide quid faciat et ut ad me veniat ! » 56 Servi qui ante imperatorem stabant, cameram puellae intrabant et eam minime invenerunt, quia die preterita cum milite recesserat. Servi domino imperatori nunciabant. Ait imperator regi : « Ecce, rex, miles ille decepit me et te ; quere ergo tibi aliam uxorem, quia de ea defraudatus es. » 57 Rex vero tristis recessit. Miles vero eam in uxorem duxit et ambo in bona pace vixerunt.

58 *Reductio.* Karissimi, iste imperator est pater celestis, 59 qui istam unicam filiam habet, id est animam ad ejus similitudinem creatam, que est pulcra ac graciosa, per baptizmum lota.

51 Œ foret, C D *manque* ; C D Œ preparasse 52 Œ Et finito, C Et in fine (*suit* prandii) 53 B *aj.* quam ; B Œ uinum et panem 54 domine A *aj.* rex, D *manque* ; Œ hac ; integrum] A *aj.* sit, C *aj.* fuerit, D *manque* ; est] Œ et, C nec, D *manque* 55 Œ clamauit 56 Œ de *manque*, C D *manque* ; B illa, C D *manque* 58 B C Reductio *manque*, D Moralitas 59 Œ illam, C D *manque* ; B Œ generosa, D *manque*

60 Miles iste qui eam diligit est dominus noster Ihesus Christus, qui animam mundam desponsare intendit. Osee 2° : *Desponsabo eam michi in fide.* Anima dedit fidem Christo in baptizmo quando dixit : *Abrenuncio dyabolo et omnibus pompis ejus.* 61 Unde miles dominus noster Ihesus Christus convenit nobiscum ut ei fideles simus per septem annos, id est quamdiu simus in hoc mortali corpore, quousque ipse veniat de Terra Sancta, id est de celo in die judicii; et si integri fuerimus, scilicet per peccatum non divisi, ducet nos ad eternum gaudium. 62 Rex vero, qui interim venit ut filiam imperatoris habeat, est dyabolus, qui toto conamine laborat ut animam in matrimonio suo habeat. 63 Quid facit? Induit se purpura et pallio, hoc est, illam angelicam naturam habebat splendidam ac excellentem. Sed venit pluvia superbie et omnia vestimenta, id est dignitatem excellencie, confundebat et eum in infernum retrusit. Et quare hoc? Quia non habebat pallium cum capella. Pallium istud, quod operit totum corpus, designat caritatem, sicut dicit apostolus : *Caritas operit multitudinem peccatorum.* Capella, que caput tegit, signat firmam fidem in Deum. Istis duobus carebat dyabolus et ideo cecidit. Si ergo nos volumus gloriari in Christo, oportet nos ista duo habere, scilicet pallium caritatis et cappucium fidei, quia sine fide impossibile est salvari. 63 Deinde equitabat in lutum et c. Sic dyabolus ab illo tempore quo cecidit semper in luto peccati ambulabat. Non sic miles, dominus noster Ihesus Christus, et ideo, si vis te a luto peccati salvare, habeas pontem firmum, id est spem, 65 de qua spe dicit apostolus : *Spe salvi facti sumus.* Spe tocius bonitatis caret dyabolus. 66 Deinde miles habebat panem et vinum et c. Sic dominus noster Ihesus Christus habebat amorem integrum ad patrem suum et ad totam curiam celestem; hoc non

60 *B C* 2°] *A* 7°, *Œ* 11, *D manque*; *Œ* michi eam, *D manque*; *A C* in fide *manque*, *D manque*   61 *C Œ* Ihesus Christus *manque*, *D manque*; *B Œ* q. sumus; *Œ* de celo *manque*; scilicet] *A B D manque*, *C* et; *B* ducit   62 *Œ* interius   63 *Œ* te; *A B D* pallo, *Œ* pallio, *C manque*; naturam] *A aj. en marge* quam; ac] *Œ* et, *C D manque*; *B* capucia, *Œ* capucio, *C D manque*; *Œ* illud, *C D manque* *B* capucia quae, *Œ* capucium quod, *C D manque*   65 *Œ* spe dicit *manque*, *C D manque*   66 *Œ* angelus curavit,

obstante tantum hominem dilexit, quod de celis descendit et
carnem nostram assumpsit, immo panem et vinum de cor-
pore suo nobis ministravit. Regem invitavit, quando angelos
creavit et de gaudio suo communicavit. Tamen Lucifer splen-
didior erat ingratus, quando Deo similis esse volebat, et ideo
cecidit. Si ergo intendimus Deo placere, debemus secum
communicare in pane et vino, id est in carne et sanguine.
69 Deinde debemus pergere sicut miles per semitam et non
per viam publicam, id est per penitenciam ambulare debe-
mus et non per peccata, sicut scriptum est : *Stricta est via
que ducit ad vitam, lata que ducit ad infernum*, et sic rethe
bone vite invenire et per consequens ad gaudium eternum
pervenire.

C D manque; Tamen] Œ Cum, *C D manque*; Œ sanctior, *C D
manque* 69 *B* Œ strata; *B* ad *manque*; *A aj.* Ad quod et c.,
C D manque.

TRADUCTION ALLEMANDE

DE LA VERSION HERODES

L'exemplaire de l'édition d'Augsbourg de 1489, dont je me sers, appartient à la bibliothèque de Göttingen. Je remplace ŭ, ŏ, ă, ŭ, ß par ue, oe, ae, uo, f'.

[*f. lxvii*ᵃ]

Von dem ritter der fo gar wunderlicher rede pflag gen [1] dem keifer.

1 Herodes was gewaltig zuo Rom und het gar ein fchoene tochter, die im aufermaffen gar lieb was. 2 Unnd der dienet ein ritter vil unnd lange czeit. Das verftuonde nun dye junckfraw wol, 3 unnd do der ritter das vernam, do gienge er eines tages zuo ir und fprach : « Edle junckfraw, woellend ir mir mein rede nicht in übel auffnemen, ich faget euch eyn klein ding meiner not, die ich nun nicht mer allein getragen mag. » Die junckfraw fprach : « Sagt was ir woelt on alle forg ! » Do fprach der ritter : « Ich habe lange zeit ein laid tugentlichen getragen, das wil ich ewch nun zewiffen thuon : wann mein [*b*] begirde waer die daz mir treu mit genad golten wurde die ich euch lanng nach getragen habe; 5 und waer alfo mein fyn unnd muot : « Ich wolt gen Jafpin reiten

---

1. *Dans la table* pflage gegen.

unnd wolt meinem leib und meinem guot defter würfer
thuon, darmit ich mit frümkeit verdient das ich defter
würdiger wurde des ich von arte zefchwach bin. 6 Und
waer das ich des von euch gefichert wurde, das ir in mei-
nem dienft fiben jare auf mich waerent warten, und ich in
der zeit nicht zuo land kaeme, das waere ein zaichen meines
todes, und darnach fo tuond nach eurem gefallen, fo die
zeit verfchinen ift. » 7 Die rede geviel der junckfrawen auf
ermaffen wol und was feyn begirde willig czuo volfueren
und verfprach im das mit ganczen trewen. 8 Darnach nicht
über lange zeit beraitet und fchicket fich der riter darczuo
und fuor fein ftraf als er im dann fürgenummen hette.
9 Nicht lang darnach do der ritter hin was gezogen, da kam
der künig von Büllen mit einem groffen volck und bate
umb die junckfrawen, das fy im vermaehelt unnd gegeben
wurde. 11 Des waz der junckfra[c]wen vater willig und
fandt nach der tochter unnd fraget die ires willens. Die
fprache : « Mein vater, du folt wiffen das ich got dem her-
ren gelobt habe in fiben jaren keynen man zuo nemen, und
darnach nach der zeit, was got der herr mit mir mainet, das
gefchehe nach feinem willen. » 15 Do das der vater vernam,
der wolte das nicht widerreden und fagt das dem künig von
Büllen zuo. Der was willig die fiben jar auff die junckfrauen
zuo wartten und fchied mit dem gedinge von dannen. 17
Und do die zeit kam das die fiben jare fchier ein ende het-
ten, da fchickt fich der künig von Büllen wider mit aller
notturfft reychlichen auff die farte unnd fuor feyn ftraffe
den weg hin gen Rom. 21 Nun kame der ritter von gefchicht
an der farte czuo dem künig, und riten alfo miteinander.
Nun kam es eines tages das es gar vaft und fere regnen
ward; 20 do hete der ritter einen guoten mantel an, auch
eynen guoten huote auff, aber der künig hete weder man-
tel noch huot. 25 Da daz der ritter erfahe, do fprach er zuo
dem künig : « Ir find nicht witzig noch weif gewefen das ir
eur hauf mit [d] euch nicht gefuert habendt : fo wurdent ir
nit naf's. » 26 Do das der künig hort, den gedaucht die
rede wunderlich unnd fprach : « Ich hoer wol das du fo
torlich redeft, wann mein hauf wol als grof ift das ich feyn
mit mir nit gefueren kan noch mag. » 28 Und riten alfo
fürbas und kament an ein groffe lachen. Do rite der künig

vor hin durch, und do er darein kame, do was die lachen
so tieff daz das pferde mit im dar nyder gienge, und besorget
sich gar hart er muest darinnen beleyben von |nott wegen.
Do das der ritter sahe, der rite umb die lachen gar trucken
29 und sprach czuo dem künig : « Ir habt unweiss'lichen
gethan das ir euer pruggen nicht mit euch her gefuert
habend : so hettend ir euch nicht besorget. » 30 Die red
gedaucht den künig aber unnücz und spotlich sein, unnd
sprach zuo dem ritter : « Du bist ein thor und wilt mich
vast aeffen ! Wie moecht ich mein prucken mit mir gefue-
ren ? Wann die ist wol einer halben meil weg lanck und ist
gemauret. » 31 Yedoch liess' es der ritter aber unverantwur-
tet. 32 Unnd riten verrer miteinander. Do kunden sy zuo
keinem hauss' kummen [*f. lxviii^a*] da sy ettwas doch geessen he-
ten. 33 Do bate der ritter den künig zehauss', 34 unnd saczten
sich nider. Do gab der ritter dem künig kaess' und brot, das
het er in einem auser oder kernir mit im gefuert, und gabe
im auch zetrincken auss' einer fleschen. 35 Und do der künig
nun gnuog getruncken und geessen hete, do sprach der rit-
ter zuo dem künig : « Ir thuond gar unweiss'lichen das ir
vater und muoter nicht mit ewch fuerent. » 36 Do sprach
aber der künig : « Mein vatter ist als allte das ich in vor
altter niendert pringen kane, so ist mein muoter vor langer
zeit tot, davon ich ir mit mir auch nit gefueren mag. » 38
Unnd in der zeit kamen sy zuo der stat Rom. Do name der
ritter urlaube von dem künig. 39 Do fraget in der künig
wahin er doch muot oder sin het. 40 Da sprach er : « Ich
hab ein necz gelegt, das ist nun siben jar ; vind ich das als
ich es liess', so fuer ichs mit mir heim und wirt mir lieb für
alle ding; ist es aber das es zerrissen ist, so lass' ich es doert
und acht sein nicht. » 41 Nach der rede rite der künig in
die stat, und da in der ritter nicht mer gesehen mocht, do
rite er auch [*b*] hinnach und kame heimlich in den sale zuo
der junckfrauen und fuort sy von dannen. 44 Nun kam es,
do der künig von Büllen bei dem keiser Herodes ob dem
tisch sasse, do huob der künig an und saget, er het einen
wunderlichen ritter zuo einem gefertten gehabt, der so gar
seltsamer rede gepflegen het, und saget im da alle ding so
er gesprochen het da es so ser geregnet hete : er waere nicht
weiss' gewesen das er sein hauss' nicht mit im gefuert hete, so

waere er nicht fo nafs worden. Zuo dem hete er geantwurt
und gefprochen, fein hauf' waere wol fo grof' das er fein über
lannde nicht gefueren moechte. 47 Do fraget der keyfer was
er angehebt hete. Do fprache der künig, er het einen mantel
an und einen huot auff dem haubt. 48 Do fprach der keifer :
« Sicher er ift weif' gewefen, wann er mainet warumb ir
nitt auch ain mantel und ein huot hetend gefuert als er. »
49 Do fagt er dem keifer weiter wie der riter gefprochen
het, er waer nicht wiczig das er fein pruggen nitt auf'gefuert
hete, fo waer er dez überig gewefen das er fich nit alfo in
die lachen gevelt hete. [c] 51 Des verantwurt im aber der
keifer und fprach : « Der ritter hat damit gemaint warumbe
ir euer diener nicht fürgefchicket habt, fo hettendt ir ewch
nicht gevellt. » 52 Do fagt der künig aber dem keyfer von
dem ritter und fprach, wie er, nach dem und fy miteinander
geeffen und getruncken hetten, gefprochen het er taet
unweiflichen das er nit alweg vater unnd muoter mit im
fueret wa er hin rit. 53 « Das bedeüt », fprach der keifer,
« das er damit gemainet hat das ir nicht aufkummen foelt
ir foelt allweg wein unnd brot mit euch fueren als der ritter
getan hat. » Und der kaifer lobet den ritter gar fer umb
fein weifheit und fraget den künig wa er in gelaffen hete.
54 Do faget im der küng er hete zuo nechft vor der ftatt
urlaub von im genummen mit foelichen wortten : fein waere
wol fiben jar das er ein necze gelegt hete; nun woelt er
reyten, unnd funde er das als er es gelaffen het, fo woelte er es
mit im heim fueren, aber waer es zerriffen unnd zerprochen,
fo lief' er es doert unnd achtet fein nicht. 55 Do das der
keyfer hort unnd vernam, do fchry er mit lautter ftym :
« Wee mir [d] meines groffen herczen laids! Das necz ift
mein liebe tochter. Ich fürcht und beforg fy feye verloren
unnd er hab fy mit im hin. » Unnd lief' dye diener bald
befehen in dem fal ob fy darinn waere oder nicht. 56 Das
teten die diener und befahen und funden ir nicht. Das fagten
fy dem keifer, fy kunden ir nicht vinden. Do fchuoff der
keyfer das man ir nach foelt eylen. Das gefchahe auch,
aber fy warde nicht gefunden noch ereylete, wann fy vor
langer zeyt mit dem ritter von dannen was. Do die boten
kament unnd fageten das dem keifer, do fprach er zuo dem
künig : « Fürwar difer ritter hat mich und euch betrogen.

Davon so besecht euch 'nun umb ein ander weybe. » 57 Do name der künig urlaube von dem keiser und schied also trauriger von dannen, und die junckfraw behuob den ritter mit guotem fride.

GAISTLICHEN

58. Bey dem keyser Herodes vorgenannt soellen wir geystlichen versteen got den vater in der ewigkeit. 59 Der hat ein schoene tochter, das ist die sele [*f. lxix*ª] des menschen; die ist so schoen, lautter und clar unnd gepildet nach got dem herren. 60. Und bey dem ritter soellen wir versteen den sun gotes, der wolte die junckfrawen liebhaben, das ist die sele, und gemaehelt sich der allein; als man geschriben vindet in dem propheten Osee so er spricht: *Desponsabo michi eam* et c. Die rede hatt der prophet gethan auf dem einsprechen des heiligen geystes: Ich wil die sel meins herczen traute Haben zuo einem gemahel und praute. Wann die sel hat sich mit Cristo dem herren verainet in dem heiligen tauff und hat im sein trew da versprochen und gegeben, also dann ein yegklicher priester spricht so er ein kinde tauffen ist: *Sathane abrenuncio*. Daz spricht zuo Teütsch also: Ich widersage dem teüfel und allen seinen wercken, und will allein Cristo dem herren dienen und im nachvolgen. 61 Cristus, der rain und edel ritter, der ist nun mit uns kummen über ain das wir im halten soellen was wir im versprochen haben hie auf disem erdtrich in ganczen treüwen, das ist ein rain lautter leben in guotem sitten und wandel, in guoten, tugentreychen wer[b]cken, bis das er zuo uns kummet von dem heyligen grabe herwider als er uns versprochen hatt, das ist so er kummet zuo dem letsten gericht an dem jungsten tag her in dis jamertal, und ist er uns dann vinden gantz rain und lauter on alle mackel und beklaidet mit guoten tugenden unczerrissen mit der sünden missetat. 62 In der selben zeit und weil so der künig zuo dem keiser reyt das er im die tochter vermaehelt. Bei dem künig soelen wir versteen den teüfel mit seinen boesen listen, der sich zuo aller zeit und stund fleisset mit manigerlei bos'heit, die er kan, wie er die

fel moecht überkummen zuo einem weib. 63 Er laſt ſich
ſehen in biſſo und purpur und in engeliſchem ſchein und
maint das im niemand gleich waer. Zehand begoſ' in der re-
gen, das iſt die hoffart, und vernichtet im ſeine ſchoene klai-
der das er warde verſtoſſen in der helle. Wann het er gehabt
die klaider der demuotikeit als huot und den mantel guot,
ſo hett er ſich behuet wol vor dem ſchedlichen regen das er
nicht naſ's waer worden. Bei dem mantel ſoelen wir verſteen
die goetlich innprinſtige liebe. Gleich als der mantel und der
[c] huot iſt bedecken den menſchen ſeinen leib das im kein
wind oder regen geſchaden müg, alſo zegleicherweiſ tuot die
goetlich liebe, die verpürgt oder bedeckt mit weyſen ſinnen
des menſchen übel und miſſetaten, als davon ſchreybt Pau-
lus der zwelfpot : *Caritas operit multitudinem peccatorum.*
Das ſpricht : Dem menſchen kompt zuo aller zeit die goet-
lich lieb die iſt im dann hinſchieben die unrainen ſünde. Bei
der kappen oder huot iſt unſ' bedeütet der Criſtenlich glaub,
den ſoellen wir veſtigklich haben zuo got dem vater in der
ewikeit. Wann als die kappe oder huot iſt bedecken das
haubt dez menſchen das ob allen glideren das hoechſt iſt,
alſo iſt auch der Criſtenlich gelaube über alle werck und
beſchleuſt die genczlichen. Darvon ſchreybt Sanr Pauls der
zwelfpot ſunderbar und ſpricht : *Sine fide impoſſibile eſt pla-
cere Deo* et c. On den heiligen Criſtenlichen glauben mag
kein menſch got dem vatter wolgevellig werden hie auff di-
ſem erdtreych, und iſt auch unmiglichen das ein menſch
umb alle ſein guotheit on den behallten werde. Wann ſo
wir den gelauben nit [d] haben ſo ſind alle unſere wercke tod
vor got dem herren. Die zwai klaider mueſſen wir haben,
woellen wir anders eingeen in das reich der himeln : daz
erſte das iſt den mantel goetlicher liebe, ob ſich der menſch
darinn laſt vinden; das ander claide iſt der huot oder kap-
pen, das iſt Criſtenlicher glaub; ſo er den hat, dann ſo hat
er ſich zuo gott verpflichtet. 64 Bey dem künig der weder
den mantel noch den huot het iſt zuoverſteen der teüfel.
Der rite in dye unſauberen pfitzen oder lachen unnd emp-
fieng darinn vil kotes und mail. Das iſt : do der teüfel viel
zuo tale in der helle grundt, zuo der ſelben ſtund und zeit
als er vom himel vertriben ward und iſt ſeidher in dem kot
gelegen und muoſ' da ligen ewigklich. Menſch, wiltdu dich

aber davor bewaren, daz ift vor dem kot der fünde, fo fchawe das dir die prugk werde czuo tail unnd habe veften gedingen zuo der barmherczikeit gotes. Der geding ift die pruck die ein erloefung ift der fel dez menfchen, und der geding foll auch fein ftaet und veft, fo hilft er uns zuo got dem herren. 67 Als Sant Pauls der zwelffpot fpricht: *Sepe falvi facti fumus.* [*f. lxxª*] Das fpricht: Der geding tuot uns fchein das wir behalten feyen. 66 Darnach der hochmuetig ritter tailet umb fein wein und brot in rechter liebe und freündtfchafft, und do warde er tailhafft mit dem weyn und brot des vaters unnd der muoter fein. Alfo hete Criftus der herr liebe zuo vater, muoter und allem himelifchen hoere, und noch dannocht het er mer liebe zuo der menfchlichen kranckheit, die in alfo bezwange das er die an fich name und felber menfch warde; von feinem goetlichen leib zart und edel fchanckte er uns brot unnd wein, das ift fein heilig bluot unnd fein heiliger leichnam. Woellen wir nun thuon das got ein gefallen ift, fo werden wir mit im tailhafftig des wein und des brotes das ift feins heiligen fronleichnams unnd bluotes, das vergoffen ift umb unfer fel hail, von dem gewinnen wir guoten tail, ob wir mit guoten wercken feyen verainer. 69 Darnach fo foellen wir unnf' dann bewaren das wir mügen faren den enngen fteig, fo dann der ritter hat getan, und foelen verlaffen die weitten ftraffe. Der fteig bedeüt uns die reü, [*b*] und die ftraf' das find die fünde, als davon ftat gefchriben: Der weg czuo dem ewigen vaterlande der ift gar enge; darumb ift czuo beforgen das den wege gar wenig menfchen faren, als es yeczund in der welte ftat; aber die ftraffe die zuo der hellen geet die ift gar wol gebanet und darczuo weyte, darvor uns gott der herr behuete und wir uns felbs auch! Und darumb fo ift das mein rate das wir bey dem fteig der rew feyen beleiben; das ift der fele gar ein guote ercznei und heilfame. Dann fo vinden wir das wolbehuetet neczlin one alle maile und geprechen; dann fo vahen wir damit unnfer fele hail und felde, ich maine die guoten wercke, fo wir die volpracht haben in difem jamertale; denn fo beftat die fel vor Crifto dem herren, dem preütigam, der ift fy dann heimfueren und wolbewaren und feczt fy dann in das ewig vaterlande im ewigen reich Amen.

C

VERSION IMPERATOR

A à Wolfenbüttel, Helmstad. 693, in-quarto, f. 215^r, N. 28, écrit entre 1448 et 1453.

B à Wolfenbüttel, Helmstad. 353, in-folio, f. ccxxiii^c, N. 27, xve siècle.

C à Wolfenbüttel, 495. 4 Theol., in-folio, f. 10^a, N. 28, xve siècle.

D à Göttingen, Luneburg. 46, in-folio, f. 21^c, N. 28, xve siècle.

Rubrique dans A B De quadam pulchra filia imperatoris quam miro modo miles quidam dilexit per quem designatur Christus, *dans C D* Septem *(dans D ajouté après coup* annos) simus boni et sufficiat. *A B ont une faute commune :* 5; *C D partagent plus d'une leçon corrompue :* 28. 30. 35. 48.

1 Imperator quidam potens pulchram filiam habuit, 2 quam miro modo miles quidam secrete dilexit, 3 et secum taliter matrimonium inchoavit, 5 quod Terram Sanctam prius quam eam desponsaret ipse vellet visitare, et si finitis septem annis uterque virginitatem custodiret, matrimonium vellent consummare; 6 si autem post septem annos ipse non rediret aut alter corporis pudiciciam violasset, ad promissum alter non teneretur. 7 Quod dum utrique placuisset, 8 miles Terram Sanctam visitavit. 9 Interim rex Apulie pro filia scripsit imperatori. 16 Et rex hoc filie intimando audivit qualiter septem annos filia sua Deo virginitatem servare vovisset, quibus finitis quid Deo placeret impletura. Quibus auditis rex Apulie contentus. 17 Et finitis septem annis ad iter se disposuit. 21 Contigit igitur militem de Terra Sancta redeuntem cum eodem rege versus curiam ymperatoris equitare, 22 Dum igitur rex peregrinum de multis interrogasset. 24 et pluvia magna esset, 25 ayt miles : « Domine, stulte egistis quod domum vestram vobiscum non duxistis; si jam domum haberetis, preciosa vestra vestimenta non macularetis. » 26 Ayt rex : « Videtur michi quod stultus es. Domus enim mea lapidea est; quomodo illam possem mecum portare? » 28 Cum vero ulterius processissent, venerunt ad locum lutosum, ubi rex precedens in fundo se ipsum cum equo turpiter fedavit. Miles autem circueundo

3 secum] *D* sanctum.   5 prius — visitare] *D C* prius ipse visitaret; *A B* si *manque;* vell. cons.] *C D* consummarent; *A* consumare.   6 *C D* annis; corporis] *B C* eorum; *B* custodiret aut violasset, *C* violaret.   7 *D* Que; *B* cum   9. 16]*etc. A B* Apulee, *C* Apulei   9 *D* imperatoris   16 *C* annos f. s.] *C* annis, *D* annos se; *C* preservare; *D* placet; *B* esset impl., *C* tunc impleretur; *A* āpulee; *B aj.* est   17 iter se] *C* inter.   21 redeuntem] *C* redire contingebat et   22 *C* Cum   26 *C D* Ut (quod *manque*); *C D* enim *manque; B* est *manque; D* ipsam; *C D* possum.   28 *B* lacum; in

nec se nec equum maculavit. 29 Unde ayt regi : « Domine, sapienter fecissetis si pontem vestrum duxissetis vobiscum, ne sic maculatus essetis. » 30 Cui rex : « Quid loqueris ? Pons meus lapideus est, continens quasi dimidium miliare ; quomodo ille posset portari ? » 32 Cum sic fabulando processissent et hora instaret comedendi, et rex nec cibum haberet nec hospicium inveniret, 33 ayt peregrinus : « Id quod habeo mecum manducetis ! » 35 Et prandeo finito ayt peregrinus : « Domine, vobis terram ignotam ambulanti valde expediret semper patrem et matrem vobiscum ducere. » 36 Et ille : « Quid jam loqueris ? Pater meus jam mortuus est et mater sexagenaria est; quomodo illos mecum ducerem ? » 38 Cum igitur pallacio ymperatoris appropinquarent, 39 dixit rex peregrino : « Carissime, quo tendis ire ? » 40 Et ille : « In veritate vobis dicam. Dico enim : hodie septem anni complentur quod quoddam rethe preciosum extendi; pergam igitur et videbo an sanum et integrum invenero et sic mecum portabo; si vero fractum fuerit, sine eo redibo. » 41 Et isto dicto vale ei faciendo per semitam secretam equitavit, et ad pallacium veniens virginem puram invenit et secum in patriam duxit. Die vero sequenti rex ad imperatorem pro filia venit 44 et regi omnia mirabilia que a peregrino audivit narravit. Cui ymperator ad omnia respondit ipsum non stultum, set multum sapientem esse. 48 Intellexit enim quod per domum magnum pilium peregrinorum denotaret, 51 et per pontem famulum precedentem, 53 ac per patrem et matrem cibum et potum quibus natura sustentatur. 54 Et ille addit in fine : « Dum a me recessit, dixit se quoddam

---

fundo] *C D* intrando; ubi] *D* quem; *C* maculauit et se fedauit; *B* circuedo, *C* coueđo, *D* c'cuendo   29 *B* sapiens   30 *C D* continens *manque*; *C* iste   32 *C* haberet *manque*   33 Id] *C manque*, *D* Domine id 35 *C* per terram ; *C D* ambulare   36 *B C* Ait rex ; *C* jam *manque*; *B C aj.* mea; *B* illam, *D* ipsos   39 quo] *C D aj.* tamen   40 dicam-hodie] *B* dicam hodie enim, *C D* dico hodie ; quod] *C D* a tempore quo; *C* quondam; *C* extendebam   41 *C* illo; *C* ei *manque*; *C* et *manque*; *C D* vero *manque*   44 *C* ci; ad] *C D* per; esse] *D* s. esse   48 *D* magnam ; *C* quod *manque*; pal. per.] *C* peregrim pileum peregrinus, *D* pilleum peregrinus peregrinus; *C D* denotaret *manque*; ac] *C* at   54 rethe prec. qu.] *C* r. expansum et multum

rethe preciosum quesiturus, quod, si sanum esset, secum portaret, et si non, dimitteret. » 55 Quo audito ayt ymperator : « Heu nobis! Rethe illud est unica filia mea! » 57 Et sic rex tristis recessit, et miles cum ea in pace vixit.

58 *Moralitas.* Ymperator est Deus pater, 59 filia anima, 60 miles peregrinus Christus qui animam desponsat in fide. 61 Septem anni sunt tota humana vita que septem diebus volvitur. 62 Rex qui filiam nititur violare dyabolus est, 63 quem maculat pluvia superbie, quia non habet pallium et pyleum caritatis. Hunc etiam maculat immundicies luxurie, 64 et sic nec habet pontem fidei vel spei 66 nec habet panem et vinum quibus anima reficitur, 69 set [solus Christus. Hunc igitur peregrinum per semitam secretam, id est per viam angustam mandatorum Dei, non per latam que ducit ad infernum, gradiendo imitemur ad vitam patrie celestis.

pr. et se illud quesiturum; secum] *C aj.* illud; et si] *C* si autem 55 *A B* uobis 57 *B* abscessit 58 *C aj.* iste 60 *C* miles *manque*; *C aj.* est; *B* desponsauit; *C* in fide *manque* 63 *C* maculant pluuie; *C D* etiam *manque*; immundicies] *B* immundicia, *C* et ipse sceno superbie Alius luto, *D* Et ipse alius luto 64 *C D* et sic *manque*; vel] *D* et 66 et] *D* vel; *C D* reficiatur 69 *C* per semitam *manque*; *C* que angusta est; *D* imitenuit; *D* patre.

VOCABULAIRE

ABRÉVIATIONS

Pour citer les ouvrages de Beaumanoir je me sers des abréviations suivantes :

Man.....	*Manekine.*
JBl......	*Jehan et Blonde.*
Sal.......	*Salu d'amours.*
Cd'a.....	*Conte d'amours.*
FLarg...	*Conte de Fole Larguece.*
IFatr.....	*Ire Fatrasie.*
Lai......	*Lai d'amours.*
Ave......	*Ave Maria.*
IIFatr....	*IIe Fatrasie.*
Sal. refr..	*Salut à refrains.*
Cout.....	*Coutumes du Beauvoisis p. p. le comte Beugnot. Paris 1842. 2 vol.*
Cout. T.	*Même ouvrage p. p. Thaumas de La Thaumassière. Paris 1690.*
Man. W.	*Roman en prose de la Manekine par Wauquelin.*
	r, c, m, f, dans les citations de ce roman signifient la rubrique, le commencement, le milieu ou la fin du chapitre.
adj..... *adjectif.*	pr....... *présent.*

ABRÉVIATIONS

adj....	*adjectif.*	pr.....	*présent.*
adv ...	*adverbe.*	prép...	*préposition.*
art....	*article.*	pron ..	*pronom.*
comp..	*comparez.*	r.......	*régime.*
cond ..	*conditionnel.*	sg.....	*singulier.*
dim...	*diminutif.*	sj	*sujet.*
f.......	*féminin.*	subj...	*subjonctif.*
imp...	*imparfait.*	voc....	*vocatif.*
impér.	*impératif.*	voy ...	*voyez.*
ind....	*indicatif.*	God...	*Godefroy, Dictionnaire de l'ancienne langue française.*
inf....	*infinitif.*		
lat	*latin.*		
m......	*masculin.*	DC...	*Du Cange, Glossarium mediæ et infimæ latinitatis.*
n	*neutre.*		
p......	*participe.*		
pf.....	*parfait.*	Et. W.	*Diez, Etymologisches Wœrterbuch.*
pl.....	*pluriel.*		

Les nombres qui sont *entre parenthèses* renvoient à des passages où le mot en question est corrompu dans le manuscrit.

Comme l'adverbe prépositionnel *re-* peut entrer en composition avec tous les verbes, et *entre-* avec tous les verbes actifs, ces compositions n'ont pas été admises dans le Vocabulaire ; voy. les art. *entre-* et *re-*.

VOCABULAIRE

A

a *Man.* 4062. *JBl.* 2053. 3628. 5269 *pour* au (*comp.* roiame *Man.* 3950)?

a *prép. à* — a tant *Man.* 332. 341 *alors* — a tout *prép. avec:* a tout une main *Man.* 5489 a tout procuration *Cout.* 4, 4 a toutte sa compagnie *Man. W.* XLIII *m. adv.* a tout s'en va *Man.* 3082 — a ce que *Cd'a.* 7, 8 *attendu que.*

aaisier *Man.* 3392 *JBl.* 1314. 1520 aaizier *Cout.* 49, 5. aiesier *Man.* 1235. 4908 *Cout.* 34, 10 aisier *Man. W.* XXI *f* aysier XXXVI *m mettre à l'aise.* — *p.* aaisié *JBl.* 2465 *aisé.*

aatine *JBl.* 1036 *provocation, querelle.*

aatir *FLarg.* 2 *provoquer, stimuler.*

abaubir *JBl.* 441. 483 *consterner.*

abelir *Man.* 1534. 2440. 5264 *plaire.*

abonder *Man.* 4724. 7685. 8576 *donner en abondance.*

abosmé *Man.* 2418 *JBl.* 1201 *consterné.*

absolu *Man.* 5810. 6648 *p. d'absoudre, absous* — joedi absolu *Man.* 5809. 6647. 6881. 6908. 7409 *le jeudi saint.*

acener *faire signe à* — *Ind. pr. sg.* 3 achaine *Man.* 1188.

acertener *Cd'a.* 32, 5 *certifier, informer.*

acesmer *Man.* 2207. 2334 *orner.*

achaine *voy.* acener.

achoison *voy.* occoison.

achoucier *voy.* acoucier.

acointance *Man.* 7339. 7359 *familiarité.*

acointier *JBl.* 3822 *faire con-*

naître — soi ac. *Man.* 7343. 7354. *JBl.* 169. 2147 *faire connaissance, se lier d'amitié.*

acoisier *FLarg.* 98 *apaiser.*

aconsieurre *p.* aconseü *Man.* 2027 *atteindre, accomplir.*

aconter *Man.* 6464 *JBl.* 4587 *raconter, décrire.*

acorde *f. JBl.* 5823. 5836 *accord.*

acordement *JBl.* 4908 *accord.*

acorer *Man.* 5468 *tuer* — le cuer *JBl.* 1212 *briser.*

acoucier *Man.* 95 achoucier *JBl.* 648 *coucher, aliter.*

acouter *JBl.* 1701. 1817 *accouder.*

acraventer *JBl.* 4320 *terrasser.*

acteur *Man. W.* xxv *r.* lix *m. auteur.*

acuellir *acueillir* : sa voie *Man.* 960. 2631 *se mettre en chemin.*

ademetre *Man.* 5051. 7129 *précipiter.*

adens *JBl.* 4314 asdens 4114 *couché sur la face.*

adenter *Man.* 2788 *terrasser.*

adestrer *Man.* 773 *conduire.*

adeviner *JBl.* 686. 1922 *deviner* — *Man.* 1666. 2091. 3543 *penser.*

adiès *Cd'a.* 35, 9 *toujours.*

adjourner ajourner *Man.* 931. 3026 *faire jour* — li jours ajourne 2203. 3476.

adoise *Man.* 4466 *ind. pr. sg.* 3 *d'adeser toucher.*

adonc *Man.* 372 adonques 587. 1737 adont 1842. 1847 *alors.*

adoucier *Man.* 7648 *JBl.* 1594 *adoucir.*

aengier *JBl.* 1602 *tourmenter—charger* : de mal *Man.* 5968 de duel *Sal.* 355 de mort *JBl.* 2542 de mangier 638 — *charger, pourvoir* : iert aengiés li païs de bone roïne *Man.* 1664 qui fu de la main enengiés 7688 — raengier *restaurer* : pour vostre santé raengier *JBl.* 1348. *Voir la Zeitschr. für Rom. Phil.* III, 616.

aerdre *Man.* 5455. 5666. *JBl.* 2044 *attacher, saisir.*

afebliier *Ave* 1, 12 *affaiblir.*

aferant *ce qui convient à* : a son aferant *JBl.* 573 *auprès d'elle.*

aferir *Man.* 1961. 2581. 2807 *être convenable* — *ind. pr. sg.* 1 afier. *imp. sg.* 3 affreoit *Man. W.* xxiii *f.*

affaitier *Man.* 196 *préparer, disposer, mettre en état* — 4075 *Sal.* 986 *apprivoiser, apaiser.*

affiner *Man.* 2354 *s'affiner.*

affoler afoler *Man.* 170. 1038 *JBl.* 6196 *Lai* 74 *rendre fou* — batre (navrer) ou afoler *Cout.* 30, 5, 18, 34, 2 *maltraiter* — *Cout.* 3, 4. 34, 18 *devenir fou.*

afiche *Man.* (2223) afique *JBl.* 2987 *agrafe.*

aficier *JBl.* 4187 *arrêter.*

agaitier *Man.* 7768 *JBl.* 3506

3928 aguetier *Man.* 7765 *guetter, épier.*

agesir *p. f.* agutte *Man. W.* xxxv *m.* xliii *c. accoucher.*

aiesier *voy.* aaisier.

aigriier *Man.* 6691. 6911 *i n-citer.*

ainc *Man.* 872 *jamais* : ainc mais 417. 1590 ainques mais 619. 1610.

ainchois *voy.* anchois.

ains *Man.* 669 *avant* : ains... que 589. 1023 *JBl.* 2043. 3070 *avant que* — *plutôt* : comme il puet ains *Man.* 5004 *le plus vite possible,* qu'il ne pot ains *JBl.* 5540 *au plus tôt* — qui ains ains *Man.* 2278. 7494. *JBl.* 244. 388 *à qui mieux mieux* — mais : *Man.* 455. 538 — *jamais* : *Man.* 1562. 7772 ains mais *JBl.* 757.

ainsint *Man.* 1396 *ainsi.*

aïr *JBl.* 4077 *colère.*

aire *nature* : de mal aire *Sal.* 408.

aïrier *JBl.* 4212 *mettre en colère.*

aisif *f.* aisieue *JBl.* 5553 *commode.*

ajornee *Man.* 4768 ajournee *JBl.* 4570 *jour naissant.*

ajourner *voy.* adjourner.

ajouster *Man.* 2080 *assembler.*

akeut *Man.* 960. 2200 *pr. sg.* 3 *d'*acuellir.

aler *aller* : *subj. pr. sg.* 3 aut *JBl.* 954 aille 2026 voise *Man.* 419 voist 9 — *fut.* irai :

i irons *Man.* 2648 *à côté de* i eron 6654 i era 6893 i eroit *Mule sanz frain* 909 *Villehardouin éd. De Wailly,* p. 537. *C'est de cette prononciation* (j'i erai) *que semble dériver le* j'irai *du français moderne quand il a le sens de* j'y irai.

aleüre : grant al. *JBl.* 1471. 5587 *grand train, vite.*

alever *Man.* 245 *élever, nourrir* — *JBl.* 8 *lever* — *JBl.* 6166 *se lever, naître.*

aliet *Man.* 5770 *subj. sg.* 3 *d'*alegier 6684 *Sal.* 632 *alléger.*

aloigne *Man.* 956. 3796 alonge *JBl.* 2350. 2359 *Cout.* 65. 7 *allongement, retard, délai.*

aloignier *Man.* (722) *JBl.* 350 *étendre* — alongier *JBl.* 2343. 2356 *différer* : la rime *Man.* 47 *ajouter à l'un des vers un autre à rime correspondante.*

amaing *Man.* 1254 *ind. pr. sg.* 1 *d'*amener.

amanieré *Man. W.* xxvi *m.* xlix *f. qui a de bonnes manières.*

amatir *Man.* 1401 *affaiblir.*

ambedeus *Man.* 6545 ambedous 6552 *sj.* ambedoi 1512 anbedui 7583 *l'un et l'autre, tous deux.*

ambleüre *Man.* 5822. *JBl.* 4652. 5588 *amble.*

amonnester amonester *Man.* 1693. 7029. *conseiller, exhorter* — 3253. 4345 *apprendre.*

amont *Man.* 18. 726 *en haut.*
amouré *JBl.* 4012. 4147 *pourvu d'une meure.*
an *JBl.* 4964 *prép.* = en.
anchois enchois *Man.* 1642 *avant, plutôt;* a. que *Man.* 21 4327. 6336 *avant que* — *Man.* 9. 82 ainchois *JBl.* 5525. 6162 *mais.*
ancui *Man.* 304 *FLarg.* 286 *encore aujourd'hui.*
andeus *Man.* 2715 *sj.* andui 1796. 2367. 2456 = ambedeus.
anelet *dim. d'anel anneau Man.* 5080. 6066.
anevois *Sal.* 436 (de et non vides, *comme on dit en allemand* hast du nicht gesehen?) *aussitôt.*
angarde *Man.* 7906 *éminence, lieu d'observation.*
angle *Man.* W. XIV c. L m. *ange.*
ani *Man.* 6235 *ennui, chagrin.*
aniëus *Man.* 4867. 5316. *JBl.* 416 *ennuyeux.*
anontion *Man.* 5625 *annonciation.*
anquenuit *JBl.* 3501 *ce soir.*
ant *voy.* ent.
antan *JBl.* 2823. 2927 *l'an passé.*
anti *f.* antieue *JBl.* 3484 *vieux.*
anublir *Man.* 2210 *couvrir de brouillard.*
anuit *JBl.* 3889. 4046 *ce soir.*
anuitier *JBl.* 2808 *faire nuit* — *l'anuitier* 1907 *l'anuitant* 1895. 3049 *la tombée de la nuit.*

aombrer *Man.* 5684 *Ave* 2, 5 *ombrager, cacher.*
aourer *Man.* 192 *adorer.*
aourner *Man.* 394 *orner.*
aouvrir *Man.* 6422 *Sal.* 982 *ouvrir.*
apaiier *Man.* 1896 *calmer* — 5308 *satisfaire.*
aparellier *Man.* 968 apparillier 2529. 2533 *préparer.*
aparler *Man.* 1281 *ind. pr. sg.* 3 aparole 792 *interpeller.*
apens *Sal.* 886 *réflexion.*
apenser *Man.* 3750. 6018 *Sal.* 76 *faire penser* — *Sal.* 16 *suggérer l'idée*
apert *JBl.* 374. 5971 *habile.*
apertement *Man.* 1955 en apert *JBl.* 1585 *ouvertement.*
apoindre *Cd'a.* 41, 7 *stimuler* — *JBl.* 4217 *accourir à cheval.*
apointer *Man.* W. LXIV c *préparer.*
apondre *Man.* (3553). 5035. *Sal.* 791 *disposer.*
aport *JBl.* 5200 *ce qu'on apporte, provision;* Cd'a. 44, 10 *secours, soutien.*
apostole *Man.* 339. (6979.) 7357 apostoile 5811 *pape.*
apparillement *Man.* 2257. 2323 *appareil.*
apparillier *voy.* aparellier.
aprendre *JBl.* 143 *accepter* — soi apr. de *Sal.* 40 *s'instruire de* — *p.* apris *Man.* (242) 5991. 6261 *instruit.*
apresser *Man.* 148 *JBl.* 1174

Cout. 12, 45. 30, 66 *presser, accabler.*

araisonner *voy.* arraisonner.

ardoir *Man.* 701. 863 *ind. pr. sg.* 1 arch. 887 *fut.* ardrai 901 *subj. pr. sg.* 3 arde 829 *pf.* 1 arsisse 985 *p.* ars 821 *brûler.*

argu *Man. W.* XXXII *f. mauvaise humeur; voir Scheler dans le Glossaire des Œuvres de Froissart.*

arondele *JBl.* 4183 *hirondelle.*

arouter *voy.* arrouter.

arraisonner *Man.* 1840 araisonner 4716 *ind. pf. sg.* 3 araisna 5630 *arraisonner, parler à.*

arreer *JBl.* 3019 *pourvoir.*

arrestee *JBl.* 2800 arresteüre *Man.* 3452 *arrêt, retard.*

arriver *Man.* 695 *aborder —* 1074 *faire aborder.*

arrouter *Man.* 2018 arouter *Man.* (4953) *JBl.* 1435. 4128 *mettre en route.*

asavourer *JBl.* 1590 *goûter.*

asdens *voy.* adens.

aseri *JBl.* 3831 *commencement du soir.*

asproier *Man.* 6130. 6342 *presser, tourmenter.*

assaut *Man.* 488. 1447 *ind. pr. sg.* 3 *assaillit.*

assaus *Man.* 6889 *absous.*

assejor *Man.* 1322 *Sal.* 818 assejour *Man.* 1536. 2402 = a sejor.

assenement *JBl.* 61 *hypothèque.*

assener *JBl.* 892. 5031 *placer — Man.* 2903 *indiquer — Man.* 7242. 8044 *diriger —* 6302. 7609 *parvenir.*

assens *Man.* 2907. 8042 *consentement, accord — JBl.* 1566. 1803. 2320. 3203 *FLarg.* 8 *renseignement, conseil.*

assent *Man. W.* XLIX *m. assentiment.*

assentir. soi ass. a *Cd'a* 14, 8. 19, 1 *Cout.* 30, 62. 34, 6. 38, 4 *consentir à.*

asserir *JBl.* 3811 *faire soir.*

asservir *Man.* 1774 = a servir.

assés *Man.* 5260. 7663. 7787 *assez de gens.*

asseür. estre asseür *Man.* 128. 5147 *en sureté.*

assise *Lai* 15 *place, façon.*

assommer *Man.* 4956 *accomplir.*

assouagier *Man.* 6483 *Sal.* 860 *soulager — Sal. refr.* 3, 3 *être soulagé.*

astele *Man.* 2778 *copeau.*

atalenter *Man.* 546 *JBl.* 2218 *plaire.*

atargier *JBl.* 4050. 4213 *attarder.*

atemprance *Sal.* 753 *tempérance.*

atemprer *JBl.* 6205 *Cout.* 1, 7. *modérer.*

atirer *JBl.* 3990 *mettre (des habits) —* 5258 *préparer, disposer.*

atour *Man.* 4562. 4962 *appareil.*

atourner atorner *Man.* 808.
2106. 7278. 7294 *JBl.* (1702)
préparer, équiper, disposer
— *Man.* 1372 *compter* — at.
a *Man.* 4819 *JBl.* 2567 *imputer* — *Man.* 6617 *tourner à.*

atraire *Man.* 2081 atrere 3906 *attirer.*

aucun *quelque, quelqu'un.*

aueure *Man.* 4923 auoure 7389 *ind. pr. sg. 3* d'aourer.

auls *voy.* aus.

aumosne *Man.* 1293 aulmosne *Man. W.* xxii c *bonne œuvre.*

aünee *Man.* 930 *assemblage, amas.*

aüner *Man.* 2192. 6954 *assembler.*

auoure *voy.* aueure.

auques *Man.* 3511. 4971 *quelque chose, un peu.*

aus *Man.* 293. 327 auls 329 *eux.*

autel *Man.* 3474. 4274 *JBl.* 5498 *semblable.*

autressi *Man.* 6838 *JBl.* 480 *de même.*

autrestant autretant *Man.* 1780. 5649 *FLarg.* 285 *autant.*

autrestel *Man.* 2285 *semblable.*

auwan *JBl.* 4423 *cette année.*

aval *adv. Man.* 729 849 *en bas* — *prép. Man.* 4371 *JBl.* 4871 *(en descendant) par, le long de* — *Man.* 736 *à vau.*

avaler *Man.* 672 *descendre (intr.)* — 851. 4553 *descendre (tr.).*

avant *IFatr.* 6 *avent.*

avant *Man.* 558 *plutôt* — a... que *Man.* 56 *avant que.*

avel *Man.* 2160. 6666. 8124 *tout ce qu'on souhaite, plaisir.*

avenir *Man.* 434. *parvenir* — *Man.* 49. 871. 891. 911 *arriver* — *Man.* 1152 *destiner* — *Man.* 1586 *Sal.* 286 *seoir.*

aver *Man.* 1480. 8552 *avare.*

avillier *Man.* 3724. 6353. *JBl.* 234 *Cout.* 11, 26. *avilir.*

avironner *Man.* 2234 *environner, s'étendre.*

aviser *Man.* 1112. 6111. 7022 *reconnaître* — 5410. 7807 *instruire* — 5826 *JBl.* 274. 336. *regarder, voir* — *Cd'a.* 32, 4 *considérer* — soi aviser *JBl.* 210. 1548 *s'aviser*, 713 *FLarg.* 150 *s'apercevoir, Sal.* 143 *viser.*

avoi *Man.* 108. *Sal.* 1034 *bah!*

avoier *Man.* 1163. 2534 *diriger.*

avoir *Man.* 1294 *argent, bien.*

avolé *Man.* 2060. *étranger et misérable, voir DCart.* advoli.

avot *Man.* 7079 = avoit.

avoustre *Sal.* 268 *adultérin. Comp.* bastart et avoltre *Cout.* 18, 4, 14, 22. 57, 11.

B

baceler *Man.* 1218 baceller

VOCABULAIRE

Man. W. xxi m. *jeune homme*.
bacinet *JBl.* 3993 *bassinet.*
baer *voy.* beer.
baillie *Man.* 926. 990 *puissance, garde.*
baillier *Man.* 2739. 3023 *fut.* baurrai *Cout.* 56, 4. 38, 15 *subj. pr. sg. 3* baut *Man.* 3021 *Cout.* 54, 9 *donner.*
baisse *Man.* 7086 = basse.
bandon : metre a b. *JBl.* 4378 *abandonner, exposer.*
banquier *Man. W.* lii *c. banc.*
barat *Man.* 2564. 5138 *fraude.*
bareil *JBl.* 3017 *baril.*
bargaigne *Man.* 4800. *JBl.* 586 *marché.*
barge *Man.* 8372 *barque.*
barnage *Man.* 630. 3986 *l'ensemble des barons du pays.*
baron *Man.* 523 *mari.*
batant *Man.* 4522 *JBl.* 3497. 5112 *battant, en hâte.*
baudece *Man.* 7980 *allégresse.*
baut *voy.* baillier.
baut *Man.* 6564 *joyeux.*
becuit *voy.* bescuit.
beer a *Man.* 952 *JBl.* 3. 7 baer *Man.* 1974 *aspirer à.*
bel *beau* : il m'est bel *Man.* 916. 1351 *il me plaît.*
beneïchon *Man.* 6653. 6879 *bénédiction.*
bescuit *Man.* 6782 becuit 5402 *biscuit.*
bestourner *Man.* 1085. 3706 *mettre à l'envers.*

beubance *JBl.* 1048 *arrogance.*
bienviegnier *JBl.* 133. 722 *souhaiter la bienvenue à* — bienviengnant *JBl.* 2975 *bienvenu.*
blancoiier *Lai* 18 *être blanc.*
blondet *Man.* 1577 *dim. de* blont *blond.*
boen *JBl.* 4152 boin *bon :* boin m'est *Man.* 515 *il me plaît.*
boisse *Man.* (3329) *boîte.*
boissier *Man.* 6850 ? *orner de branches vertes. Voir Du Méril, Floire et Blanceflor p.* lxxvi.
bon *Man.* 369. 1272. 1775 *plaisir* — *JBl.* 2132 buen *Sal.* 664 *avantage.*
bondie *JBl.* 4080 *retentissement.*
bonne eüree *Man.* 5681 bon' eüree 5676 *bienheureuse.*
bonté : la bonté tost en guerredone *Man.* 2822 *il rend largement les coups qu'il reçoit.*
bontif, *cas sj.* bontius, ix, ieus *Man.* 5724. 7308. 8522 *JBl.* 4432 *plein de bonté.*
boresche *voy.* bouresce.
borse *bourse :* estre d'une borse *JBl.* 5384 *vivre dans une parfaite union.*
bos *Man.* 1025 *JBl.* 3038 *bois.*
boucete *Man.* 1591 *boucheté JBl.* 312 *dim. de* bouce *Man.* 6119 *bouche.*
bouresce *JBl.* (2826). 3305 boresche 3309 *nasse d'osier,*

bourache. Voir bourroiche dans God.

bout : de b. *JBl.* 3979 *de suite.*

bouter *Man.* 7292 *bouter* — *Man.* 1027. 1906. 4424 *mettre.*

brandon : le jour des brandons *Man.* 1172 *le premier dimanche de carême* (all. Funkentag).

bretesce *tour de bois mobile :* estre en br. *JBl.* 2825 *faire le guet, être en sentinelle.*

briquetoize briketoise briquetoise *piège* (= brique) *tendu :* estre, caoir en br. *Man.* 212. 420. 4722 *être, tomber en péril.*

brochier *JBl.* (4148). 4230 *éperonner.*

bruïr *Man.* 933. 1035 *brûler.*

bruit : estre en bruit *Man.* 2158 *être en vogue.*

buen bon.

buie *Man.* 2915 *chaîne de fer.*

buisine *Man.* 2300. (2728) *JBl.* 5844 *trompette.*

busiër *Man. W.* vii *m.* xi *m. réfléchir.*

C

c' = que.

cacherie *Man. W.* v *c. chasse.*

cacier *Man.* 961 *JBl.* 2 cachier *Sal.* 447. 909 *chercher, poursuivre.*

caitif *Man.* 1209. 1297 chaitif 2060 *chétif, malheureux.*

caline *Sal.* 583 *chaleur.*

caloigne *Man.* 721 *résistance, refus.*

caloir *importer. Ind. pr. sg. 3* chaut *JBl.* 953 *imp. sg 3* caloit *Man.* 625. 7109 challoit *Man. W.* xiv *f.* calloit xxiii *f. subj. pr. sg. 3* caille *Man.* 4942 *imp.* chausist *JBl.* 2907.

camelin *JBl.* 5454 *étoffe de poil de chèvre.*

candelier *f. Man.* 371. 538. 584. 611. 7047. 7065 chandeller *Man. W.* xii *f.* candeller xiii *m.* chandelier xiv *m.* chandeleur (*le 2 février, festum candelarum comp.* chandelur *Cumpot* 708 *et* chandelouse *Romania* vi. 4.)

canivet *Man.* 3095. 3429 *dim. de canif.*

caoir *Man.* 690 cheoir 8549 *Man. W.* xxxvii *m.* queir xxiv *f. ind. pr. sg. 3* ciet 816 *pl. 3* cieent 1307 *imp. sg. 3* cheoiient *Man. W.* xix *f* quoyent xxii *m. pf. sg. 3* quey *Man. W.* xv *f.* chey lii *c. cond. sg. 3* querroit *Man. W.* xviii *m. subj. pr. sg. 3* chiee 420 *p. f.* keuwe *Man. W.* xv *f. tomber.*

capel *Man.* 2159. 2175 *JBl.* 862. 3565 *chapeau, couronne dim.* capelet *JBl.* 4726.

capelier de fer *JBl.* 4025 = capel de fer *Cout.* 61, 63 *chapeau de fer.*

car *Man.* 682. 1104. 2185 *chair, viande.*
careton *JBl.* 5712 *Cout.* 24, 16 *charretier.*
carnalité *Man.* 8532 *existence charnelle.*
carnel *Man.* 2241 *créneau.*
caroler *voy.* karoler.
cartrier *Man.* 850. 941 *geôlier.*
castiër *FLarg.* 1 castoiier 185 *blâmer, châtier.*
catel *Man.* 5074 *capital.*
caudel *JBl.* 636 *chaudeau.*
cavel *Man.* 1580 kavel 2244 chevoil *JBl.* 252 *cheveu.*
cavès *Man.* 3465 *chevet.*
ce *voy.* chou.
celee *Man.* 530 *recèlement.*
celi *f. Man.* 1066. 1197 icelui 5543 *cas r. de* cele.
celi *m. Man.* 1321. 6719 *cas r. de* cil.
cenbiel *Man. W.* XLV c. *tapage.*
cendal *JBl.* 2676. 3264. 4627 cendé *Man.* 2611 *étoffe de soie unie.*
cerkier *Man.* 269 *chercher.*
cerkle *Man.* 2839 *garniture de fer formant le bord rond du heaume.*
cert *Man.* 660 *certain.*
ceu *voy.* chou.
chaint *Man.* 2231 *ceinture* — *JBl.* 4026. 4719 *ceinture (partie du corps).*
chaitif *voy.* caitif.
chaloreille *IIFatr.* 9, 10 ?
chandeller *voy.* candelier.
chausist, chaut *voy.* caloir.

chevalerie *JBl.* 5379 *accolade.*
chevir *Man.* 6522 *achever* — soi ch. 4859 *FLarg.* 56 *Cout,* 21, 20. 50, 14. *Man. W.* XIV m. *fournir à sa subsistance, se sauver.*
chevoil *voy.* cavel.
chiaus *Man.* 27. 43 *ceux.*
chief cief *Man.* 759 *tête* — — *Man.* 264. 273. 1022 *bout.*
chiere *Man.* 1183 3515. 3861 5011 *FLarg.* 133. 182. ciere *Man.* 103. 1183. *mine, visage.*
chiunquime *JBl.* 6071 ciunquisme *Sal.* 542 *cinquième.*
choile *Man.* 5199. 6144 *ind. pr. sg. 1 et 3 de* celer.
choller *Man. W.* XXI m. *choler, var.* chuller, *T* chouler *Cout.* 69, 17 *jouer à l'éteuf. Comp. DC art.* cheolare *et Deux réd. du Roman des Sept sages, éd. G. Paris* 30.
chou *Man.* 6. 145 ce 10. 6831 che 6374. 6970 ceu ,6096 ice 6892 (8027) iche 4825 *ce* — *ce devant derrière Cd'a.* 15, 9 *Cout.* 9, 3. chou desous deseure *Man.* 4656 *sans devant derrière, sans dessus dessous, tout à rebours.*
ci *ici.*
cief *voy.* chief.
ciere *voy.* chiere.
cil *cas sj. de* celui. cil et cil *Man.* 5759 *Renart éd. Martin* XXIV. 88 *tel et tel,* cil et celes 2341 *tels hommes et telles femmes.*

cisne *Man.* 686 *cygne.*
ciunquisme *voy.* chiunqui-me.
clamer *Man.* 1412 *appeler.* Ind. pr. sg. *3* claime 1457 — soi cl. 1786 *se plaindre.*
clamour *Man.* 6636 clamor *Sal.* 336 *plainte, réclamation.*
clause *Cd'a.* 9, 1 *strophe.*
clergie *Man.* 32 *lettres, érudition.*
cliner *Man.* 2054. 7476 *pencher, incliner.*
cloke *JBl.* 5455 *manteau.*
cluignier *JBl.* 3648. 3678 *cligner.*
coche *Man.* 4594. 8084 = *petite nacele.*
coevrechief *Man.* 741. 800 cuevrecief 7081. *JBl.* 493 ceuvrechief *Man.* W. xvi c. *mouchoir de tête.*
cointe *Sal.* 862 *gracieux, aimable.*
cointise *Sal.* 154. 371 fole c. 237 *minauderie, affectation.*
coisir *Man.* 785. 1169 *apercevoir, discerner.*
coitier *Man.* 5790. 6823 *JBl.* 5588 *hâter* — *JBl.* 4549. 5567 soi c. 4632 *se dépêcher.*
coket *IIFatr.* 5, 4 *petit coq* — *JBl.* 2226 *coq à vent, girouette.*
colee *FLarg.* 54 *charge portée au col* — *JBl.* 4267. 4271. 5965 *Man.* 2793 *coup sur le cou ou sur la tête* (testee).
com (comme) cil *ou* cele qui *Man.* 943. 1151. 1986 *etc. puisqu'il (puisque je* 4441).
commant *Man.* 847 *commandement, ordre.*
comme de *JBl.* 3763 *pour ce qui est de.*
communalment *Man.* 637. 2280 *tous ensemble.*
compaignier *Man.* 1825. 5963 *faire compagnie à.*
comparer. Ind. pr. sg. *3* compere *Man.* 409. 1346 *fut. sg. 3* compara 3057 *expier* — 572 *acheter, payer* — *fut. pl. 1* comperrons 2592 cond. sg. *3.* comparoit *Man.* W. xvii m. *payer cher* — 7896 *être comparable.*
compas : a c. *JBl.* 265. 299 *avec mesure, avec art.*
compenage *IFatr.* 9 *ce qu'on mange avec le pain.*
confort *Man.* 1676. 6750 *consolation, encouragement.*
congié *Man.* 448. 578. 4826. *FLarg.* 264 *permission.*
conjoïr *Man.* 1320 *fêter.* Ind. pr. sg. *3* congot *Man.* 6592. conjoie 2635. 7311 *JBl.* 1493. *Sal.* 261 pl. *3* conjoïssent *Man.* 7355.
connin *IFatr.* 73 *lapin.*
conreer *Man.* 3394 *JBl.* 5432 *arranger, préparer.*
conroi *Man.* 2356. conroy 2249. 2610 *appareil* — *JBl.* 5737 *troupe rangée.*
consieurre *JBl.* 4110 *Sal.* 343 *p.* consiui *JBl.* 4110. *atteindre.*

VOCABULAIRE

consiree Man. 6643. 6671. 7834 *abstinence* — consiurree 1972 *résignation.*

consirer. soi c. de Man. 3012. 8038 *se passer de.* Comp. soi consiurrer de Cout. 21, 27. 43, 31. 49, 5.

contant *voy.* contens.

contempler Man. W. LXII m. *avoir des égards pour q., faire au gré de q., voir ScheIerGloss. des Œuvres de Froissart.*

contenance. par c. JBl. 1977. 3385 *suivant la coutume.*

contenchon Man. 5070 *contestation, dispute.*

contenement Man. 471. 1567. *contenance.*

contenir. soi c. Man. 2072 2920 *se comporter.*

contens Man. 2764 Cout. 11, 24, 28. 16, 19 contant Man. 2797 *combat, querelle.*

contour Man. 132. *Voir DC art.* comitores : *qui in ordine militiæ seu vassalatus post vicecomites et ante vavassores recensentur.*

contraire Man. 486. 910. 5430 *contrariété, ennui, chagrin.*

contralier Man. W. XI m. *contrarier.*

contre Man. 5815 *jusqu'à* — Man. 5263 JBl. 5691 *au-devant de.*

contredit Man. 490. 828 *contradiction.*

contremant Man. 942. JBl. 2523 *contremandement, avis officiel qu'on est empêché de comparaître en justice;* Sal. 354 *contre-ordre.*

contreval *adv.* JBl. 2736 *à vau l'eau* — *prép.* Man. 2911 JBl. 1688. 4258 *(en descendant) par, le long de.*

convenance JBl. 859 *ce qui a été promis, convention, droit* — FLarg. 349 *promesse.*

convenancier Man. 3165 Cout. 4, 30. 5, 3. 9, 7 encovenancier 6, 17 = *avoir en convenant.*

convenant Man. 142. convenent 178. *convention.*

convenir covenir Man. 177. 476 *cond. sg.* 3 couverroit JBl. 5414 *il faut.*

convent, convant, couvent Man. 562. 564 *convention* — *avoir en* c. Man. 227. 525 *avoir* c. 4717. 6995 *se concerter avec, promettre* — *par* c. *que* 3725. 5835 *à condition que* — *faus couvent* JBl. 1036 *convention violée.*

convive *f.* Man. W. LXI *f. festin.*

convoiier Man. 2535. 2943. 4035. 5454. JBl. 5080 *conduire, reconduire, accompagner.*

corage Man. 629. 2100 *cœur, volonté.*

corcier Man. 7368 courcier Cout. 57, 10. 69, 2 courchier Man. W. XVIII m *courroucer.*

corner l'iawe Man. 2276 *donner par un son de cor le signal de se laver les mains avant le repas.*

24

cotele *Man.* 2213 cotelette *Man. W.* x c. *dim. de* cote *habit.*
couarder *JBl.* 1558 *être lâche.*
couart *Man.* 2690 *JBl.* 875 *Cd'a.* 31, 12 *lâche.*
coulon *Man.* 2827 *JBl.* 1934 *IFatr.* 64 *pigeon.*
coupe *Man.* 289. 403 *faute.*
courre seure q. *Man.* 3732 c. sus a *Cout.* 39, 43 *attaquer.*
cours : estre en cours *JBl.* 3552 *être en vogue.*
court *Man.* 281. 615 *cour.*
cous *sj. de* coup *IFatr.* 66 *cocu.*
couvent *voy.* convent.
couvenue *Sal.* 392 = couvine.
couvine covine *m. Man.* 1230. 1263. 5199 couvin 5343 *affaire, situation* — 5510 *commerce.*
covenir *voy.* convenir.
cras *IIFatr.* 5, 1 *le gras, la graisse.* Comp. *Ben. Chr.* 15383.
crasset *JBl.* (323) *dim. de* cras *JBl.* 355 *Lai* 42 *gras.*
creanter *Man.* 5301. 6248 *Sal.* 111 *Cout.* 12, 55. 21, 29 *promettre* — *JBl.* 5740. 6214 *garantir.*
cremeteusement *Man. W.* xi *f. craintivement.*
cremir *Man.* 1928. 5971 *Man. W.* xviii *f. ind. pr. sg. 3* crient *JBl.* 1661 *pl. 3* criement *JBl.* 1559 *craindre.*
cremeur *JBl.* 1306 cremour 3486 *crainte.*
crenu *Man.* 5008 *à crinière.*

crespe *Man.* 1580 *crépu.*
criente *Man. W.* xli *m. crainte.*
crissoit *Man. W.* v c *forme wallonne correspondant au latin* crescebat.
croissir *JBl.* 4180 *voler en éclats.*
cruëx *JBl.* 1852. *f.* crueuse *JBl.* 1630. 1858 *ou* cruëx 5360 *cruel; douloureux, pénible.*
cuellir *Man.* 2510 coillir *Cout.* 44, 34 *ind. prs. sg. 3* quelt *Lai* 113 queut *Cout.* 44, 34 *cueillir, acquérir.*
cuevrecief *voy.* coevrechief.
cui qui *Man.* 5725 *cas r. du pronom rel.*— *Man.* 301 *à qui* — 1095 *de qui.*
cuidier *Man.* 112 quidier 96. *croire* ne cuide veoir l'eure *Man.* 8334 *JBl.* 1784. 2620. 5752 *il lui tarde, il brûle de.*
cusenchon *Man.* 5338 *tourment, sollicitude.*
cytole *Man.* 2299 *JBl.* 5847 *cithare.*

D

daarrain *JBl.* 4392 *dernier.*
dalés *Man.* 385 dalez *Man. W.* x *m. à côté de.*
damage *Man.* 208 *dommage.*
Damedieu *Man.* 782 *(de* dominum Deum) *Dieu.*
damoisel *JBl.* 6058 *maître.*
dangier *Man.* 856. 1364. 5466

difficulté. — *Lai* 76 *dépendance.*

dansele *Man.* 299 *demoiselle.*

darrenier *Man.* 112 *dernier.*

debrisier *Man.* 876. 3612. 3966. *JBl.* 2322 *briser, rompre.*

dechié *déchet.* aler en d. *IFatr.* 66 *déchoir, cesser.*

dedens *dedans,* en d. *Sal.* 844 *en attendant.*

deduire *Man.* 196 *Sal.* 844 *amuser.*

deffiaille *Sal.* 120 *défi.*

definer *Man.* 40. 2360 desfiner *Sal.* 1022 *achever, finir.*

dehait *Sal.* 652 *malaise* — *JBl.* 1248 *Sal.* 367 *malédiction.*

delaiement *Man.* 6776 = delai *JBl.* 4629. 5723.

delaiier *Man.* 3809 *JBl.* 2536 *Sal.* 171 *tarder. Subj. pr. sg.* 3 deloist *Man.* 3331.

delés *Man.* 6568. 6612 *à côté de.*

deliё *JBl.* 344 *Sal.* 137. 140 *f.* delie *Man.* 1615 *JBl.* 260 *Lai du trot.* 29 *délicat, grêle.*

delit *Man.* 1668 *plaisir.*

delitable *Man.* 1388. 1696 *délectable.*

deliteus *Man.* 1404 *délicieux.*

delitier *Man.* 2 *délecter* — 1440 *plaire.*

delivre *Man.* 3123. 3148 *libre* — *adv.* a delivre 1913. 5576.

deloist *voy.* delaiier.

deluër *Man.* 3402 *retarder, empêcher,* — 5059. 5886. 6468. 7643 *JBl.* 130. 2899 soi d. *Man.* 4134 *tarder. Ce mot qui dérive peut-être de* ludus (deludare) *se trouve encore dans le* Livre des manières *str.* 165, *dans* Adam de la Halle *éd. Coussemaker p.* 416, *dans P. Mousket* 21885 *(s.* delu *retard* 21738) *et dans un passage cité par* God. *art.* deluer.

demaine *adj. Man.* 1242 *principal* — *s. Man.* 51. 6816 *domaine, pouvoir.*

demanois *Man.* 2686. 4520 *aussitôt.*

demener *Man.* 1934 *mener* — 437 *Cout.* 61, 22, 31 *traiter* — *Man.* 497. 499. 3464 *JBl.* 645 *mener par le nez, jouer* — *Man.* 1934 *mener* — *Man.* 98. 937. 2181. 2202 *montrer, faire* — soi d. *Man.* 715. 1791 *se comporter.*

dementer *Man.* 431. 693. 4743 *se désoler, perdre l'esprit.*

demettre *Man.* 3756 *sauver* — 4671. 6300 *priver.*

demie *FLarg.* 300 *demi-livre.*

demoray *Man. W.* xxi *m.* xlix *c. fut. de* demorer.

demour *Man.* 4041 demeur 4204 demouree 58. 614 demoree 4205 *arrêt, retard.*

denree *FLarg.* 375 *ce qui vaut un denier.*

departement *Man. W.* x *f. départ.*

departir *Man.* 107. 763 *séparer* — soi d. 377 *partir.*

deport *JBl.* 178 *plaisir.*

deporter *Man.* 8314 *transporter* — *JBl.* 1770 *Man.* 1800. 5710, 5711. 6937 *réjouir* — soi d. *Man.* 1963. 3322 *se déporter.*

depriier *Man.* 5108 *demander l'aumône.*

derainier *Man.* (8047) *réciter, prononcer.*

derroi, derroy, *voy.* desroi.

derrompre derompre *p.* derrout *Man.* 7212 7385 *détruire* — *JBl.* 6031 *cesser.*

derverie *Man.* 1685 *folie.*

descercler *Man.* 2839 *ôter le cerkle.*

descorder *Man.* 220. 334 *désaccorder.*

desert *Cd'a.* (20, 4) *destruction.*

deseur *Man.* 680. 2555 *JBl.* 2851 dessour *Man.* 4568 *sur.*

deseure desseure *prép. Man.* 1239 *sur* — *adv.* 1086 *JBl.* 2680. 2983 *dessus.*

desfiner *voy.* definer.

deshouser *JBl.* 5397 *ôter les guêtres.*

desiër *Man.* 1923 desirier 1472. 1496 desirance 1464. 2706 *désir.*

desis *voy.* desseoir.

deslieue *ind. pr. sg.* 3 *JBl.* (3772) *éloigne.*

desmasser *JBl.* 2152 *(contraire* amasser*) dépenser.*

desnicorder *Man.* 3552 *JBl.* 2937 *Sal.* 399 *tourmenter, confondre.*

despalir *JBl.* 4460 *ôter la couleur pâle.*

despendre *JBl.* 81 *dépenser, dissiper.*

despicier *Man.* 682 *dépecer, mettre en pièces.*

despire *JBl.* 1521 *Sal.* 26 *mépriser, dédaigner.*

despondre *Sal.* 302 *expliquer.*

desprisier *Man.* 2076 *JBl.* 16 *mépriser.*

desputer *Man.* 335 *disputer.*

desroi desroy derroy *Man.* 98 *désarroi, inquiétude* — 554. 982. 1390. 2058 *désordre, inconvenance, perfidie.*

desroiier : soi d. *Cd'a.* 18, 4 *se dérégler.*

desrouter *JBl.* 5706 *ôter de la compagnie de q.*

dessambler *JBl.* 1503 *séparer.*

dessardir *JBl.* 4164 *dépecer.*

desseoir *ind. pr. pl.* 3 dessieent *Man.* 1308 *subj. pr. sg.* 3 dessie *JBl.* 4794 *p.* desis *Sal.* 648 *déplaire* — *Man.* 3233 *seoir mal.*

desserte *Man.* 3853. 4735 *mérite, faute* — 5471 *Sal.* 609 *récompense.*

desservir *Man.* 1003. 1556. 2294 *mériter, gagner.*

desseure *voy.* deseure.

dessevree *JBl.* 1706. 5212. 5360 *séparation, départ.*

dessi ke *Man.* 2752 *jusqu'à ce que.*

dessoivre *ind. pr. sg.* 3 de dessevrer *JBl.* 626 *séparer.*

dessour *voy.* deseur.
dessous. estre d. *Cd'a.* 25, 2
   dépendre de, être soumis à.
destiner *Man.* 2078 *annoncer*
   — 5266 *témoigner.*
destourber *Man.* 11 *déranger.*
destourbier *Man* 301. 1502
   trouble, malheur.
destraindre *Man.* 499. 5899
   Sal. 1037 *serrer, oppresser.*
destre *Man.* 724. 1554 dextre
   W. xvi *f.* dexstre xxiii *m.*
   droit — destre et senestre
   Man. 2803 *à droite et à gauche.*
destrece *Man.* 6234 *JBl.* 394
   nécessité, contrainte.
destrier *Man.* 2608. 2688
   coursier.
destroit *Man.* 4360 *serré* —
   4574. 5502. 6190 *affligé.*
desvoloir *Sal.* 426 *ne pas vouloir.*
detraire *Man.* 2387 *déchirer.*
detri *Man.* 6218 *retard.*
detriier *Man.* 2524. 3945.
   5874. 6873 *JBl.* 4116. 4190
   soi d. *Man.* 5604 *hésiter.*
detteur *JBl.* 2154 *créancier.*
detuert *JBl.* 970. 979 *ind. pr.
   sg. 3 de* detordre.
devant *Man.* 575. 938. 976
   avant — d. que 1447 *avant
   que* — d. la 588 *jusqu'alors*
   — d. hier 4604 *avant-hier.*
devens (de, ab, intus) *Man.*
   1018. 1667. 7432. 8007 *JBl.*
   813. 1699. 1720. *dedans.*
   Voir la Chron. de Mousket
   25796. 25873.

devin *Man.* 8468 *JBl.* 2592
   conteur.
deviner *Man.* 4413 *soupçonner.*
devis *Man.* 4246 *récit* — *Cd'a.*
   26, 11 *disposition* — a devis,
   comme a devis *Man.* 7054
   JBl. 342 *comme il faut.*
devise *Man.* 2253 *JBl.* 4723
   description — *Man.* 6045
   mention — 4892 *renseignement* — 2702 *devise* — a
   devise, comme a devise *Man.*
   75. 2701. 5371 *Lai* 14 *comme
   il faut.*
deviser *Man.* 58. 2217. *JBl.*
   335 *Lai* 10 *décrire, peindre*
   — *Man.* 255. 1127. 2179.
   3761. 4248. 5409 *Cout.* 12, 28,
   58 *dire* — *Man.* 467. 2101.
   2833 *JBl.* 209 *parler, raisonner* — *Man.* 7049. 7402. 7688.
   7808. 8174 8481 *JBl.* 273.
   5004. 5194 *indiquer* — *Man.*
   953. 2147. 2267 *FLarg.* 182
   se proposer — *Man.* 4562 *décider* — *JBl.* 4774 *arranger.*
devourer *Man.* 5907 *JBl.*
   1959 *dévorer, maltraiter.*
   *Voir la note de Tobler, Dit
   dou Vrai Aniel v.* 244. *Ind.
   pr. sg. 3* deveure *Man.* 5914
   (réfl.) se consumer.
disme *Man.* 5731 *dixième.*
ditié *Sal.* 868. 879. 985 *poème.*
ditier *Man* 1 *JBl.* 4992 *Sal.*
   997 *dicter, écrire.*
divers dyvers *Cd'a.* 43, 7 *divers* — *Man.* 1453 *JBl.* 3344
   Sal. 775. 986 *IFatr.* 63 r.

dyvert *Cd'a.* 36, 10 *farouche.* *contraire.*
doi *Man.* 249 dui 971 *sj. de* deus *deux.*
doigne *voy.* doinst.
doignon *JBl.* 5109 *donjon.*
doing *Man.* 523 *ind. pr. sg. 1 de* donner.
doinst *Man.* 40 doigne *Man.* 43 *subj. pr. sg. 3 de* donner.
dolant *Man.* 84. 276 *dolent, triste.*
doloir *Man.* 478 *ind. pr. sg. 1* doeil *Man.* 114. *sg.* 3 deut 1746 *imp. sg.* 3 doloit 1344. *Subj. pr. sg. 3* dueille 7 *douloir.*
dolouser *Man.* 1401. 5541 soi d. *JBl.* 1698 *lamenter, se plaindre.*
donques *Man.* 461. 799 *donc, alors.*
dont *JBl.* 3211 *de ce que* — — *Man.* 1286. 1685 *d'où.*
dont *Man.* 79. 693. 4571 *donc* 902 907 *alors.*
donter *Man.* 1328 (1598) 1704. 1824. 4416. 5063. 5241. 6239. *JBl.* 514. 4576. 5366 5408. 6204 *Sal.* 434 *Lai* 135 *dompter, vaincre, contraindre à.*
dosnoier *JBl.* 3030 *faire la cour.*
doublentin *JBl.* 4024 *doublé.*
doublier *JBl.* 3563. 3583 *petite nappe.*
dour *JBl.* 4174 *largeur de la main.*
dourdellier *ind. pr. sg. 3* dourdelle : pareille *JBl.* 518 *heurter. Comp.* dourder *dans*

God. *et dans l'Et.* W. *de Diez.*
doute *f. Man.* 7211. 7386. 8239 *doute.*
douter *Man.* 904. 995 *redouter.*
droit *JBl.* 270 *état naturel ou normal —* il est drois *Man.* 37 *il est raisonnable.*
droiture *Man.* 551 *justice —* 149 *ce qui est dû à,* ? *les derniers sacrements.*
drue *Man.* 5767 *amante.*
duërront *Man.* 4907 *dureront.*
dui *voy.* doi.
duit *JBl.* 5074 *instruit.*
durement *Man.* 362. 992 *fort.*
duret *Man.* 1624 *JBl.* 352 *dim. de* dur.
durfeü *Sal.* 455 dur feü 456 *malheureux.*
dusque *Man.* 368. 371 dusques 770 *jusque —* 669 dusques *ou* duskes a tant que *Man.* 1314. 2026 *jusqu'à ce que.*
dyvers *voy.* divers.

E

ef *abeille.* vaissiaus d'es *IIFatr.* 9, 7 vaissel de hez, *T* d'ez *Cout.* 69, 25 vaissel d'eiz *Dial. Grég.* 160, 12 *(lat.* apum vasculum*) ruche d'abeilles.*
effrener *JBl.* 4027 *débrider.*
el *Man.* 1764. 4404 *autre chose.*
el *Man.* 529. 664 *elle.*

el *JBl.* 23. 1286 = en le.
ellire *Man.* 202. 241 *élire.*
em = en *devant* p *ou* b : *prép. JBl.* 3587 — *pron. Man.* 424. 583. 1661.
embatre *Man.* 480 *pousser* — soi e. en *Man.* 414. 1487 *Cout.* 67, 25 *entrer.*
embelir *Man.* 1278. 6001 *JBl.* 200 *plaire.*
embler *Man.* 3143 *Sal.* 266 *voler* — soi e. *Man.* 667. 3417. *s'esquiver.*
emborder *Lai* 12 *border, monter, sertir.*
embramir *Man.* 648 *(que j'ai eu tort de corriger) enflammer. Comp.* enbramie Renart éd. Méon I, v. 572 (esgramie, éd. Martin II 1252), enbramé Dîme de pénit. 2512 et God.
embriconer *Man.* 3059 *corrompre, duper.*
empaindre *Man.* 91. 445 *JBl.* 4309 *pousser* — *Man.* 3499 *empreindre (corriger* empainte en emprainte?).
empainte *Man.* 1399 *coup, attaque.*
emparlé *JBl.* 3193 enparlé *Man.* 5036 *éloquent.*
empasturer *JBl.* 3579 *empêtrer.*
empenon *Sal.* 141 *pennon.*
emplir *Man.* 2190 *s'emplir.*
emploite *Sal.* 842 *effort.*
emprendre *Man.* 41. 265. 404. 600 *entreprendre, commencer* — 1130. 4911 *prendre.*

emprise *JBl.* 85. 658 *entreprise.*
l'en *JBl.* 4933 *on.*
enamer *Man.* 1411. 5309 *commencer à aimer.*
enamourer *Man.* W x r. xxiv m. *s'éprendre de.*
encargier *Man.* 2460 *concevoir* — (2498) *imprégner.*
enchaintier *Man.* 2461 *devenir enceinte.*
encheïs *JBl.* 918 *accès.*
enchois *voy.* anchois.
encombrier *Man.* 302. *JBl.* 454. 4254. = encombrement *JBl.* 1762 *empêchement, embarras.*
encontre *Man.* 439 *contre* — 4130 *JBl.* 2067 *au-devant de.*
encoulourer *Man.* 310 *mettre en couleurs, colorer.*
endementiers *Man.* 1192 *Sal.* 955 *pendant ce temps-là* — e. que *JBl.* 3169 *pendant que.*
endroit *adv. juste* : ici e. *Man.* 1210 ci e. 2932 loeques e. 2296 luec e. 3414 or e. *JBl.* 446 la e. 4247 — *Man.* 2900. 8072 *quant à* — d'endroit moi *Sal.* 316. 383. *Cd'a.* 44, 2 *de ma part.*
enduërrai *Lai* 147 *fut.* d'endurer.
enengier *voy.* aengier.
enfossé *Man.* 3119 *creux comme une fosse.*
enfourmer *Sal.* 563 *empreindre.*
enfrener *JBl.* 2982 *brider.*
enfrumer *Man.* 7443 *enfermer.*
enfrun, *f* enfrume *Cd'a.* 43, 8

avare — Man. 1124. JBl. 1102 Sal. 236 *vilain, embarrassant.*

engaigne JBl. 2262 *indignation.*

engenreüre Man. (552) *progéniture.*

engigneus Man. 1806 8537 *ingénieux, rusé.*

engignier Man. 3061 *duper, tromper.* De là engingneeur 4894.

engraignier JBl. 4692 *agrandir.*

engrès Man. 994. 3935. 7130 *impétueux.*

engresser JBl. 1173 *passionner.* Comp. li quien s'engressent d'abaier Cout. 39, 46.

enhaïr Man. 2447 *commencer à haïr.*

enlimer JBl. 6257 *perfectionner (avec la lime).*

enmaler Man. 2914 JBl. 5433 *mettre dans une valise, emballer.*

enne Man. 1702. 1707 ene JBl. 1115. 1131 = et ne *(au commencement d'une phrase interrogative).*

ennortement Man. 1435 *impulsion.*

enort Man. W. xxvi m. *impulsion.*

enorter Man. 3422 Sal. 830 FLarg. 66 *exhorter.*

enparlé *voy.* emparlé.

enprendre *voy.* emprendre.

enquerre *ind. pf. sg.* 3 enquist Man. 1231 *subj. sg.* 3 enquiere (1301) *demander.*

enroër Man. 4640 *mettre sur la roue.*

enruïllier Man. 2742 *enrouiller.*

ens Man. 774. 829 *dedans.*

enscïënt Man. 66 *escient, savoir.*

ensement Man. 407. 1015 *aussi.*

ensubz Man. W. xix f. xlvii m. *au loin.*

ent Man. 378. 712. 2361. 2404. 2858. 3009. 6541 Cout. 3, 15. 12, 47. 14, 25. ant Man. 6100 6541 *(toujours après le verbe)* en.

entalenté Man. 237. 639 *disposé.*

entechié Man. 6714. 6888. 7042 *entaché.*

entendre a Man. 6. 458 JBl. 3874. 3880 *s'appliquer à* — faire entendant a Man. 935. 1046. 3771 Cd'a. 9, 3 Cout. 11, 26. 15, 8 faire entendre Man. 1042 *faire entendre ou comprendre à.*

entente *attention,* metre entente Man. 190 *s'appliquer* — metre s'entente a Man. 545. 2049 JBl. 1044 *prendre à tâche, commencer* — metre s'e. en JBl. 714 *s'éprendre de.*

ententieument Man. (391) 6094 ententiument JBl. 463 *attentivement.*

enter Man. 1430 W. xxv c. JBl. 1614 *(au fig.).*

enterin *Man.* 2554. 8378 *entier, sincère.*
enterra *Man.* 3304 *entrera.*
enteser *JBl.* 1632 *tendre, employer.*
entouche *JBl.* (530) entouce (1778) *poison, venin.*
entrait *JBl.* 1276 *onguent.*
entraiture *Man.* 3122 *mot obscur qui se retrouve dans un passage cité dans la Romania* XII, p. 215, v. 9 *et dans deux passages cités par God.*
entre ... et *Man.* 3811 *JBl.* 2427. 3433 *et ... et* — *entre voies Man.* 3818 *en chemin* — **entre** *en composition avec un verbe réfléchi pour signifier une action réciproque* : *Man.* 6516 *JBl.* 1590 *Man.* 1795. 2775. 2792. 2793. 2836. 6571. 6582. 7837-9 *etc.*
entrebrachier. soi c. *JBl.* 1818 *se prendre entre les bras, s'embrasser.*
entrelaissier *Man.* 492 *quitter.*
entrepris *JBl.* 4299 *Cd'a.* 10, 2 *en danger.*
entrevenir. soi c. *JBl.* 308 *se rencontrer.*
envenimer *Sal.* 255 *empoisonner.*
envial *JBl.* 1625. 4832 *renvi.*
envis *Man.* 2958. 3866 *à envis* 2021. 3012 *à contre-cœur.*
envoiseüre *Sal.* 1016 *enjouement.*
envoisier *Man.* 8330 *JBl.* 3035 *égayer.*

erboi *JBl.* 3578 *herbage.*
errance *Man.* 6703 *erreur.*
errannent *Man.* 754. 1240 errament 1815. 4383 erroment 4482. 4989 erromment 6779 esranment *JBl.* 4449 esroment *Man.* 2304. 7067 errant 949. 2064 esrant *Sal.* 650 *aussitôt.*
errer esrer *Man.* 56. 5240. *JBl.* 4506 *FLarg.* 77 *(ind. pr. sg.* 3 oirre) *voyager* — *Man.* 4391 *agir, en user.*
errour *(? pour* irour*)* *Man.* 1869 *tristesse.*
es *lat.* ecce. es vous *Man.* 503. 652. 1228 estes vous 3199. 4522 *voilà.*
es *voy.* ef.
es *Man.* 1027 = *en les.*
es *même.* en es l'eure *Man.* 7463. *JBl.* 4861 en es le pas *FLarg.* 236 *aussitôt.*
esbahir *Man.* 2495 *étonner* — — *p.* esbahi *Man.* 680. 864. 1597 *déconcerté. Comp.* esbahie et desconfortee *(d'une veuve). Cout.* 13, 1.
esbanoiier *Man.* 1256. 6221 s'esbaniier *Man. W.* XXVI c. *s'amuser, se promener.*
esbaubi *FLarg.* 175 = abaubi.
escachier *Man. W.* XXII *f.* XXVI *f. expulser.*
escari *peu nombreux.* a escari *JBl.* 4925 *dénué de gens.*
escars *Man.* 6164. 6784 *avare* — sans escars 7985 *en abondance.*
eschès *voy.* eskès.

eschieuer *Man.* 706. 813 eschiuer 4542-3 eskieuer 3759 *JBl.* 31 eskiuer *JBl.* 3603 esquieuwer *Man. W.* viii c. eskieuwer ix m. *éviter* — *Man.* 1703 *sauver.*

eschif *Cd'a.* 22, 11. 35, 8 *farouche, dur.*

esciënteus *Man.* 1805 *sachant, versé dans.*

escil *JBl.* 3475 *peine, malheur.*

escillier essillier *Man.* 398 *maltraiter, faire périr* — 442. 502. 6718 *Cout.* 43, 43 *tourmenter.*

escole *Man.* 1692 (*au fig*).

escondire *Man.* 374. 700. 1841 *refuser.*

escondit *Man.* 625 *Lai* 78 *refus.*

escons *Man.* 3812 *p. de* escondre *cacher.*

esconser *JBl.* 2692 *Cout.* 2, 32. 3, 30 *cacher, couvrir.*

escuser. soi e. de *Man.* 1977 *renoncer à.*

esfort *Man.* 2532 *équipement.*

esgarder *Man.* 416. 1184 *regarder* — *Man.* 814 (*ind. imp. sg.* 3 esgardot) *FLarg.* 349 *avoir égard à.*

esgart *Man.* 1444. 7816 *JBl.* 626 *regard* — *Man.* 5150 *jugement* — *JBl.* 3045. 3850 *garde.*

esjoïr *Man.* 70. 288. *Ind. pr. sg.* 3 esgot 1954 esjoie *FLarg.* 244 *pl.* 3 esjoient *Man.* 8068 *réjouir* — *Man.* 7804 *fêter.*

eskaï *Man.* 2430 *échut.*

eskès *Man.* 1384. 1387 eschès *JBl.* 400 *échecs.*

eskieuer *voy.* eschiuer.

eskiper esquiper *Man.* 1018. 3882 *pousser du rivage.*

eskiuer *voy.* eschiuer.

eslais *JBl.* 1004 *action de précipiter, violence.*

eslaissier *Man.* 6506. 7439 *précipiter.*

eslongier *JBl.* 4137 *s'éloigner de, dépasser.*

esluër *IFatr.* 64 *glisser.*

esmai *JBl.* 1868 *émoi.*

esmaiier. soi e. *Man.* 1895. 1988 *perdre la force, se décourager.*

esmari *Man.* 4602. 5614 *marri.*

esmer *Man.* (6220) *taxer. Comp.* par esme *Cout.* 26, 2 *à la prisée.*

esmouvoir. soi e. *Man.* 275 *JBl.* 18 *se mettre en mouvement, partir.*

esmuete *Man.* 4340 *impulsion.*

espane *IIFatr.* 7, 7 *empan.*

espee *JBl.* 4312. 4325 *glaive.*

esperer *JBl.* 6261 *attendre, craindre* — *Ind. pr. sg.* 1 espoir *Man.* 895. 1550 *peut-être.*

esperital *Man.* 922 *spirituel.*

espeueri *Man.* 1892 *peureux.*

espie *f. Man.* 648 *espion.*

esploit *avancement* ; a e. *Man.* 7474 *JBl.* 2729 *vite.*

esploitier *Man.* 436. 573. 5789 *avancer, marcher.* —

VOCABULAIRE

JBl. 2962 parcourir — Man. 940 exécuter.

espoënteus JBl. 4280 épouvanté.

espoi IIFatr. 3, 9 broche.

esponde JBl. 720. 1177 bord du lit.

espondre Man. 7225 expliquer.

esquieuwer voy. eschieuer.

esquiper voy. eskiper.

esrachier Man. W. xiv f. arracher.

esranment esrant esrer esroment voy. err.

esse Man. W. xix f. xliv c. m. est-ce.

essillier voy. escillier.

essoine m. Man. 3164 essoigne JBl. 1932 ensoine Cout. 2, 4, 7. 3, 16-23 excuse.

estal. livrer estal JBl. 4375 attendre de pied ferme — hestal Man. 5986 état, tréteau.

estankier JBl. 706 arrêter, empêcher.

estavlie Man. 6039 planche qui sert à composer une table.

estavoir voy. estevoir.

estendillier Sal. 542. Ind. pr. sg. 3 estendeille Cd'a. 35, 12 s'étirer.

ester Man. 1233 lat. stare.

esterlin Man. 2612 estrelin 4071 sterling.

estes voy. es.

estevoir estavoir Ind. pr. sg. 3 estuet Man. 115. 1336 imp. sg. 3 estevoit JBl. 4949 fut. sg. 3 estevra Sal. 343 pf. sg. 3 estut (avec r. direct) JBl. 1820 falloir — Inf. substantivé Man. 5284. 5841 ce qui lui faut — par estavoir IFatr. 12 Lai 86 par nécessité.

estive Man. 2297 espèce de flûte.

estordre JBl. 3865 extraire — Ave 1, 11 échapper.

estourmir Man. 1036 estormir 1738 alarmer.

estout Man. 202 sot — 2444. 7938 JBl. 2848 étourdi, insolent.

estoutie IFatr. 46 témérité.

estrait Man. 1569. 5101 issu.

estrangier Man. 7738 Cout. 70, 12 aliéner.

estre être. Ind. imp. sg. 1 Man. iere 5550 ere 7036. 3 ere 312. 2095 ert 49. 52 iert 54. estoit 53 fut. sg. 1 iere Sal. 387 205. 3 iert Man. 79 pl. 3 ierent 6883-4 subj. imp. sg. 3 fuisist Man. W. xxviii m. fuist xxxi f.

estre JBl. 3907. 5742 outre.

estrelin voy. esterlin.

estrine Man. 3256 JBl. 520 étrenne, don.

estriver Man. 5232 s'efforcer — JBl. 2890 disputer, lutter.

estrous. a estrous Man. 831. 1936 aussitôt.

estruire Man. 402 instruire — 5706 fonder, construire.

estruit (de instructus) Man. 496 pouvoir. Comp. de treis estruiz de aiselers lat. tribus ordinibus lapidum. Quatre Livres des Rois III. 6, 36.

Voy. aussi le Vocab. de la Vie de saint Gilles.
eüree voy. bonne.
eüreus Sal. 852 plein de bonheur.
ewe Man. 736 euwe Man. 7473 JBl. 5900 eau. Voy. iawe.
examplaire Man. 4689 exemple, cas.

F

fa ge Man. 5082. 7553 fais je.
faille Man. 3588 manque — sans (nule) faille Man. 1946. 3488 certainement — tourner a failles 644 défaillir, échouer — prendre faille Sal. 38 finir.
failli de cuer JBl. 4007 découragé, abattu.
faindre JBl. 4160 soi f. Man. 1850. 4742 tarder.
faire. il se faisoit dolens Man. 1044 il faisait semblant d'être triste — faire que Man. 454. 455. JBl. 5778 agir comme — JBl. 2851. 3674. 4127 faire comme verbum vicarium.
faiticeté Man. W. xi m. faiticheté xxiii c. beauté.
faitich Man. W. x c. xxiv m. bien fait, beau.
faiture Man. 1225 taille, stature.
familleus JBl. 4284 familleux, affamé.

faule JBl. 4481 fable.
faus Man. 454 cas sj. de fol — Faus s'i fie JBl. 2227 phrase proverbiale, sur laquelle on peut voir les remarques de Tobler dans les Gœtt. Gel. Anz. 1877 p. 1625 et les citations de God. ; j'en ajoute deux : Évangile des femmes, éd. Constans V d, Bonnard, Traductions de la Bible en vers p. 96 (où il faut corriger solsie en Fol s'i fie).
fausser JBl. 4275 déchirer — Cout. 1, 25. 67, 1 casser un jugement — Cd'a. 15, 11 Lai 137 tromper.
feal Man. W. viii m. fidèle.
femelette Man. W. xviii c. dim. de femme.
ferir ind. pr. sg. 3 fiert Man. 727 p. feru Man. 2755 — JBl. 4179 tomber.
feü voy. durfeü.
fi. de fi JBl. 3720 certainement.
fiance Man. 562. 5169 promesse, engagement — 950. 3804. 5620 certitude, confiance.
fiancier Man. 949. 3801. 3803 promettre.
ficier Man. 1135. 6629 ficher, attacher.
flerour Lai 8 fierté.
finablement Man. W. viii m, xii c. finalement, enfin.
finer Man. 332 JBl. 4168 finir, achever — Man. 2538. 5980 cesser — f. de Man. W. iv c. lxii m. se procurer.

fisiciien *voy.* fusiciien.
fisique *Cd'a.* 28, 5 *physique, médecine.*
fiu *Sal.* 285 *fief. Dans les Cout. on ne trouve que* fief.
fix *Cd'a.* 43, 3 *cas sj. de* fiel.
flaon *IIFatr.* 11, 5 *flan.*
flatir *Man.* 1402. 3942 *abattre, jeter.*
flestre *IIFatr.* 7, 10 *flétri.*
flourete *Man.* 2274 *dim. de* fleur.
flun *Man.* 2062 *fleuve.*
foissele *FLarg.* 116 *corbeille.*
folage *IFatr.* 8 *folie.*
foleté *IIFatr.* 9, 6 *Lai* 145 *folie.*
foloier *JBl.* 508. 2792 *être fou.*
fondament *Man.* 5542 fondamment *Man. W.* xxiii *c à fond, abondamment.*
fonde *Ave* 2, 10 *fronde.*
forgier *JBl.* 2873. 2875 *coffre, malle.*
forment *Man.* 305. 1954 *beaucoup.*
fors *Man.* 65. 210. 4933 fors que 87. 1429 *excepté —* fors que de tant que 312. 416. 2879 *seulement que —* ne... fors 324. 842. 4319 *ne... que —* fors *Man.* 2134 *W. Man.* xxvii *c. (après un comp.). Man.* 394 *mais; voir Scheler dans le Gloss. des Œuvres de Froissart.*
fort *JBl.* 1297. 3004. 3238. 3412 *Cout.* 1, 12, 27. 8, 11. 39, 79. 69, 19 *difficile.*
fouler *JBl.* 4421 *écraser.*

fourmiër *Sal.* 567. 568 *s'agiter.*
foursenerie *Man.* 1586. 7186 *état de forcené.*
fourvoyer *Man.* 4959 fourvoiier 5602 *JBl.* 2717 *égarer, dévoyer.*
fraindre *Man.* 5687 *p.* fraint 3500 *briser.*
frapaille *JBl.* 3904 *canaille, gens de rien.*
fremail *Man.* 2358 *JBl.* 2928
frumal *JBl.* 4728 *fermail.*
fretel *Man.* 2297 fretele *JBl.* 4762 *espèce de flûte, galoubet.*
freür *Sal.* 500 *frayeur.*
frion *IIFatr.* 2, 8 *espèce d'oiseau.*
frumal *voy.* fermail.
fuer *JBl.* 6186 *FLarg.* 13 *Cout.* 30, 62. 68, 7 *taxe, prix —* a nul fuer *Man.* 428. 988 a nes un fuer 1398. 2368 *aucunement.*
fusiciien *Man.* 101 fusessiën *JBl.* 677 fisiciien 701 fusissiien (1670). fusiciën *Cout.* 29, 20 *physicien, médecin.*
fust *Man.* 1270. 5564 *bois.*

G

gaaigne *Man.* 4792 gaaingne 4799 *gain.*
gaber *Man.* 7162 *JBl.* 2108 *railler.*

gabois *JBl.* 2711. 2850 *Lai* 79. 81 *raillerie.*
gaimenter *Man.* 1681 *JBl.* 3176 *lamenter.*
gaite *JBl.* 4807 *sentinelle.*
gaitier *Man.* 7767 *JBl.* 3635 guetier *JBl.* 3462 *guetter* — soi g. *Man.* 7766 *JBl.* 1552. 3489 *prendre garde* — soi g. de *Man.* 4508. 6345 *s'attendre à* — gaitier l'ostel *JBl.* 2546 *ne pouvoir dormir.*
galandesche *JBl.* 3999 *guirlande.*
game *Man.* 4726 = gemme.
gant *Man.* 2771 jent 2734 gent.
gant *Man.* 3004. 3102 = gent 189. 443 *gentil.*
garandir *Man.* 6198. 7236. *JBl.* 2679 *protéger.*
garant *Cd'a.* 8, 6. 34, 11 *protecteur* — 5, 8 *Cout.* 25, 23, 24 *défense.*
garde. n'avoir garde de *Man.* 6329. 7756 *n'avoir rien à craindre de.*
garder. soi g. de *Man.* 415 *Sal.* 454 *s'apercevoir de.*
garer. soi g. *Lai* 149 *garder, prendre garde.*
garniment *Man.* 3078. 4030 *habits, armure.*
garnison *Man.* 254 *provision.*
garrai *JBl.* 795 *je guérirai.*
gaudine *JBl.* 3529 *forêt.*
gaut *JBl.* 3549 *forêt.*
gehir *Man.* 1108. 5172 jehir 6197. 6650 *avouer, confesser.*
gehui *voy.* jehui.

genillons *voy.* jenillons.
gent *voy.* gant.
germe *Man.* W. IV f. *gemme·*
gesine *JBl.* 748 *état d'un malade alité.*
gesir de *Man.* 4000 *être accouchée de.*
gherredon *Man.* 120 gueredon 6544 *récompense.*
gibelet *IIFatr.* 5, 10 *espèce de ragoût, gibelotte, angl.* giblets.
gié *Man.* 447. 4825 *JBl.* 795. 2775 *Sal.* 138 (*gié ne se trouve qu'à la rime*). ge *Sal.* 730 je *Man.* 4834 *Cd'a.* 18, 9 jou 29, 2 *Man.* 28. 113 *je, moi.*
gieter *jeter* — *Man.* 1073. 1142 *tirer, sauver, délivrer.*
gille *Man.* 2912 gile 4372 guile 3938 *JBl.* 1910. 5656 *fraude.*
giron *FLarg.* 169 *pan.*
glacier *JBl.* 4801 *glisser.*
glaive *JBl.* 4302. 4308 glave *Man.* 1136 *lance.*
glous *cas sj.* de glouton *Man.* 3405.
goitron *Lai* 36 *gorge.*
gorrai *Man.* 1789. 3316 = jorrai 5300 *fut.* de joïr.
grain *Man.* 4216 *indigné.*
graindre *voy.* grignour.
granment *Man.* 914 *loin* — *Sal.* 416 *longtemps.*
grant *grand.* estre en grant *JBl.* 717 en grans *Man.* 575 *Sal.* 548 *être acharné, désireux* — grant s. *Man.* 4502 *grandeur.*

grassiier *Man.* 7196. 7394
grascier 7623 *rendre grâce à.*
gre *gré.* mau gre vostre *Man.*
6638 *malgré vous,* mal gre
mien *JBl.* 2913 *malgré moi.*
Comp. Cout. 29, 12. 54, 10.
greslet *JBl.* 353 *dim. de* gresle.
grevance *Man.* 2500. 3019
peine, incommodité.
greveus *Man.* 4306. 4358
JBl. 914 *Lai* 77 *FLarg.* 270.
Cout. 38, 6 greveux, *péni-
ble.*
grieté *Man.* 1413. 1734 *cha-
grin.*
grignour *Man.* 1726. 6363 gri-
gneur 5974. *cas sj.* graindres
Sal. refr. 4, 2 *plus grand.*
gris *Man.* 5331. 8173 *étoffe
précieuse* — 5332 *couleur
grise.*
groisse *Sal.* 136 *grosseur.*
gros. prendre en gros *Man.*
599. 7035 *prendre à tâche.*
grosset *JBl.* 301 *dim. de* gros.
guencir *JBl.* 4059 *se détour-
ner, éviter.*
gueredon *voy.* gherredon.
gueres *JBl.* 5339 *beaucoup.*
guerpir *Man.* 5670 *JBl.* 3414.
céder, quitter.
guerredonner guerredouner
Man. 1096. 2822. 2824 *ré-
compenser, rendre.*
guetier *voy.* gaitier.
guile guille *voy.* gille.
guivre *Man.* 3124 *vipère.*

H

haingre *Lai* 38 *grêle.*
haitier *JBl.* 5568 *égayer —
il me haite JBl.* 225 *il me
plaît — p.* haitié *Man.* 4197
JBl. 1423 *Cout.* 2, 7. *bien
portant, content.*
hardement *Man.* 1687 *JBl.*
745 *hardiesse.*
hart *JBl.* 558 *Cd'a.* 42, 11
corde. Comp. Cout. 32, 15 et
banir sor le hart 12, 45. 30,
36. 51, 4. 61, 19, 20.
haschie *FLarg.* 34 *peine,
tourment.*
hastier *JBl.* 4615 *haste.*
haterel *JBl.* 4111 *nuque.*
haut. metre sur moi haut et
bas *Sal.* 425 *s'en remettre à
moi entièrement.*
hestal *voy.* estal.
hestol *JBl.* 242. 4608 *étou,
estou, tréteau.*
hide *Man. W.* XLIV *f. hor-
reur.*
hiraut *Man.* 2911 *héraut.*
homme *Man.* 366 *vassal.*
hontoier *Man.* 1874 soi hon-
tier *Man. W.* XIII m. XXVIII
m. *avoir honte.*
hostil *Man.* 4773 *outil.*
hourt *Sal.* 322 *ruse.*
hu *Man.* 718. 1029 *cri.*
huchier *JBl.* 5062 hukier
JBl. 2726 *appeler.*
huese *JBl.* 5511 *botte.*

huese *JBl.* 1983. *ind. pr. sg.*
de houser *mettre des bottes.*
hui *Man.* 1902. 2284 *aujourd'hui.*
huiseuse *voy.* oiseuse.
hukier *voy.* huchier.
hustin *Man.* 8282 *JBl.* 4394.
4410 *tapage.*
hustiner *JBl.* 4287 *faire du tapage.*

I

i *r.*
i *Man.* 3659. 4542. 6096. *Man.* W. IX c. y VII *f. il.*
iawe *Man.* 691 iauwe 2149. 7421. 7422 yauwe 6783 *eau.* *Voy.* ewe.
ice *voy.* chou.
icelui *Man.* 5543 = celui.
ier *hier.* l'autr'ier *Man.* 453. 3258 *l'autre jour.*
iloec *Man.* 419 1188 iloeques 845 illoeques 647 illuec 2315. 2402 illuecques 4521 illoecq *Man.* W. XVII *f. là.*
ingalment *JBl.* (292) *également.*
inne *Man.* W. LVII *f. hymne.*
ire *Man.* 6208 *colère* — 2968. 3831. 6014. 6016 *chagrin, tristesse.*
irer *Man.* 4863 *irriter, fâcher, affliger* — *p.* iré irié *JBl.* 4966 *adv.* ireement *Man.* 576.
irestre *JBl.* 3856 *mettre en colère.*

irour *Man.* 3870. ireur 8325 *tristesse. Voy.* errour.
isnel *Man.* 2871. 3082. 4089 *vite* — isnel le pas *Sal.* 178 *vite.*
issi *Man.* (91) 107. 421 *si, ainsi, de manière.*
issir *Man.* 1398. *Ind. pr. sg.* 3 ist 590 *p.* issu 745 *sortir.*
itant *Man.* 2571. 2729 *tant.*
itel *Man.* 3104. 3294 *Cout.* 27, 17. *tel.*

J

ja *déjà* — ja ... ne *Man.* 46. 79 *jamais... ne JBl.* 19 *ne point* — ja soit chou que *Sal.* 877 *quand même,*
jagonce *Man.* 2240 *jacinthe.*
jehir *voy.* gehir.
jehui *Man.* 6559 gehui *IFatr.* 27 *encore aujourd'hui.*
jel *Man.* 4883. 6366 jeu *Lai* 50 = je le *(neutre).*
jenillons. a jenillons *JBl.* 5821 à *genoux* — lever q. de genillons *Sal.* 765.
jeu *voy.* jel.
joiant *Man.* 275. 858 *joyeux.*
jointis *JBl.* 4835 *joint.*
joïr *Man.* 7490. 7672 *fêter.*
joli *Man.* 1218. 2155 *Sal.* 861. *Sal. refr.* 7, 8. 8, 1. *joyeux, galant*—*Man.* 2694 *joli.* Dim. joliët *FLarg.* 206.
joliëté *Sal.* 945. 957 joliveté

Man. 2117 *joyeuseté, enjouement.*

jone *Man.* (88). 312. 3034 jovne 1218 jovene 2511. 6022 *jeune.*

joneté *Man.* 109 *jeunesse.*

jorroise *II Fatr.* 7, 10 *espéce de fruit, prune de Joirre (auj. Jouarre).*

jou *voy.* gié.

jouvente *jeunesse; Man.* 716 *jeune fille.*

jovenece *Man.* 3209 *jeunesse.*

jui *Man.* 4409 *ind. pf. sg.* 1 *de* gesir.

juïse *Man.* 825 *supplice.*

jus juis *Man. W.* XVII *c. en bas.*

jut *Man.* 1695 *subj. pr. sg. 3 de* jouer.

K

k' *Man.* 2339 = que.

kaï *Man.* 2429 *ind. pf. sg. 3 de* caoir.

karole *Man.* 2202 carole *JBl.* 4765 *danse.*

karoler *Man.* 2170 caroler 2304 *danser.*

kavel *voy.* cavel.

kerrai *voy.* querrai.

keü *Man.* 2601 *p. de* caoir.

keurent *Man.* 2170. 2304 queurent 2783 *ils courent.*

keute *couette.* keute pointe *Man.* 507 *couette piquée, courtepointe.*

L

labiter *Cd'a.* 9, 4 *confondre, faire périr. Comp. Dits et contes de Baudouin de Condé, éd. Scheler,* XII. 514, *Dits de Huc Archevesque* IV 136, *et* God.

lai *Cd'a.* 38, 5 *voy. Introduction p.* CLXIII.

laians *voy.* laiens.

laidengier *JBl.* 2904 *FLarg.* 263 *offenser.*

laidir *Sal.* 997 ledir 1038 *maltraiter.*

laidure *Man.* 7183 *offense.*

laiens *Man.* 297. 313 laians 854 leans *JBl.* 588. 1695 *là dedans.*

lairai *Man.* 197. 293. *fut. de* laissier.

lais *JBl.* 2077 *legs.*

laist *Man.* 988. *subj. pr. sg. 3 de* laissier.

lait *JBl.* 3350. 5866 *désagréable, mauvais — subst. Man.* 6698. *JBl.* 1031 *Cout.* 34, 3 *(faire lait) offense.*

lambre *Man.* 382. 1872 *(du lat.* lamina *plaque) revêtement de plaques sur le plancher ou sur les murailles.*

lancier *Man.* 2750 *JBl.* 1688 *lancer — Sal.* 129 *tirer —* lancier a *Man.* 2762 *empoigner — Man.* 1496 *s'élancer, se porter.*

langage *Man.* 3200 *langue.*
langes *Man.* 6681, *ms.* langues que j'ai eu tort de corriger en langueurs; *comp.* JCondé I 23, 1669, II. 37, 799, Joinville § 122.
lanier *JBl.* 338 *paresseux.*
larget *JBl.* 347 *dim. de large.*
larmer *JBl.* 2496 *larmoyer.*
laste *Sal.* 911 *lassitude, épuisement.*
latin *JBl.* 3254 *langage* — *Man.* 2163 *JBl.* 3039 *ramage.*
le *Man.* 692. 4475 *large.*
leans *voy.* laiens.
leeche *Man.* 2467 *liesse, joie.*
leonime *Man.* 30 *rime léonine ou dissyllabique; voir Introduction p.* CLII.
les *subst.* côté — *prép.* à côté de *Man.* 390. 508.
letrer *Man.* 3214 *rédiger.*
leu *JBl.* 422. 4237 *loup.*
leur *Man.* 7442 7853 *le leur*, 3503 *la leur.*
lev̄e *JBl.* 4452 *ind. pr. sg. 3 de* laver, *pl. 3* levent *Man.* 6041 *JBl.* 387.
levrete *JBl.* 300 *dim. de levre.*
li *m. Man.* 295. 432. 468. *JBl.* 74 = lui — *Man.* 375. 466. 637. 949 *etc. le lui, Man.* 1648 *la lui.*
li *Man.* 543. 791. 2250 *Cd'a.* 35, 3 *la (cas sj. de l'article fém.).*
li *Man.* 58 *Sal.* 879 *elle (cas r. du pron. abs.).*

lié *Man.* 84. 495 *joyeux.*
lignage *Man.* 763. 834. 6547 *parenté, famille.*
lignie *Man.* 7739 *parenté, famille.*
lignier droit *Man.* 48 *aller en ligne droite.*
lignoleit *Lai* 14 *dim. de ligneul fil à aligner.*
linge *JBl.* 5907 *de lin.*
lipe *lippe.* faire lipe *Sal.* 858 *faire la lippe, la moue.*
liverrai *Man.* 918 *livrerai.*
lober *Man.* 3069 *flatter.*
loëïs *JBl.* 4772 *de louage.*
loeques *voy.* luec.
loër *Man.* 355. 485. 637 *conseiller.*
loialté *loyauté. Le mot personnifié est employé comme m. Sal.* 279. 281. 807 *et comme f.* 305.
loier *Man.* 800 loiier 1452 *lier.*
loieüre *Man.* 7572 *bandage, appareil.*
loisir *Sal.* 360 *être permis.*
longuement *Man.* 335 *longtemps.*
longuet *JBl.* 344 longhet *Sal.* 140 *dim. de lonc long.*
lorain *Man.* 8425 *JBl.* 2180 *bride.*
los *Man.* 2552. 2830 *gloire* — 217. 218 *conseil.*
losengier *JBl.* 4307 *calomniateur.*
losengier *FLarg.* 111 *flatter.*
loy *Man.* 553 *religion.*
luec *Man.* 2938. 3163. 3142.

7106 lueques 631. 4100 loeques 1137. 2296 là.

luês Man. 623. 1257 aussitôt.

lui Man. 5355. JBl. 863 Sal. 107 FLarg. 221 = li elle — Man. W. xix m = le lui.

luminaire JBl. 5924 éclairage.

M

maiestire Man. 1045. 7653 artifice, art.

maillié JBl. 4062 composé de mailles.

main adv. Man. 1993, 2206, s. 4552 matin.

maindre voy. manoir.

mainie voy. maisnie.

mains moins. c'est du mains Man. 474 c'est la moindre des choses. Comp. Romania VI p. 331 v. 46 et Petit de Julleville Les Mystères I p. 287.

mainsné JBl. 5975. 6115 mainé 6127 puîné, cadet.

maintenir. soi m. Man. 1350. 5321 se comporter.

mais Man. 130. 226, 3679 dorénavant — Man. 822. 1830. JBl. 3758. 5672 plus — mais que Man. 450. 542. 1658. à condition que, en cas que, Man. 3953 si ce n'est que.

maisnie Man. 2042. 6916 mainie JBl. 1438. 1729 menie Man. 2651. 5875 gens de la maison, suite — estre de maisnie JBl. 5538 être de la maison.

malage Sal. 907 Cd'a. 20, 8 Lai 48 maladie, malaise.

malbaillir Man. 7506 JBl. 1740. 1845 Sal. 580 maltraiter.

maleürté Man. 6314 malheur.

malineus JBl. 278 malade.

maltalent Man. 3338. 4102. 8149. 8152 indignation, colère.

mamelete Man. 1623 JBl. 349 dim. de mamele.

manaie Man. 1788. 6839. protection.

manant adj. JBl. 6085 riche — subst. Man. 2547 menant 2043 celui qui est de la maison ou de la suite, suivant.

manantie Man. (7715) richesse, biens.

manette Man. W. LIV m. dim. de main.

mangon JBl. 3656 sorte de monnaie. Comp. DC. art. mancusa.

manier Sal. 521 habile, adroit.

maniere. de grant m. Man. 674 beaucoup.

manoiant Man. 7576. 7972. 8144 prompt, zélé.

manoir Man. 8509. 8510 maindre 476. ind. pr. sg. 3 maint 2941 imp. sg. 3 manoit 3365 pf. sg. 1 manui 5927 subj. pf. sg. 3 mansist Cout. 57, 8 p. prs. manant

Man. 1381 *pf.* manu *Cout.* 32, 17 *demeurer.*

manouvrer. *FLarg.* 51 *Cout.* 15, 12. 54, 5 *travailler. Comp.* manouvrages de terre ou de vignes *Cout.* 29, 18.

mar *Man.* 595. 700 *JBl.* 1230. 4333 *à la male heure.*

mariment *Man.* 4456 marison 430 *chagrin.*

meffaire. soi m. *Man.* 144. 362 *se méprendre.*

mehaignier *Man.* 815. 3591 *mutiler, blesser.*

mehain *Man.* 1734. 2327 *blessure, tourment.*

meïsmement *Man.* 27. 153. 865. (2432.) 5353. (6563. 7357.) 7544. 7624 *JBl.* 5697. 6105 *mêmement, surtout.*

membrer *Man.* 1707 *souvenir.*

menant *voy.* manant.

mener *JBl.* 3382 *traiter* — mener... fin *JBl.* 1257 *faire le piteux.*

menestrel *Man.* 2292 *valet* — menestrix *cas r. du pl. Cout.* 29, 5 *ouvrier*—*JBl.* 5898 menesterel *JBl.* (4701.) 5516. 5689. 5917 *ménestrel, jongleur.*

meneur *voy.* mendre.

mengier *JBl.* 3567 *manger.* ind. pr. sg. 3 menjut *JBl.* 1417 mengue 3568 *subj. pr. sg.* 3 menjut *IIFatr.* 5, 11 — mengier son assés *JBl.* 3027 *manger son soûl.*

menie *voy.* maisnie.

menre *pl. r.* menres *Man.* 7228 *JBl.* 5782 *pl. sj.* meneur *Man.* 7502 *sg. r. JBl.* 1398 *moindre.*

mentir. li cuers li menti *Man.* 6728 *le cœur lui faillit.*

menu adj. *Man.* 1049 *JBl.* 3563 *petit* — adv. *Man.* 6614 *souvent.*

merc *JBl.* 4276 *signe, marque.*

merciër *Man.* 2522 *remercier.*

merel *Man.* 4674 *marque de contrôle, méreau.*

merir *Man.* 6594 *JBl.* 3810 *récompenser, rendre.*

merra *Man.* 4584 *mènera.*

merveillier *Man.* 31 (1079.) mervillier (2016). 2044 *émerveiller.*

mescaance meskaance *Sal.* 249. 539 mescanche *Man. W.* x f. *malheur, mauvais succès.*

meschief *Man.* 358. 742 mescief 998 *méchef, malheur, mal.*

meschine *Man.* 688 meskine 1493 *fille.*

mesdit *Sal.* 251. 498 *médisance.*

meserrer *JBl.* 1322 mesesrer *Sal.* 180 *se méprendre.*

mesestance *Man.* 1058. 6736 *malheur, peine.*

mesire(s) *Man.* 1833. 1838 = mes sire(s) *titre des chevaliers* : *JBl.* 5038. 5039. 5972. 5974. 5976. 5993. 6042.

meskaance *voy.* mescaance.

meskine *voy.* meschine.

mesproison *Man.* 4532 *délit, erreur* — mesprison *JBl.* 3416 *accident.*

message *Man.* 241. 285 *messager.*

mestier *métier.* le Dieu mestier *Man.* 5360. 8458 *le service divin* — a mestier, est mestiers *Man.* 1363. 636 *il est nécessaire, on a besoin* — n'i a mestier *Man.* 530 *il est inutile, il ne sert de rien.*

metable *JBl.* 5047 *adroit,*

metre. mal m. *JBl.* 4434 *maltraiter* — metre sus *Man.* 1563. *Cout.* 12, 52. 30, 68, 73 *imputer* — metre a *ou* en *avec un subst. sert à la périphrase d'une notion simple :* metre a noient *Man.* 472 *anéantir,* a point *JBl.* 1386 *accomplir,* a (en) escil *Man.* 1826. *JBl.* 3860 = escillier, en contredit *Man.* 490 *contredire,* en rime 29. 42 *rimer, versifier,* en deffense 466 *défendre,* en oubli 6932 en oubliance *JBl.* 839 *oublier,* en despit *JBl.* 1522 = despire.

meure *JBl.* 4499 *mûre* — 4312 *pointe du glaive.*

mi *Cd'a.* 17, 12 = moi.

mie *miette.* ne... mie ne... point, ne... pas *(avec de Man.* 925).

mieudres *JBl.* 4200 (*cas sj.)* *meilleur.*

miex *Cd'a.* 43, 2 *cas sj. de miel.*

mignot *Sal.* 862 *gentil.*

milleur *m. f. meilleur(e)* — *n. mieux JBl.* 1738, avoir le millour *IIFatr.* 8, 7 *avoir le dessus.*

mire *JBl.* 4527. 4535 *médecin.*

mise *Sal.* 404. 505. 779 *arbitrage. Comp. Cout.* 39, 7. 41, 10, 13, 15, 18, 28-32.

moie *JBl.* 190. 1071 *mienne.*

moïnel *JBl.* 5845 *moÿnel Man.* 2298 *espèce de trompette. Voir Gachet Gloss. roman art.* monniaus, *Scheler Li Bastars de Buillon p.* 253.

mon *Man.* 459. 6527 *assurément.*

mont *Man.* 1420. 1644 *monde.*

montepliier *FLarg.* 397. monteploiier *JBl.* 5176 moutepliier 6162 *multiplier.*

monter *Man.* 1823. 6348 *importer, signifier.*

monterront *Man.* 339 *montreront.*

morgant *Man.* 2221 *fermail de ceinture, voir Jahrbuch f. Rom. und Engl. Lit.* xiv. 439.

mors *Man.* 1132 *morsure.*

mot *JBl.* 4104 *son, signal.*

motet *Sal.* 985 *composition harmonique à deux, trois ou quatre parties, le plus souvent à trois, ayant habituellement pour ténor un fragment de plain-chant, quelquefois un air populaire, avec lequel devaient s'harmoniser les autres parties, selon que le ténor ou l'une des parties servaient*

de base harmonique (Coussemaker).
mout *beaucoup, très.*
moutepliier *voy.* montepliier.
mouvoir *Man.* 3026 *JBl.* 1668 *(ind. pf. sg. 1* mui) *JBl.* 266 *s'élever —* soi m. *Man.* 274 *se mettre en mouvement, partir —* m. duel *Man.* 160 *être triste.*
muchier *JBl.* 3184. 4406. 4409 *cacher.*
muël *Cout.* 12, 45 muyel 34, 56 T, *cas sj.* muiaus *Cd'a.* 34, 4 *IIFatr.* 1, 7 *muet.*
muër *Man.* 80 *JBl.* 421 *changer, transformer.*
mulete *Man.* 7601. 7649 *Miracles Nostre Dame* xxix *rubr.* mulette *Man.* W. lxi *f. estomac de poisson (mullette).*
musage *Man.* 286 *vaine attente.*
musart *JBl.* 557. 704. *Cout.* 30, 19, 21 *fainéant, rêveur.*
muse *Man.* 2298 *JBl.* 4762 *cornemuse, musette.*
muse *vaine attente.* querre la muse *Man.* 252 *chercher sans résultat.*
muser *JBl.* 2893. 2896. 5848 *attendre vainement, rêver.*

N

navie *JBl.* 5234 *navire — Man.* W. xliii c. *flotte.*

navrer *JBl.* 4197. 4257 *blesser.*
ne *ni — Man.* 272 *JBl.* 3381 ne ne *Man.* 1187 ne... — ne *JBl.* 2505 *ou, et—*ne que *JBl.* 1238 *Cout.* 18, 20. 30, 1 *tout aussi peu que.*
ne *ne.* ne... se(si)... non *JBl.* 1161. 3338. 4157 *Cd'a.* 23, 9 *ne... que.*
nef *Man.* 277. 2529 *navire.*
neïs *Man.* 1374 *JBl.* 415 *même.*
nel *Man.* 831. 1317. 3684. 4192. 4353. *Sal.* 388 *Lai* 97 = ne le *(neutre) — JBl.* 3403 *Cout.* 58, 13. 70, 7. = ne le *(masc.).*
nepourquant *voy.* nonpourquant.
nes *Man.* 663 *JBl.* 4039 *IFatr.* 11 = ne les.
nes nis *Maus* 1379. 1565 *JBl.* 5833 *même. —* nes un *Man.* 1398. 2447. 3239. 5515 nis un *Man.* 351 *Lai* 75 *aucun, nul.*
netiier *Man.* 5878 *nettoyer.*
neü *JBl.* 1086 *p. de* nuire.
neüst *Man.* 1540. 2380 *subj. imp. sg. 3 de* nuire.
nice *Man.* 454. 1692 *ignorant, sot.*
niier *Man.* 5877 *nettoyer.*
nis *voy.* nes.
no *Man.* 3742 = nostre.
noblois *JBl.* 5607 *noblesse, magnificence.*
nochiier *Man.* W. xiv c. *prendre en mariage.*
noeme *Man.* 1169 *neuvième.*
noëment *Cd'a.* 8, 3 *natation.*

noër *JBl.* 2736 *Sal.* 978 *Cd'a.* 8, 2 *nager.*

noient *Man.* 472. 6446 noënt *JBl.* 6027 nient *Lai* 103 *néant.* — je n'en puis noiant *Man.* 6131 je n'en puis mais — il est noians (noiens) de *JBl.* 1696. 1727. 1914. 3396 *il n'en est rien* — pour noient *Man.* 487. 2129. 2384 *en vain.*

noif *JBl.* 286 *neige.*

noircir *JBl.* 1319 *Sal.* 689 *contrister.*

noise *Man.* 2854. 2860 *bruit.*

noisier *Man.* 24. 2773 *faire du bruit.*

non *Man.* 69 *nom.*

nonchier *Man.* 3802 nongier 2986 *annoncer.*

nonne *JBl.* 2058 none 4874 *hora nona, trois heures après midi ; voy.* prime.

nonpourquant *Man.* 212. 4188 nepourquant 1264. 1975. 2385 *pourtant, néanmoins.*

nontion *Man.* 5626 *annonce.*

nos *Man.* 5052 = nostres.

notablement *Man. W.* XXI *f. avec respect.*

nului *cas r. de* nul *Man.* 86. 571.

O

o *Man.* 1243. 1248 od 294. 295 ot *JBl.* 4071 *avec* — o tout *Man.* 2061 *avec.*

o *Man.* 5866 *Sal.* 380 *où.*

o ne non *Man.* 4258 *oui ni non.*

occoison *Man.* 661. 5207 achoison *JBl.* 1076 *motif, cause, prétexte.*

ocirre *Man.* 703. occ. *JBl.* 2270 *Subj. pr. sg. 1* ocie *Man.* 989 *tuer.*

od *voy.* o.

oes *FLarg.* 304 *profit,*

oïl *Man.* 1537. 1894 *oui.*

oïr *Man.* 5 *ind. pr. sg. 1.* oi *JBl.* 978 *sg. 3* ot *Man.* 543. 573. 1953 oit 5151 *pl. 3* oënt 27. 28 *fut.* orrai 3. *Subj. pr. sg. 3* oie *Man.* 1204 *ouir, entendre.*

oirre *subst. Man.* 2606. 4585 oir *Man. W.* LXIV *c. voyage.*

oirre *voy.* errer.

oiseus *JBl.* (6247) *FLarg.* 406 *oisif.*

oiseuse *JBl.* 6 *FLarg.* 410 huiseuse *Sal.* 419 *pl.* IFatr. 75 *oisiveté.*

ombrage *JBl* 2995. 5951 *ombreux.*

onnesté *Man.* 5318 onesté *Sal.* 854 *honnêteté.*

onni *Man.* 1589 *JBl.* 262 *Sal.* 989 omni *Sal.* 137 *Cout.* 1, 36. 26, 8, 9 *uni.*

onques *Man.* 33. 77 *jamais.*

or ore *Man.* 34. 39 *à présent.*

orains *Man.* 473. 1535 *naguère.*

oreillier *JBl.* 2883 *écouter.*

orfenté *Man.* 326 *JBl.* 616 *Sal.* 896 *orphelinage.*

orbe (*m. Cout.* 3o, 17. 31,6. 34, 44) *f. JBl.* 6028 *obscur.*

orguer *Man.* 1976 = orguel *orgueil.*

orphene *Man.* W. ix *m. orphelin.*

ort *f.* orde *JBl.* 3o66. 4664 *sale.*

os *Man.* 566. 1180 *hardi.*

ostoir *Man.* 4074 *autour (oiseau).*

ot *voy.* o.

otel *Man.* 4982 (6864) = autel.

otroi *Man.* 522. 534 *permission.*

otroiier *Man.* 138. 143. 2650. *ind. pr. sg.* 3 otrie 2652 *permettre, en convenir.*

ou *Man.* 61 71 = en le.

oultrecuidance *Man.* W. xi c *arrogance.*

ounour *honneur* — *Man.* 452 *dignité, royaume.*

ourne de ordinem — a ourne *FLarg.* 132 *en ordre, à la file.*

outrage *Man.* 405. 1687 *Cout.* 14, 15. 25, 18 *excès.*

outrageus *Man.* 5315 *insolent.*

outre *JBl.* 4054 *interj. (cri du vainqueur).*

outrequiderie outrecuiderie *Man.* 436. 462 *Sal.* 82 *arrogance.*

outrequidié *Man.* 1116. 3408 *arrogant.*

outrer *Man.* 7729 *JBl.* 1128 *achever, perdre à tout jamais.*

P

paine *peine.* a grant paines *JBl.* 10. 432. 2171 *à peine* — a quel que paines *JBl.* 2738 *avec de grands efforts.*

pallement *Man.* 199 *entretien, conférence.*

paller *Man.* 5o1. 1201 *ind. pr. sg.* 3 parole 547 *parler.*

pane de l'escu *JBl.* 4171 *cuir ou toile grossière qui recouvre l'écu.*

paour *Man.* 1877. 1887 = peür *Sal.* 499 *peur.*

par *adv. Man.* 1039. 1848. 6261 *parfaitement, tout à fait (renforce la notion de l'attribut et se place toujours devant le verbe).*

par *prép.* par lui *Man.* 467 *à part soi* — *Man.* 3160. 4432. 4435 *JBl.* 3799 *en passant par* — par si que *Man.* 1619. 4004 *JBl.* 4156. *Sal.* 1025 *FLarg.* 197 *Man.* W. xli *f. à condition que, pourvu que.*

parchon *Man.* W. xxxii c. *partage.*

pardonner s'ire *Man.* 2396. 6327 *remettre.*

parestroit. quant ce vint au parestroit *JBl.* 2863 *aux dernières extrémités.*

parestrous *JBl.* 2917 = parestroit.

parfin *Man.* 3513. 4529 *fin.*

VOCABULAIRE 393

parfont *Man.* 692 *Ave* 5, 10 *profond.*
parigal paringal *égal : adj. Man.* 3984 *JBl.* 4831, *adv. Man.* 4136.
paroir *paraître. ind. pr. sg. 3* pert *Man.* 6310 *pl. 3* perent *JBl.* 326 *fut. sg. 3* parra *Sal.* 714 *subj. pr. sg. 3* paire *Cd'a.* 44, 9 *p. pr.* parant *Man.* 1026. 1607.
part a Ressons *Man.* 2883, *à corriger en* par d'a Ressons? *comp.* par d'autre part 7815 par dela 5513 par de derrier 3410. par de sour lui *Bordier p.* 90.
partir *Man.* 2370. 4142. 4317 *Cd'a.* 20, 8. *Cout.* 13, 21. 14, 9 *participer* — li cuers li part *Man.* 2539 *son cœur se fend* — partir un ju *Man.* 2406. 3866 *Cout.* 17, 6 deus jus *Man.* 2395 *laisser le choix entre deux éventualités.*
pas. le pas *JBl.* 3290 *au pas.*
pasques flouries *Man.* 5793. 6849 *Pâques fleuries, le dimanche des Rameaux,*
pau *Man.* 4076. 5046 *peu.*
pautonier *Man.* 3063 *vagabond.*
pelichon *JBl.* 1147 *vêtement intérieur en fourrure.*
pelle *m. JBl.* 4735 pele *Man.* 2214 *perle.*
peneus *Man.* 6854 *plein de peines* — semaine peneuse *Man.* 6853 *Cout.* 2, 33 *semaine de la Passion.*
penrai *Man.* 338. 1547 *prendrai.*

penre *Man.* 797 *prendre.*
pensé *Man.* 146. 443 *pensée.*
penser *Man.* 7799 *subst. souvenir.*
perece *Man.* 2468. 2560 *JBl.* 14 pereche *FLarg.* 400 *paresse.*
perier *JBl.* 1808. 1813 *poirier.*
perillier *Man.* 397 *mettre en péril.*
perrin *Man.* 5262 *de pierre.*
perron *Man.* 1246 *JBl.* 5859 *rampe de pierre devant une maison.*
pesance *Man.* 1057. 1876 *peine, chagrin.*
peser. il me poise *Man.* 305. 2073 *il m'ennuie.*
petit *Man.* 32. 658. 662 *peu.*
peu pour peu (que)... ne *Man.* 1038. 2539. 3650 *peu s'en faut que... ne.*
peusist *Man. W.* XIX *c. (formé d'après l'analogie de* veusist XXIII *c. voulût)* pût.
peuture *Man.* 5105 *Cout.* 15, 19 *T nourriture.*
pié *pied.* entre piés *Sal.* 429 *foulé aux pieds.*
piece *pièce* — *Man.* 3509. 3652 *espace de temps* — a chief de piece *Man.* 6120 *quelque temps après* — piech'a *Man.* 3476. 7222 *il y a longtemps, depuis longtemps.*
piëur *Man.* 6184 (*cas r. du m.*) *Sal.* 728 (*f.*) *pire. Comp.* la pire *Cd'a.* 7, 7.
pinier *Man.* 383 *peigner.*

pis *Man.* 2223 *JBl.* 4728 *sein.*
piteus *Man.* 4968 *Sal.* 969 *plein de pitié.*
plaiier *Man.* 1451 *Ave* 5, 7 *blesser.*
plain *JBl.* 4289. 5760 *plaine.*
plain *plain.* de plain *Man.* 7456 *aussitôt.*
plaïs *IFatr.* 3 *plaise (poisson).*
plaissié *JBl.* 3012 *clos, parc.*
plaissier plessier *Man.* (491, 550.) 570. 1318. (1959) 8186. 8386 *JBl.* 104. 2561. 6184 *fléchir.*
plait plet *Lai* 69 *IIFatr.* 5, 5 *discours* — tenir plait *JBl.* 2767. 2970 *parler.*
platelee *FLarg.* 171 *la mesure d'un* platel *(petit plat).*
plenté *Man.* 1592. 2269 *quantité.*
plessier *voy.* plaissier.
plet *voy.* plait.
plevir *Man.* 678. 1965. 2039 *JBl.* 2213. 2353 *Cout.* 18, 8 *fiancer.*
plevissailles *JBl.* 2233 *Cout.* 34, 49, 62 *var. fiançailles.*
ploërrai plouerrai *JBl.* 1888 *Sal.* 816 *pleurerai.*
ploi *Lai* 36 *pli.*
plouroit *Man.* W. xix *f. pleurerait.*
plouvier *IIFatr.* 6, 7 *pluvier.*
pluisor *sg. Man.* 2727. *Le sg. se trouve encore Dial. Grég.* éd. *Fœrster p. 258, P. Meyer, Recueil d'anciens textes p. 325.*

plus. le pl. *Man.* 4097 *la plupart* — *avec un subst.* plus maistre *Man.* 4467 plus preudomme 5304.
pochon *IIFatr.* 11, 8 *petit pot, pochon.*
poësteïs *JBl.* 5309 *puissant.*
poi *Man.* 20 *peu.*
poignant *JBl.* 4131 *poingnant* 4222 *galopant.*
pois a piler *IIFatr.* 3, 4. *Est-il permis de renvoyer ici aux pois-pilés du* xve *siècle?*
poise *IFatr.* 55 *balance; comp.* peise *Cumrot* 1371 *Ps. d'Oxf.* 61, 9 *(lat.* statera*).*
poitevinee *FLarg.* 366 *ce qu'on a pour une poitevine (petite monnaie).*
pom *JBl.* 4404 *pommeau.*
pooir *pouvoir.* ou poroit il tante lerme? *Sal.* 738 *(sans infinitif) avoir puissance, être capable; voy. Tobler dans les Gœtt. Gel. Anz. 1877 p. 1610.*
porteüre *Man.* 4198 *portée, progéniture.*
posnee *JBl.* 2317 *arrogance.*
postis *JBl.* 2881 *petite porte.*
pou *FLarg.* 244 *peu.*
pour *Man.* 1865 *à cause de* — pour que *Man.* 463. 6286 *pourquoi, Man.* 5603. 7748 *JBl.* 3026 *pourvu que* — pour chou que *Man.* 5608 *pour que, Man.* 20. 35 pour chou se *JBl.* 1116 *Cout.* 2, 8. 4, 34 *parce que* — pour *avec l'inf.* *Man.* 359 *afin que* — pour

VOCABULAIRE   395

lui bien paiier *JBl.* 4577 *en lui bien payant.*

pourcacier *Man.* 758. 962 *faire, opérer* — *Man.* 2926 *Sal.* 448 *chercher, poursuivre* — *FLarg.* 39 *acquérir.*

pourfit *Man.* 236. 340 *profit.*

pouroffrir *Sal.* 1010 *offrir, présenter.*

pourpens *Man.* 627. 3542 *considération.*

pourpols *Man.* W.vii *m. propos, projet* — xxv *f. thème.*

pourprendre *JBl.* 5688 *occuper* — p. les grans saus *JBl.* 4303 *sauter, galoper.*

pourquerre *Man.* 145. 4457 *demander, chercher.*

pourtendre *Man.* 2146. 8172 *tendre.*

pourtraire *Man.* 195. 1570 *représenter.*

pourveeur *Man.* (2144) *pourvoyeur.*

prael *JBl.* 861 praiel *Man.* 7642 *préau, petit pré.*

prametre *Man.* 564. 5165 *promettre.*

preceus *JBl.* (5.)44. 2492 *FLarg.* 407 precheus *JBl.* 33 *paresseux.*

premerain *Man.* 2277 *JBl.* 240 *premier.*

prendre *prendre.* pr. a *Man.* 2325 *commencer* — *subj. pr. sg. 1 ou 3.* prenge *Man.* 571. 824 praigne (449). 633.

prestement que *Man.* W. xvii *f.* xxxiv *m. aussitôt que.*

preu *Man.* 330. 4950 *profit, avantage.*

preu *Man.* 2526 prou 3373 *brave.*

preudome *Man.* 1106 preudomme 2588 *prudhomme, homme de bien.*

prime *JBl.* 2673 hora prima, *six heures du matin. On comptait de trois à trois heures depuis six heures du matin à six heures du soir :* prime tierce miĕdi nonne vespres. *Cout.* 23, 10.

prin *premier* prin tans *JBl.* 352 *Cout.* 52, 3, 4 *printemps.*

prinsomme *JBl.* 1790 *Ben. Chr.* 35757 *le premier sommeil.*

priveté *Man.* 2118 *privauté.*

proier *Man.* 712 *ind. pr. sg.* 1 proi *Man.* 129. *1 ou 3* proie 2412 *Sal.* 6 *prier.*

proiere *Man.* 449. 1161 proiere 2 411 *prière.*

prolle *Man.* W. v *f. parole.*

prou *voy.* preu.

pueplé de biauté *JBl* 5948.

puer. jeter p. *JBl.* 5128. 5798 *Sal.* 574 *FLarg.* 14 *Cout.* 35, 10 *jeter dehors, jeter bien loin.*

puing *Man.* 690. 722 = poing 645.

puis... que *Man.* 2001 puis que 2962 *après que.*

pumel *JBl.* 3531. 4145 *IIFatr.* 8, 11 *pommeau.*

Q

quanque *Man.* 73. 517 quanques 792. 1290 *tout ce que.*
quarel *Man.* 6082 *carreau* — 5414 *carreau d'arbalète.*
quaretee *Man.* 1024 *charretée.*
quart *Man.* 2939. 4125 *quatrième.*
quarteron *IFatr.* 14 *quatrième partie d'une livre, quarteron.*
que *après un mot relatif, lui donne un sens généralisant :* qui que *Man.* 916 *n'importe qui,* quel que *Man.* 1761, ou que *JBl.* 4103, comment que 6039 — *que en place du relatif : cas sj. Man.* 977. 1598. 1839. 1930. 2455. 2981. 6054. 6294 *JBl.* 5851 *Sal.* 38. 420, *cas r. JBl.* 3078 — que *Man.* 302. 1273. 1711 *car* — que = *lat.* quam quod *Man.* 1303 (que ce que *Cout.* 22, 2). — que... que *Man.* 5407 *JBl.* 4706. 5509. 5849 *et... et* — que... ne *Man.* 3676. 7296 *JBl.* 113 *ne... que* — que *pour avec l'inf. Man. W.* LXI *c.* LXII *m.* LXIII *f. pour, voy. Zeitschrift für Rom. Phil. III* 457.
quel quel le fait il? *Man.* 3372 *que fait-il? comment se porte-t-il?* quel le ferons ? 3740 *que ferons-nous ?*
quelt *voy.* cuellir.

quens *Man.* 316 *cas sj. de* conte *comte.*
querrai *JBl.* 1505. 1866 *Cout.* 39, 51 kerrai *Man.* 6435 *fut. de* croire.
querre *Man.* 248. 252 *chercher, p.* quis 758. 962.
ques *Man.* 3532 *cas sj. de* quel.
ques *Man.* 977 = que les.
qui *voy.* cui.
qui *Man.* 5907 *Sal.* 422 *cil* qui *Sal.* 302 *si l'on* — *Man.* 7684 *etc. ce qui.*
quidier *voy.* cuidier.
quisaine *Man.* 2125. 2924 *quinzaine.*
quite *quitte.* clamer quite *laisser quitte : Man.* 4400 *ne plus importuner, JBl.* 2122 *quitter, remettre, FLarg.* 196 *acquitter, décharger.*

R

racuirier *Man.* 7564 *recouvrir de peau.*
rade *Man.* 674. 2755 *rapide.*
raenchon *Man.* 85 *rançon.*
raengier *voy.* aengier.
rage *JBl.* 2567. 2921 *folie.*
rain *IIFatr.* 8, 2 *rameau.*
raine *IIFatr.* 1, 1 *grenouille.*
raison *discours.*
ramembrer *Man.* 38 *remembrer, mentionner.*
randir *Man. W.* VI *f. courir,*

s'empresser. Comp. Parten.
II p. 103 Durmart 7031.

randon JBl. 4175. 4467 Man. W. xv. f. randonee 4148 impétuosité.

randoner JBl. 4246. randonner 4103. 5997 courir.

rassauder Man. 7570 souder de nouveau.

rassaut Man. 483 ind. pr. sg. 3 de rassaurre (re + absolvere) délier.

re- de nouveau, entre souvent en composition avec les verbes estre, avoir, aler etc., comme rest Man. 964 = re + est, refu Man. 1506 = re + fu, ra 1507 = re + a, reurent 2848 = re + eurent, reva 4224 = re + va, ralerent 2891 = re + alerent. De même ravoie 3191 rissir 4337. restuet 6694 redoi 6764 refont 4364 redona 4073 — re a la signification d'aussi ou de non plus : Man. 1506. 2251. 4073. Lai 31.

re Man. 829 bûcher.

rebours JBl. 5383 contraire.

rechelee. a r. Man. 5282 en secret.

reclaim FLarg. 19 proverbe — Man. W. L c. LVI r. plainte, lamentation.

recreandir FLarg. 256 s'épuiser.

recroire Man. 74. 608 Lai 149 s'avouer vaincu, renoncer, se retirer — Man. 608 cesser.

redout Man. 7084. 8567. crainte.

regreter Man. 1083, 4280. 5543 se lamenter (invoquant le nom d'un être qu'on a perdu).

releeschier Man. W. II m. réjouir.

relenquir Cd'a. 10, 12 abandonner.

relief JBl. 2122 droit payé par un vassal pour relever son fief.

remanoir Man. 359 remaindre JBl. 3348 ind. pf. sg. 3 remest JBl. 1459 ne pas se faire, Man. 450. 1658 échouer, 1758 demeurer.

remetre Man. 2130. 7120 Sal. 428. 788 liquescere, d'après le Psautier d'Oxford 21, 15 et Guischart de Beaujeu p. 10.

rencheïs JBl. 917 rechute.

rendre soi r. JBl. 35 se faire moine.

renkeïr Man. 1743 JBl. 1063 avoir une rechute.

renvoisier JBl. (5458) FLarg. 217. IFatr. 5 = envoisier — JBl. 5654 s'égayer.

repaiier Ave 1, 6 réconcilier.

repaire Man. 5958. JBl. 2608 demeure, maison.

repairier Man. 880. 1066 revenir.

repallance Man. 2470 renommée.

reponailles JBl. 3185 cachette, cache-cache.

repondre cacher. ind. pr. pl.

3 reponent *JBl.* 3838. *p.* repos *JBl.* 1410 repus *Lai* 28. 45 *Cout.* 18, 15. repost *JBl.* 2926 *Cout.* 3o, 12. 57, 12.

reposee *FLarg.* 3o8 *repos, halte.*

reprouvier *JBl.* 4329 *reproche, blâme.*

reprueve *Man.* 4824 *reproche.*

requeut *Man.* 5239 *ind. pr. sg. 3 de recueillir.*

requoy *JBl.* 983 *cachette, fond du cœur.*

res *FLarg.* 225 *rempli à ras de bord.*

rescourre *JBl.* 4221. 43o1 rescorre *Cout.* 12, 38 *ind. pr. sg. 3* resqueut *Cout.* 3o, 54 *pl. 3* resqueuent 11, 46 *p. pr.* rescouant 3o, 82 *pf.* resqueus 52, 13 *délivrer de la presse des ennemis.*

respasser. soi r. *Man.* 5323 *guérir.*

respitier *Man.* 705. 1009. 3735 *sauver —* 824 *différer.*

ressoigne *Man.* 7087. *Il faut probablement écrire* besoigne.

ressoignier. soi r. *Man.* 6276. 7117. *JBl.* 2931 *FLarg.* 78 *craindre.*

ressort *Cd'a.* 21, 5 *retraite.*

restor *Man.* 8264 *restitution.*

reter *JBl.* 524 *blâmer, accuser.*

retraire *Man.* 62. 1150 *raconter —* 408. 966 *dire — JBl.* 86 *retirer.*

revel *JBl.* 1042 *présomption, orgueil —* reviel *Man.* W. VII *c. joie, divertissement.*

reveler *Man.* 17. 1900. 3283. 8315 *Cout.* 39, 79 *révéler, découvrir.*

reveler. soi r. *Man.* 2166 *se révolter, se soulever.*

reverchier *Man.* 260. 270. 7016 *examiner.*

revertir *Man.* 4006. 7714 *revenir, retourner.*

ribaut *JBl.* 4073. 4098. *IFatr.* 7. 58 *vagabond.*

riceté *Man.* 5820 *richesse.*

ricoise *JBl.* 2298 *richesse.*

rien riens *Man.* 1298. 5943 *chose, être —* pour riens ne, 557 *à aucun prix ne.*

riot *IFatr.* 44 *tapage, querelle.*

rivoiier *Man.* 6222 *chasser en rivière.*

roi *Man.* 4773 *réseau.*

roisant *JBl.* 3611 *frais.*

rouele *Man.* 3878 *dim. de roue.*

roumans *Man.* 2. 22 rommans 1342. 8529. rommant 8590 romans *JBl.* 6181 *ouvrage en langue vulgaire, roman.*

route *Man.* 2692. 5976 *troupe.*

ruis *Sal.* 511 *ind. pr. sg. 1 de* rover *commander.*

ruissel *ruisseau. JBl.* 110 *la Manche.*

S

sa ge *Man.* 1560 *Lai* 33 *sais-je.*
sachier *Man.* 1394. 2835 *tirer.*
sade *JBl.* 1280. 1336 *doux.*
saiel *Man.* 3132 seel 3145 *sceau.*
saiete *Man.* 1164. 1393 *flèche.*
saige *Man.* W. xi c. *sais-je.*
saing *JBl.* 501 *marque.*
salu *Sal.* 973. 1046 *salutation, salut d'amour, lettre d'amour.*
samblance *Man.* 3808 sanlance 195 *ressemblance.*
samblant *Man.* 3765 *ressemblant.*
sambue *Man.* 8426 *JBl.* 2177 *selle de cheval à usage de femme.*
saner *Man.* 1262 *ind. pr. sg. 3* saine *IIFatr.* 1, 2 *guérir.*
sanlance *voy.* samblance.
sanlant *Man.* 139. 348 *extérieur* — par s. 735 *selon les apparences.*
sans plus *Man.* 4231. 4551. 5702 *seulement* — sans plus de la requeste faire *JBl.* 227 *sans que je vous en eusse requis.*
saut *ind. pr. sg. 3 de* saillir *Man.* 1448 *saute.*
sauteler *Man.* 6478 *sautiller.*
sautier *Man.* 1110 *psautier.*
sauvecine *Man.* 5509 *bêtes sauvages.*

se *voy.* si.
sec *sec;* deniers ses *JBl.* 3787 *deniers comptants; comp. Cout.* 34, 59. 35, 25. 68, 7.
seel *voy.* saiel.
seellet *Man.* W. xxxvii m. seellé xl c. dim. de seel.
sejor *Man.* 1322. sejour 1536 *repos, plaisir.*
sel *JBl.* 4136 *Lai* 98 = se le *(m.).*
selonc *Man.* 1348. 5236 *après* — selonc ce que *Man.* 540 *selon que.*
semondre *Man.* 556 *exhorter, inviter p.* semons 2884.
sempres *Man.* 4897 *JBl.* 3728 *aussitôt.*
sen *Man.* 10 *sens, raison.*
sené *JBl.* 5970 *raisonnable.*
senefier *Man.* 1780. 6191 *signifier.*
senestre *Man.* (727) 796. 5084 *gauche.*
seraine *IIFatr.* 1, 4 *sirène.*
seray *Man.* W. xxvii m. xxviii c. xlv c. liv f. lvii m. *saurai.*
seri *adj. Man.* 5788 *doux; adv. Man.* 5448 *JBl.* 3832. 4088. 4465 *doucement.*
seroit *Man.* W. x c. xviii f. xxviii f. lxv m. *saurait.*
servement *JBl.* 443 *service.*
ses *JBl.* 3632. 5349 = se les.
sesires *Man.* 4095. 5006 = ses sires.
set *Sal.* 536 *sept.*
seur *Man.* 723 *sur.*
si se *ainsi* — *(précédent immédiatement le verbe ou ses com*

plémenls] et — et se *Man.*
705. 6384 et si 1186 *et pourtant —* Man. 4106. 5461 *Man.
W.* XL *m.* (devant un pf. *Man.*
6705 *Sal.* 661) *jusqu'à ce que
—* si que *Man.* 472. 480 *de manière que.*

siecle *Man.* 151. 1118 *l'ensemble des hommes qui sont en vie, le monde.*

sigler *Man.* 3172. 8400 *cingler.*

signerage *Man.* 5450 *JBl.* 4221 signorage *Cd'a.* 20, 10 *seigneur, maître.*

siste *Sal.* 547 = sisime 645 *sixième.*

siuir *Cd'a.* 41, 11 *Cout.* 6, 29. ind. pr. sg. 3 sieut *Cd'a.* 35, 9 *suivre.*

soi *remplace* lui *ou* li *après une prép.* : avoec *Man.* 280 avoeques 4746 od 294 o 1252. 2527 par 946. pour 5683 les 7359 devant *JBl.* 168. 868.

soie *Man.* 851. *Cd'a.* 36, 8 *sienne.*

soig *soin.* n'avoir soig *Man.* 664 *ne pas désirer.*

soignant *Man.* 1713 *concubine.*

soignentage *Man.* 1543 *Cout.* 18, 22, 24 *concubinat.*

soller *Man.* 6361 *JBl.* 5001 sorler *Man. W.* LV *f. soulier.*

soloir *ind. pr. sg. 1* suel *JBl.* 1092 *imp. sg.* 3 soloit *JBl.* 1419 *avoir l'habitude (lat.* solere).

son *lat.* summum. en son *Man.* 800. 7170. 7564 *dessus —* dusqu'en son 368, 1775 *jusqu'au dernier point, entièrement.*

sorler *voy.* soller.

souatume *Cd'a.* 43, 11 *suavité.*

souavet *JBl.* 2742 dim. de souef.

soudee *Man.* 2294 *solde.*

souef *Man.* 1992. 8216 *suave, doux.*

souffachier. soi s. *FLarg.* 231 *se soulever.*

souffrir *fut.* soufferrai *Man.* 558. 1790 *—* soi s. *Man.* 8501 *se passer.*

sougit *Lai* 123 *sujet, assujetti.*

soulas *Man.* 1087 souslas 1612 *consolation, plaisir.*

sour *Man.* 327. 507 *sur.*

sourdre a *Sal.* 260 *se lever devant.*

sourjon d'iawe *Man.* 5633 sourgon 7611 *surgeon d'eau.*

souronder *Man.* 5633 *déborder.*

sourplus *JBl.* 3615. 4805 seurplus 1543 surplus 1386 sureplus *Lai* 44 *reste.*

sousprendre *Man.* 4362. *JBl.* 2721 *saisir.*

soutil *Man.* 392. 415 *subtile, adroit.*

soutillier *Man.* 158 *Cout.* 68, 4 *imaginer subtilement.*

souverroit *Man.* 5568 *souviendrait.*

sueron *IIFatr.* 2, 1 *ciron;*

comp. suiron *Jubinal Nouv. Rec.* 2, 219.
sur, estre sur *Sal.* 467 *être à la merci de*, se metre sur 450. 457. 787 *s'en rapporter à*.
surcuidié *Sal.* 393 = outrecuidié.
surrection *Man.* 7779 *résurrection*.

T

tabor *Man.* 2728 tabour *JBl.* 5845 *tambour*.
taindre *teindre*. taindre couleur *JBl.* 504 taindre *Sal.* 587 *changer de couleur*, *Cd'a*. 43, 6 *faire changer de couleur* — *ind. pf. sg.* 3 taint *JBl.* 3723 (au lieu de tainst) *teignit* — *p.* taint *Man.* 87. 92. 768 *décoloré*.
taintine *JBl.* 3723 *teinture*.
talent *Man.* 254. 766 *plaisir, volonté*.
talenté *Man.* 5550 = entalenté.
tans *temps*. par tans *Man.* 3793. 3924. *JBl.* 3084 *à temps, bientôt*.
tans *pl. de* tant. dis tans *JBl.* 4226 mil tans *Man.* 1861 *dix, mille fois autant*.
tant. et tant que *Man. W.* v c. VII m. XI c. f. XXVI c. XXXII c. *et enfin*.
targier *Man.* 2984. 3158 *tarder*.

tariër *Man.* 7002 *irriter, tourmenter*.
tart *tard*. m'est tart *Man.* 5002. 6778 *il me tarde*.
tassel *JBl.* 4714 *agrafe*.
táye *Man. W.* LXIII *m. aïeule, grand'mère*.
teche *Man.* 5665 *qualité; Sal.* 136 *tache*.
tele eure est *Man.* 1471. 1473. 2795 *Cout.* 57, 1 *quelques fois*.
temprement *Man. W.* XLIII *m. bientôt, vite*.
tempreüre *JBl.* 1549 *temporisation*.
tenchon *Sal.* 867 *dispute*.
tencier *Man.* 24 *faire querelle, disputer*.
tenebres *Man.* 7730 *ténèbres* — 7721 *Ténèbres, office qui se chante l'après-dînée du mercredi, du jeudi et du vendredi de la semaine sainte*.
tenement *Man.* 8450 *fief, terre*.
tenir pour *Man.* 78. 1392 (avec le cas sj. *JBl.* 3296) a 246. 1048 *Man. W.* VI *f. croire*.
tenser *Sal.* 458 *protéger, défendre* — *Man.* 1532. 1924. 4696. *JBl.* 472. 1884 *tirer de, détourner, empêcher* — *Man.* 3682 *destiner, amener*.
tentir *faire retentir* — t. mot *JBl.* 869 *sonner mot*.
tenve *Man.* 3095 *JBl.* (301) *mince*.
termine *Man.* 180 *Sal.* 710 *terme, temps*.

terminer *JBl.* 1429. 1439 *achever.*

terrai *Man.* 2512. 5167 *tiendrai.*

tes *cas sj. de* tel *Man.* 1686, *Cd'a.* 22, 9.

testee *JBl.* 4268 *coup sur la tête.*

teve *JBl.* 4451 *tiède.*

tierce *Man.* 2889 *JBl.* 1413 hora tertia, *neuf heures du matin; voy.* prime.

tierch *Man.* 221. 828 *tiers, troisième.*

tierchaine *JBl.* 3654 *Cout.* 61, 6 *fièvre tierce.*

tieule *Man.* 6082 *tuile.*

tire *JBl.* 6024 *rangée.*

toi *toi. de toi en moi Man.* 6089 *çà et là.*

tolir *JBl.* 1634 *ind. pr. sg. 3* tolt *JBl.* 417 taut 1744 *pl. 3.* tolent *Man.* 110 *fut. sg. 3* tourra *Sal.* 576 *cond. pl. 3* toldroient *Man.* 1968 *subj. pl. 2* tosissiés 5753 *p.* tolu 5768 *ôter, empêcher.*

tooil *voy.* touoill.

tordre *subj. pr. sg. 3* torge *Man.* 1604 *ôter, détourner.*

torsel *JBl.* 2874 *trousseau.*

tortins *Man.* 853 tuertins 2195 *paquet de petits cierges.*

tost *Man.* 486. 582 *bientôt* 1185 *vite —* si tost com 650. 1026 *aussitôt que.*

touoill *Sal.* 276 *dérangement —* tooil *JBl.* 5658 *zèle.*

tour *JBl.* (2177) *garniture.*

tourber *Man.* 12 torber *Actes du parlement de Paris p. p.* Boutaric *p. 141*ᵃ = tourbler 5584 *Cout.* 6, 2 *Man. W.* XII *c. troubler, fouiller.*

tourneboiele. faire la t. *Man.* 2838 *faire la culbute.*

tournoiement *Man.* 2471 tornoiement 2682 *tournoi.*

tournoiier *Man.* 2491. 2689 *faire un tournoi.*

tournois *IFatr.* 22 *sou ou denier frappé à Tours.*

tousdis *Man.* 3210 toudis *Sal.* 869 *Man. W.* XXV *f. toujours.*

toustens *Man.* 1852 toustans *Sal.* 706 *toujours.*

tout. du tout *Man.* 95. 1424 del tout *JBl.* 4809 *tout à fait —* toute la sente *JBl.* 2960 *le long de la sente.*

toutejour *JBl.* 2805. 3033 *pendant toute la journée.*

toutesvoies *Man.* 912. 4013 *Cd'a.* 3, 9 toutevoies *FLarg.* 249 *toutefois.*

tracier après *JBl.* 4347 *suivre la trace de —* tracier 1824 *aller.*

traire *Man.* 426. 799 *tirer —* 787 *soutenir —* soi tr. *JBl.* 1275 *se rendre.*

trametre *Man.* 647. 2086 *envoyer.*

trece *JBl.* 4717. treche *Sal.* 162 *tresse.*

tref *Man.* 1068. 3990. tre 1190 *poutre, mât.*

tref *Man.* 5048 *voile.*

treper *Man.* 175 *danser.*

tres *Man.* 1859 *Cd'a.* 4, 7. 35,

2 depuis, dès — renforce la signification des prép. tres dedens Man. 3070 tres desous JBl. 2510 — tres- entre en composition avec les adj. et les adv. Man. 117. 2655 etc. très.

tresaler Man. 1526 soi tr. Sal. 495 passer, perdre, faillir — p. tresalé de Man. 3530 JBl. 492 sorti de.

tresgitter Man. W. x c. jeter en moule.

tressuër Cd'a. 12, 12 suer.

trestout Man. 43. 219 tout.

tristeur Man. 399 tristour 805 tristesse.

tritresse Man. W. 11 c. tristresse xxiv f. tristesse.

trompeeur Man. (2276) JBl. (5869) sonneur de trompe.

tromper l'iauwe JBl. 5869 = corner.

trouver trouver — Sal. 868 Cout. 1 p. 11 composer — ind. pr. sg. 1 truis Man. 61. 5571 subj. pr. sg. 3 truise Man. 1314. 5641 JBl. 1844.

trueve Man. 4823 trouvaille — Sal. 869 Lai 139 composition.

tuertins voy. toruins.

tumer JBl. 428 Man. W. xi m. tomber.

U

u ou.

u Man. 374. 893 ou.

u Man. 759. 774 = en le.

uns JBl. 307. 5906 des, plusieurs.

usurer JBl. 6189 faire l'usure.

V

vain JBl. 1144 FLarg. 292 découragé.

vair adj. Man. 1574 JBl. 275 Lai 21 Sal. refr. 5, 9 (épithète d'yeux) de couleur changeante — subst. Man. 2228. 5331. 8173 étoffe précieuse.

vans voy. veïr.

vassal JBl. 4158 guerrier.

vaucelet JBl. 3838 petite vallée.

vausist Man. 94. 4070 valût.

vausist voy. voloir.

veer Man. 3393 défendre, refuser.

veïr Man. 677 vir Man. W. xxix f. p. pr. vans xviii f. veans xxviii m. voir. qui qui le voelle veir (vir) xxvii m. xxix f., voy. le Gloss. des Œuvres de Froissart, art. veer.

vendoise IFatr. 4. IIFatr. 7, 1 vandoise, dard (poisson).

venir. subj. pr. sg. 3 vaigne Man. (2069) JBl. 585 — bien vigniés Man. 387. bien viegniés 5993 soyez le bienvenu! — miex vient Man. 561. 898.

1637. 3485. 5973. 7772 *il vaut mieux.*

vermillece *JBl.* 284 *couleur vermeille.*

vermillet *JBl.* 302 *dim. de vermeil.*

vert jus *JBl.* 1352 vergus *Cout.* 13, 16. 30, 80. 44, 41 *verjus.*

vertir *Man.* 6688 *tourner.*

ves moi *Man.* 237 *me voilà —* ves... chi *Man.* (2576) 3675 *voici.*

vesque *Man.* 7027. 7074 *évêque.*

viés *m. et f. JBl.* 4542 *IIFalr.* 7, 4 *vieux, vieille.*

vis. il m'est vis *Man.* 1088. 6128 *il me semble.*

viseus *JBl.* 6248 visex *FLarg.* 408 *rusé.*

vité *Man. W.* xix *f. vileté.*

vo *Man.* 366 = *vostre.*

voel. mon, ton, son voel *Man.* 594. 1736 *volontiers.*

voellance *Cd'a.* 5, 2 *volonté.*

voir *adj. Man.* 1010 *vrai — s.* 210. 1155 *vérité — interj.* 459. 702 *voire!*

voleïlle *JBl.* 5990. (5201) volille *Man.* 2289 *volaille.*

voloir *vouloir. ind. pr. sg. 1* voel *Man.* 21. 36 voeil 69 vol *JBl.* 4759 *pf. sg. 1* vol 1772 vols 2001 *sg. 2* vols *JBl.* 1239 *sg. 3* vaut 1162 *pl. 1* volsimes *Man.* 4220 *pl. 2* vausistes 1098. 1137. 4446 volsistes 1125 *subj. pr. sg. 3* voelle 8 *imp. pl. 3* vausissent 855.

vos *Man.* 363. 5029 = *vostres.*

vuidier *Man.* 4688 wuidier 5643 widier *JBl.* 2257. 2853. *Man.* 7088 *vider —* 4320 *quitter — Man. W.* viii *m. provenir.*

vuit *Man.* 4286. 5050 *JBl.* 3218 wit *JBl.* 1058 *vide.*

W

wide *Man.* 4056 wuide *JBl.* 2404 *f. perte.*

widier *voy.* vuidier.

wit *voy.* vuit.

wuidier *voy.* vuidier.

Y

y *voy.* i.

yauwe *voy.* iawe.

ymagier *Man.* 3763. 3797 ymagenier *Sal.* 560 *imager.*

yvuire *Man.* 1593 *ivoire.*

NOMS PROPRES

Abrehan (saint) *Man.* 1107 *Abraham*.
Adan *Man.* 1099. 1107. 1116. 5622. 7737. *Adam*.
Agoulant *IFatr.* 30 *roi païen, héros de la chanson d'Aspremont*.
Alemaigne *Man. W.* II *rubr.* Alemagne II *c.* LX *f.* Allemaigne LXIII *m. Allemagne*.
Alemant *Man.* 2672 *Alaman, Souabe*.
alixandrin. drap de soie al. *Man.* 8440 *d'Alexandrie*.
Amant (saint). *Saint Amand, évêque de Maestricht, enterré à Saint-Amand-aux-Eaux (Nord)*. par Saint Amant! *JBl.* 950 *Sal.* 876.
Amiens *IFatr.* 53.
Arras *Man.* 3351.
Artisien *Man.* 2669 *Artésien*.
Artois *Man.* 2661. 3181. 3196.

4039 *JBl.* 4551. 5320 *Man. W.* XXXIV *f.* XXXVII *c*.
Aubree *IFatr.* 13 *nom de femme d'origine allemande* (Albrâda); *voir l'Introduction p.* CXXVIII.
Aucerrois *IFatr.* 23. *IIFatr.* 11, 7 *Auxerrois*.
Auchoirre *Auxerre*. vin d'A. *JBl.* 4603 *Cout.* 34, 61.
Auvergne *Man. W.* LIX *f.*

Badoul (saint) *Badoul, lat. Badulfus.* par saint Badoul! *JBl.* 2832.
Baivier *Man.* 2672 *Bavarois*.
Baudas *JBl.* 2986. 5400 *Bagdad*.
Bauduïn *Man. W.* XXXIV *f. comte de Hainaut, frère de Godefroi de Bouillon*.
Beatris *Man.* 2171 *Béatrix*.

Berruier *Man.* 2679 *Berrichon.*

Berte *FLarg.* 156 *Berthe.*

Beruïch *Man.* 1173 *W.* xxi *f.* xxii *c.* xxiii *c.* xxxiv *c.* Beruïc *Man.* 2531. 2534. 2536. 2937. 3819. (3888. 4099). 4116. 4121. 4369. 5399. 8204. 8219. 8227. 8300. 8331. 8337. 8396. *W.* xli *m.* xliii *m.* xlv *c.* lxiv *cf. Berwick sur l'embouchure de la Tweed.*

Biaumanoir *Sal.* 1. 523 *Beaumanoir, maison près de Remy.*

Biauvisis *Man.* 3183 Biauvoisins *W.* xxxvii *c. Beauvaisis.*

Biauvoisin *Man.* 2678 *Beauvaisin.*

Blois *JBl.* 5608 *IIFatr.* 11, 9.

Blonde *JBl.* 247. 386 etc. *héroïne du roman.*

Boulenisien *Man.* 2669 *habitant du*

Boulenois *IIFatr.* 11, 3 *le Boulonnais.*

Bouloigne *JBl.* 107. (4516). 4532. 5490 Bouloingne 5220. 5502 Boloigne 4527. *Boulogne-sur-Mer. Pour aller en Angleterre on traverse la mer entre Boulogne et Douvres, et vice versa; une seule fois, JBl.* 2058, *on va de Douvres à Wissant.*

Bourbon *Man. W.* xxxiv *f.*

Bourgoingne *Man. W.* xxxiv *f.* lix *m.*

Brebenchon *Man.* 2670 *Brabançon.*

Breton *Man.* 2679 *Breton.*

Bruges *Man.* 3353.

Buillon *Man. W.* xxxiv *f.*

Calais *IFatr.* 22 *IIFatr.* 3, 8.

Cambray *Man. W.* lix *f. Cambrai.*

Chaalons *IIFatr.* 11, 9 *Châlons-sur-Marne.*

Champenois *Man.* 2681 *Champenois.*

Chastelet *IFatr.* 34 *le Châtelet à Paris, siège d'un tribunal.*

Clermont *Man.* 3184. *JBl.* 4560. 4578. 5213. 5552. 5557. 5754 *dont li chastiaus siet en un mont* 5584. *IIFatr.* 7, 9 *Clermont-de-l'Oise* — *Clermont en Auvergne Man. W.* lix *f. Clermont-Ferrand.*

Cligny *Man. W.* lix *f. l'abbaye de Cluny, arr. de Mâcon.*

Clocestre *JBl.* 2203. 2231. 2298. 2301 etc. *Gloucester.*

Colinet *Man.* 2173 *dim. de Nicolas.*

Conon *ou* Cononus *Man. W.* xxxiii *c.* xxxiv *f.* xxxviii *m.* xxxix *m. nom donné par Wauquelin à l'époux de la Manekine.*

Corbie *JBl.* 4557. 5215.

Corbuel *JBl.* 6093 *château du roi à Corbeil (Seine-et-Oise).*

Cornouaille *Man.* 1945. 2087 Cornuaille *W.* xxxiii *f.*

NOMS PROPRES 407

Cornouaillois *Man.* 8341 *habitant de la Cornouaille.*
Creel *Man.* 3178. 3187. 3995. 4043 *W.* xxxvii c. Creeil *Man.* 3193. 3335 *Creil.*
Croÿ *Man. W.* lxv *f. village près de Picquigny qui a donné son nom* (Crouy) *à une maison noble.*

Dam (le) *Man.* 2618 Dan 3354. 4062 *Damme. Pour aller de France en Ecosse on traverse la mer de Damme à Berwick, et vice versa ; une seule fois, Man.* 3173, *on descend à Gravelines.*
Dammartin *JBl.* 4995. 5029. 5118. 5136 Dantmartin 65. 1462. 1681. 2061. 2141. 2143. 2149. 3924. 5260. 5333 *Cout.* 51, 13. en Gouele *JBl.* 6145 *Dammartin-en-Goële (Seine-et-Marne).*
David *Man.* 1108. (1127).
Denis (saint). par saint Denis! *Cd'a.* 22, 8.
Dondeu *Man.* 1381. 2183. 2939. 2947. 3893. *W.* xxiv *m.* xxxix *f.* Dondieu *Man.* 1241. 3480. 3911. 8507. *W.* xxi *f.* xxiii *c.* lxv *m. Dundee sur le Frith of Tay.*
Douvre (le) *JBl.* 112. 2446. 3469. 3482 (a Douvre 2053. 3628. 5269) *Douvres.*

Elayne *Man.* 395 Helaine *W.* x *m. Hélène.*
Elysabel *Man.* 5693 *Elisabeth.*
Englès *JBl.* 121. 2757 englois 2636 *Anglais, anglais.*
Engletere *Man.* 1170 *W.* (xxxc) *JBl.* 79. 1997 Engleterre *Man.* 1997 *W.* lxv *f. JBl.* 5721 *Angleterre.*
Ermenie *Man.* 53. 7232. 8023. 8056. 8065. 8135. *W.* lx *f.* lxiii *mf.* Hermenie *Man.* 8182. 8284. 8365 *W.* lxiii *r.* lxiv *m. Arménie.*
Ermin *Man.* 8137 Hermin 8143. 8375. *W.* lxiii *m.* lxiv *m. Arménien.*
l'Escluse *Man. W.* xxxiv *cm.* xliii *c. l'Ecluse.*
Escoce *Man.* 1171. 1945. 2086 *etc.* Escoche 2633. 2691. 2927 *etc. W.* xxi *rubr.* xxix *f. Ecosse.*
Escotois *Man.* 2666 *Ecossais.*
Espaigne *Man.* 1273 *est à corriger en espave. Comp.* il ne se pooit aidier de le meson, ne que uns estranges qui y venist d'espave *Cout.* 56, 4*T.*
Esparnay *Man.* 2908 Espernay 2923. *W.* xxxiv *m. Epernay. Est-il permis d'écrire* Espinay *(Epinay près Luzarches, Seine-et-Oise)? Le tournoi est entre Creil et Senlis* 3178.
Estievene *Man. W.* ii. *f.*

Etienne, *premier roi de Hongrie* († 1038).
Eve *Man.* 1100. 1107 *Eve.*
Evoluic *Man.* (2400. 2414. 2417. 3029. 3362) Evolint *W.* xxxii *c.* Eluïnt xxv *f. York, en anglo-saxon Eoforwîc.*

Far (le) *Man.* 4765. 4767. 4774 4786. 4995. 5791. 6222. 6828. 7609. *W.* xlvi *f.* xlvii *c.* lviii *f.* Fare *Lf. le Far de Rome, nom du Fiumicino, branche du Tibre qui débouche à Ostie.*
Fini *voy.* Remi.
Flamenc *Man.* 2666. 2671. 3196 *pl. r.* Flamans 3170 *Flamand.*
Flandres *Man.* 2623. 2632. 2713. 2872. 4035. 4042. 4047. 4058 *W.* xxxiv *c.*
France *Man.* 2469. 2491. *JBl.* 49. 132 *Sal.* 661 *etc. W.* xxxiii *c.* xxxiv *m.* Franche xxxiv *f.* xxxvi *c.*
Franchois *Man.* 2679. *JBl.* 236. 2296. *IIFatr.* 11, 6 *Man. W.* v *f. Français.*
franchois *JBl.* 129. 131. 395 1644. 2297. *Man. W.* xxxiii. *c. français.*
Frise *Man.* 5535 *Phrygie.*
Frison (le) *Man. W.* xxxiv *m. surnom du comte Robert I*er *de Flandre.*

galesce *galloise.* de l'uevre galesce *JBl.* 4000.

Gant *Man.* 2625. 2631. 2643 Gand *W.* xxxiv *cm.*
Gautier *JBl.* 2641 *IFatr.* 11.
Ghodeffroy *Man. W.* xxxiv *f. Godefroi de Bouillon, duc de la Basse-Lorraine* — *Man. W.* xxxiv *f. comte de Louvain.*
Gisle *Man. W.* ii *c. fille de l'empereur Henri, épouse du roi Salomon* [1].
Gisors *IIFatr.* 4, 2 *Gisors (Eure).*
Gornay *Man.* 2677. 2683. Gournay 2907. Gornais *IIFatr.* 11, 1. *Gournay-sur-Aronde (Oise).*
Gravelighes *Man.* 3173 Gravelines *W.* xxxvii *c.*
Guenelon *Sal.* 244 *traître dans la chanson de Roland.*
Gui *JBl.* 5038. 5057.
Guillaume *JBl.* 5039. 5057 Guillame 5549.

Hautmont *IIFatr.* 7, 6 *Hautmont, arr. d'Avesnes (Nord).*
Hedin *JBl.* 4550 (c'est uns biaus castiaus en Artois). Heding 5217. 5544 *Hesdin, arr. de Montreuil (Pas-de-Calais).*
Henau *IIFatr.* 11, 11 Haynnault *Man. W.* xxxiv *f. le Hainaut.*

1. Wauquelin confond Gisle, sœur de Henri II et épouse d'Etienne, avec Sophie ou Judith, fille de Henri III et épouse de Salomon.

Henri *Man. W.* II c. *empereur d'Allemagne.*

Hermesent *FLarg.* 162 Ermesent 228. 315 *nom de femme d'origine allemande* (Erminsuuinth).

Hersent *FLarg.* 139 *nom de femme d'origine allemande* (Herisuuinth).

Hiaumont *IIFatr.* (30) *fils d'Agoulant.*

Holofernes *Man. W.* XIV *m.*

Hongre *Man. W.* II *f.* Hongrois III *c.* V *f.* (Hongre), *Hongrois.*

Hongrie *Man.* 51. 134. 213 etc. *W.* II *rubr.* III *c.* Hongriie IV *f.* Hongherie II *c.* V *m.* XIII *f.* Hongerie LX *cm.*

Hue *Man. W.* XXXIV *f. frère du roi Philippe I*er, *Hugues de Vermandois.*

Huissant *JBl.* 2058 *Wissant.*

Hurepois *Man.* 2680 *habitant d'une partie de l'ancienne Neustrie.*

Ille (l') *Man.* 2657 *W.* XXXIV *m. Lille.*

Inde major *Man.* 899 Ynde la Grignor 5513 Inde 7963 *partie orientale des Indes où est le tombeau de saint Thomas.*

Irlande *Man.* 2087. 5896. 8339. *W.* XXXIII *f.* LII *c.* Illande *Man.* 5839 Yrlande 1945.

Jehan *Man.* 3007. 5387. 6938.

8141. 8383 *W.* XXXV *c. m.* XLIV *m. Jean, fils de la Manekine* — *JBl.* 67 70. 1113 *etc. Jean de Dammartin, héros du roman* — Jehan Waquelin *Man. W.* LXV *f.* — Jehan de Croÿ *Man. W.* LXV *f. seigneur pour lequel Wauquelin écrivit son roman de la Manekine.*

Jehanet *Man.* 2173. 5988. 6076 *dim. de Jehan.*

Jherusalem *Man. W.* XXXIV *f.*

Jhesu *Man.* 422. 7224. 7589. 7732 *Jésus.*

Jhesucrist *Man.* 7910 *W.* V *m.* XXXII *m.* Jesucrist *Man.* 6160 *Jésus-Christ.*

Johannès *Man. W.* LIII *c.* LIV *c.* LXIV *f,* Johannez LIX *c.* LXV *c.* Jehannez LIII *rubr.* = Jehan, *fils de la Manekine.*

Joïe *Man.* 69. 297. *etc.* Joïie *Man. W.* III *c.* V *c. etc. héroïne du roman, surnommée la Manekine. (Le nom est expliqué Man.* 1780.)

Jop *Man. W.* XXXVII *f. Job.*

Jordain *Man.* 2062 *le Jourdain.*

Judich *Man. W.* XIV *m. Judith.*

Juïf *Ave* 5, 7 *Juif.*

Lancelot *chevalier de la Table Ronde. l'enfance Lancelot IFatr.* 43 *est racontée dans la première partie du célèbre roman de Lancelot attribué à Gautier Map.*

latin *Man.* 2994. 3212.

Lens *Man.* 3351. *Lens, arr. de Béthune (Pas-de-Calais).*
Liart *JBl.* 4580 *(gris), nom d'un cheval.*
Lille *voy.* l'Ille.
Loëïs *JBl.* 4771. 4922 Loëÿs 5310. 6073 *Louis roi de France.*
Londres *JBl.* 115. 120. 161. 163. 2463. 2479.
Loraine *Man. W.* xxxiv *f. Lorraine.*
Louvaing *Man. W.* xxxiv *f. Louvain.*
Luisarces *JBl.* 5072. 5081 *Luzarches, arr. de Pontoise (Seine-et-Oise).*

Manekine *Man.* 1494. 1816 etc. Manequine 1382. 2030 etc. *W.* xxiii *f.* xxxi *m.* Maniquine *Man.* 5303 Menekine 1340. Mainequine *W.* xxvii *c.* xxviii *c.* xxx *m.* xxxii *m.* xxxix *f.* xlvii *c.* xlix *f.* Manecine *Man.* p. *1 var. la Manekine, l'héroïne du roman. (Le nom est expliqué* 1340. 7249 *W.* xxiii *f.)*
Manessier *JBl.* 5976 *frère de Jehan de Dammartin.*
Marguechon *Man.* 2171 *dim. de* Marguerite.
Marie *Man.* 5613. 7536. 7545. 7505 *JBl.* 4296.
Marion *IFatr.* 13 Marot *Man.* 2171. *dim. de* Marie.
Martin *JBl.* 3253?.

Martin (saint) *JBl.* 5334 *saint Martin, évêque de Tours.*
Mehaut *FLarg.* 139 *nom de femme (de* Mathildis).
Merc *JBl.* 3996 *prob. Merck-Saint-Liévin (Pas-de-Calais).*
Mondidier *JBl.* 2642 *IIFatr.* 6, 3 *Montdidier (Somme).*
Monmeliant *JBl.* 4989 *Nôtre Dame de Montmeliant, NE. de Dammartin-en-Goële (Seine-et-Marne).*
Monpellier *IIFatr.* 6, 11 *Montpellier.*
Mons *IIFatr.* 11, 10.
Mont saint Eloi *IIFatr.* 3, 11 *Mont-Saint-Eloy, arr. d'Arras.*
Morel *JBl.* 4131. 4182 *(noir), nom d'un cheval.*
Mouree (la) *JBl.* 41 *la Morée.*
Mousteruel *JBl.* 5543 *Montreuil-sur-Mer (Pas-de-Calais).*

Normant *Man.* 2671 *Normand.*
Normendie *IIFatr.* 5, 6 *Normandie.*

Oise *IIFatr.* 7, 2.
Omer (saint) *Cd'a.* 11, 7 *Audomarus, fondateur de l'abbaye de Saint-Bertin, près de laquelle se forma la ville de Saint-Omer.*

Orelois *IIFatr.* 11, 11. *Peut-être à corriger en* Orlenois?
Orlenois *Orléanais.* vin d'Orlenois *JBl.* 4603.
Orliens *Man. W.* xxxiv *f. Orléans.*
Oscans *IFatr.* 71 *Ourscamps, ancienne abbaye, canton de Chiry (Oise).*
Osenefort *JBl.* (125). 177 (567). 2410. 2806. 5025. 5283, Ossenefort 2196 *Oxford.*
Ostie *Man. W.* lix *f.*
Oterriche *Man.* 5884 *Autriche.*

Pailli *JBl.* 4988. *Il faut écrire* Plailli *Plailly, arr. de Senlis (Oise).*
Paris *JBl.* 2118. 2179. 4693. 4921. 5070. *IIFatr.* 2, 11. 5, 9. 6, 5.
Pert *Man.* 2317 *ville située à sept lieues de Dondieu, Perth.*
Phelippe *Man.* 1. 8589 *JBl.* 6255. *Sal.* 1. 337. 423. 504. 523. 809. 857. 1022 *FLarg.* 46 *Man. W.* ii c. *Philippe de Remi, sire de Beaumanoir — Man. W.* xxxiii c. xxxiv m. lix m. *Philippe I*er*, roi de France.*
Piere (saint) *Man.* 7452 saint Pierre *W.* vii *f.* — Pierre second roi de Hongrie *Man. W.* ii *f.*
Poitevin *Man.* 2680 *Poitevin.*
Pont sainte Messence *IFatr.* 42 Pont *IIFatr.* 5, 3 *Pont-Sainte-Maxence (Oise).*
Pontoise *JBl.* 359. 2634. *Pontoise (Seine-et-Oise), regardé comme la vraie patrie du bon français; voy. la Chrestomathie de Bartsch,* 5ᵉ *éd.*, 235, 23.
Portugal *Man. W.* lxv *f.*
Pouhier *Man.* 2671 *habitant des environs de Poix (Somme).*

Raoul *Man. W.* xxxiv *f. duc de Bourgogne.*
Remi *Man.* (1) *JBl.* 6255. *Cout.* 26, 9 *défiguré en* Fini *Man. W.* ii c. *Remy, canton d'Estrées-Saint-Denis, arr. de Compiègne (Oise).*
Remi (saint) *IFatr.* 48 *le célèbre archevêque de Reims —* la saint Remi *IFatr.* 29. *le* 1er *octobre.*
Renart *JBl.* 4499 *nom du goupil dans les fables du moyen âge.*
Ressons *Man.* 2627. 2647. 2664. 2673. 2865. 2883. *IIFatr.* 11, 1. *Man. W.* xxxiii c. xxxiv m. *Ressons-sur-Matz, arr. de Compiègne (Oise).*
Richaut *FLarg.* 139 *nom de femme (de* Richildis*).*
Rin (le). vin du Rin *JBl.* 3852.
Robechon *Man.* 2172 dim. de Robert.
Robert *JBl.* 5972 *frère de*

Jehan de Dammartin — *IFatr.* 28 — *Man. W.* xxxiv *m. Robert I*ᵉʳ *le Frison comte de Flandre* — *Man. W.* xxxiv *f. Robert comte d'Artois.*

Robin *JBl.* 1155. 1158. 1266. Robinet 102. 1261. 3710 (dim. de Robert) *valet de Jehan de Dammartin.*

Roie *Man.* 2663 *Roye, arr. de Montdidier (Somme).*

romans *Man.* 2994. 3212 rommans 3208 ronmant *W.* xxiii *f. la langue romane ou française.*

Rommain *Man.* 6609. 7677 Romain 6948. 6973. 7390. 7493. 8270. Roumain *W.* lvii *m. Romain.*

Romme *Man.* 4764-9 etc. 5303. *IIFatr.* 5, 9 *Man. W.* xlvi *f.* xlvii *c.* Rome *Man.* 6753 Roume 6901 *Rome.*

Rommenie *Man.* 4886 *les environs de Rome.*

Saine *JBl.* 5054 *IIFatr.* 1, 5 *la Seine.*

Saint Denis *JBl.* 5071 *IIFatr.* 6, 2.

Saint Lis *Man.* 3178 *IIFatr.* 6, 8 Senlis *Man. W.* xxxvii *c. Senlis (Oise).*

Saint Omer *Man.* 3176 *IFatr.* 1, 6. 3, 8 *Man. W.* xxxvii *c.*

Saint Piere *Man.* 6904. 6907. 6919. 7451. 7659 moustier saint Pierre *Man. W.* lix *c.* l'église de saint Pierre à Rome — fontaine saint Pierre *Man. W.* lxi *c.*

Saint Pol *JBl.* 6113 *Saint-Pol-sur-Ternoise (Pas-de-Calais).*

Saint Richier *IIFatr.* 6, 6 *Saint-Riquier (Somme).*

Salomon *Man. W.* ii *c.* iii *c. roi de Hongrie.*

Sarrazin *Sarrasin;* cor Sarrazinour *JBl.* 5846 *(cornu Sarracenorum) cor sarrasin.*

Sens *JBl.* 2160.

Soissons *IIFatr.* 11, 2.

Surie *IIFatr.* 5, 9 *Syrie.*

Symon (saint) *IFatr.* 21 *Simon l'apôtre.*

Tamise *IIFatr.* 10, 10.

Tarse *Man.* 898 *Tarse, ville de Cilicie, patrie de l'apôtre Paul.*

Theofilus *Man.* 5739 Theophilus *Ave* 4, 5 voy. p. cxxviii de *l'Introd.*

Thiois *Man.* 2672 *Allemand du nord.*

Tristan *JBl.* 423 *héros du célèbre roman de Tristan et Iseut* — 5974 *frère de Jehan de Dammartin.*

Troïien *Man.* 396 *W.* x *m. Troyen.*

Urbain *Man.* 6875. 6947. 7587 *W.* l *f.* lvii *f. pape.*

Verberie *IIFatr.* 5, 3 *Verberie, arr. de Senlis (Oise).*
Vermandisien *Man.* 2670. *habitant du*
Vermendois *Man.* 2662. 3182. 4037 *W.* xxxiv *m.* xxxvii *c. le Vermandois, ancien comté.*

Waquelin (Jehan) *Man. W.* lxv *f. nom de l'auteur de la prose écrit ordinairement Wauquelin.*
Warnaviler *IIFatr.* 1, 9 *Warnavillers, simple ferme située un peu au nord de Rouvillers; voy. Bordier p. 311 note, Joanne Dictionnaire géogr., art. Rouvillers, et surtout le cartulaire d'Ourscamp p. p. Peigné-Delacourt p. 591.*

Xpestiien, Xpestienne *Man. W.* ii *f.* xxxiii *c.* lvii *m.* xlvii *mf. graphie bizarre, mais constante, pour* Chrestiien Chrestienne *chrétien, ne.*

Ynde *voy.* Inde.
Yrlande *voy.* Irlande.
Yse *Man.* 692 *fleuve de Hongrie, dont le nom nous rappelle l'Isis, nom du cours supérieur de la Tamise.*
Yolin *IFatr.* 74 dim. d'Yon (Eudonem).

LE FRANÇAIS
DU COMTE DE GLOUCESTER

JBl. 2639-40. 2643-6. 2649-51. 2658-61. 2685-6. 2697-2702. 2778-9. 2816-20. 2831-40. 2845-6. 3103-68. 3358-78. 4497-8 ; — *ce sont les gens du comte qui parlent*: 2703-5. 4489-96 *(140 vers).*

Ce qu'il y a de plus marquant dans ce langage, ce sont :

1, les éléments anglais : de, nai.

2, les éléments provençaux : plouvina, *la 2. pl. en* a (conta disa savas vola, seras trouvera verras).

3, les confusions de mots : besoing *et* besoigne, bretesce *et* boresce, cors *et* col, cui *et* ki, fui *et* fu, pecheor *et* pescheor, porcel *et* pucele, reveler *et* relever.

4, la confusion du masculin et du féminin : la seces, mon son.

5, l'emploi de l'imp. au lieu du pf. : disa ria *etc.*, *et du pf. au lieu de l'imp.* : fu *3110.*

6, l'emploi du pronom sj. avec l'impér.: ale vous, laisse vous *etc.*

7, a *au lieu d*'ai : a *habeo*, a *terminaison du fut. sg. 1 et du pf. sg. 1.*

8, a *au lieu d*'oi : va *vado (de* vois, *ou confusion de la 1*re *personne avec la 3*e*?), terminaison de l'imp. et du cond. sg. 1* (ava disa ara) *et sg. 3* (ava disa faisa fera).

9, e *au lieu d*'ie : chere entere sacés.

10, ie *au lieu d*'e : tiene viene *(comparez encore* puisse voelle *au lieu de* poëz volez).

11, o *au lieu d*'oe : vol.

12, ou *au lieu d*'u : fou fout mosel mouser.

13, e *se perd à la fin des mots :* besoing vos merveil, e *s'ajoute à la fin :* chere complie entere fute lasse oiselete.

14, e *est muet dans* pecheurs *(de* pecheeur $+$ s).

15, a, es, en, *comme syllabes initiales se perdent.* a : cater complie corder pelé pris prochier trapés venu ; es : conser garder pervier pouser suier ; en : bati ganer tendu.

16, le son mouillé se perd : compainons, melor merveil mervelles vol voelle voeles.

17, z *ne se prononce pas dans* ale, viene *etc. (pour* alez, venez).

*18, tous les verbes inclinent à suivre la 1*re *conjugaison faible :* voelle voeles — *p. pf.* dolé vené.

19, on connaît comme anglo-normandes les formes busoing deble mi.

On peut ajouter ici Englès *JBl.* 121. 2757 *(employé à côté d'*englois 2636*).*

a 3358, *ind. pr. sg. 1* = ai 3119.
ale vous 2845, *impér. pl. 2* = alez!
ara 3130, *cond. sg. 1* = aroie.
as 4496, *impér. pl. 2* = aiiez!
ava 3109, 3125 *ind. imp. sg. 1* = avoie — 3157, *ind. imp. sg. 3* = avoit.
avas 2697. 2702 *ind. pr. pl. 2* = avez.
avra, *fut. sg. 1* = avrai.

bati 3127, *pf. sg. 1* = embati.
bel 2837. 3158. 3164. 3359, *sg. f.* = bele.
bele 3116, *sg. m.* = bel.
besoing 2819 busoing 3123 = besoigne.
bieu (3122) biu 2658 = Dieu, Diu *dans le juron :* par la goiffe biu (bieu). *voy.* Joinville § 242, *et* Tolle, *Das Betheuern und Beschwören. Erlangen 1883 p. 10.*
bon 3147. 3155, *sg. f.* = bone.
bone 2660, *sg. m.* = bon.
bouser *voy.* pouser.
brechesse 3158, *plutôt* brethesse, bretesche 2835. *Le comte confond* bretesce *avec* bouresce.
bricon 2702 *fou, idiot.*

cater 2649 chater 3114 *inf.* = acater achater *acheter*.
cevauca 3126, *ind. pf. sg. 1* = cevaucai (3124).
chere 2659 *sg. n.* = chier.
compainons 2697 *pl. voc.* = compaignons.
complie 3156 *sg. m.* = acompli.
conser 2700. 3112 = ẽsconser.
conta 2819. *ind. pr. pl 2* = contez.
cor 3373 *corps, par méprise au lieu de* col *cou.*
corder 3370 *inf.* = acorder.
cos 2686 = cose.
çou 2779. 3110. 3135 = ce 2643. 2659.
cui 2646 *sg. sj.* = qui.

de 2685 *l'article anglais* (the).
deble 2659. 4491. 4493. diable (*de deux syllabes*) 2643 = diable (*de trois syllabes*).
disa 4497. *ind. pr. pl. 2* = dites — disa vous 2779, *impér. pl. 2* = dites! — disa 3161 *ind. imp. sg. 1* = disoie — disa 3106. 3110. 3113. 3118. 3141. 3154. 3155 *imp. sg. 3* = disoit.
dolé 3134 *p. pf. de* doler (*forme anglo-normande pour* douloir), *pour la forme* = dolu, *pour le sens* = dolent.

doul 2831 *sg. voc. m.* = douz.

entere 2660 *sg. m.* = entier.

faisa 3368 *ind. imp. sg. 3* = faisoit.
fera 3362. 3364. 3367, *fut. sg. 1* = ferai — 3111. 3143, *cond. sg. 3* = feroit.
fete 2836 = feste.
Franchis 2685. 3365 Francis 2698. 2704. 3105. 3149. 4492 = François.
Francor 3140 *forme archaïque du gén. pl.* = *lat.* Francorum.
fu 2640. 2643. 2646. 2817. 3156. 3166 fou 2645. fout 2651 = est — fu 3110, *pf. sg. 3 dans le sens de l'imp.*
fui 3108. 3139. *ind. pf. 1* — 3160 *employé par méprise au lieu de la 3.*
fustes 2639 *impér. pl. 2* = soiiez!
fute 2686 *ind. pf. sg. 3* = fut.

ganer *pf. pl. 1* ganames 3146, *p. pf.* gané 3121 = enganer, *ici dans le sens de railler* (gaber).
garder 2699. 2836 *inf.* = esgarder.
gent 2645 *a le sens d'homme ou serviteur.*
goiffe (2658. 3122) = coiffe ; *la coiffe Dieu c'est la couronne d'épines.*
griolé 3133 *bariolé* (*voy. Littré*).

haubergier 2818 *inf.* = herbergier.
homme 2838 *sg. sj.* = on.
huit 2818 *adv.* = hui 3105.

ira 3159 *cond. sg. 3* = iroit.

la 3365 *au lieu de* le.
laisse vous 2836 lesse vous 4494, *impér. pl. 2* = laissiez!
laisse vous pes 2836 *laissez-moi en paix, en repos.*
lasse 3358 *sg. m. voc.* = las!

mauvaise 3365 *sg. m.* = mauvais.
melor 2698. *sg. m.* = meillor.
merveil 3141 mervelle 3106 = merveille.
metra 3375, *fut. sg. 1* = metrai.
mi 3142, *en anglo-normand* mis, *sg. sj. m.* = mes *mon.*
mon 2701. 3109. 3134. 3359. 3370 *sg. f.* = ma.
mosel 2838 = musel *museau.*
mouser 2846 = muser.

nai 2658. 3120. 4497 (*mot anglais*) non.

oïs 2697 *p. pf.* = oï.
oiselete 2835 = oiselet.

pecheurs 3131, *sg. sj.* = peschiere *(confusion de* pecheor *et* pescheor).
pelé 2640 *p. pf.* = apelé.
pervier 3158 = espervier.
pes 3364 *pl. r. de* pel *pal* – 2661. 2836 *paix.*
plouvina 3107 *pf. sg. 3 de* plouviner *pleuvoir menu, mot emprunté au provençal. Voir le Trésor de Mistral, art.* plouvina.
porcel 2837 pourcel 3164. 3359. 4494. 4495 = pucele *(confusion de* porcel *pourceau avec* pucele).
pouri 2833. 3162 *pourri, mauvais, vain.*
pouser 3164. 4494 bouser 2839 *(à corriger?) inf.* = espouser.
prende 2651 *inf.* = prendre 3118.
pris 3150 *p. pf.* = apris.
prochier 3125 *inf.* = aprochier.
puisse 2817, *ind. pr. pl. 2* = poëz — 2834, *ind. pr. sg. 3* = puet.

quo 2659 = quoi.

respondu 3120 *au lieu de* responsé.
ria 3149 *impf. sg. 3* = rioit *(dans le sens du pf.)*

rivela 3131 *forme défigurée* = releva.
rivier 3127. 3132 = riviere.

sacés 3160 *impér. pl. 2* = saiciés 2704.
sara 3167 *fut. sg. 1* = sarai *(dans le sens du pr.).*
savas 3168, *ind. pr. pl. 2* = savez.
seces 3137 *pl. r. m. de* sec = ses.
selé 3116 *semble avoir le sens de* sele.
sera 3374 *fut. sg. 1* = serai — 2659. 3145, *cond. sg. 3* = seroit *(dans le sens de l'imp.)* 3123. 3129. 3135. 3142. 3159.
seras 2832 *fut. pl. 2* = serez *(dans le sens du pr.).*
seul 2646 = seur, *ou* seur le.
son 3119. 3377 *sg. f.* = sa.
sor 3114 *saur, blond.*
sote 2660. 2705 *sg. m.* = sot 2643,
soti 3377 = sotie 3155.
suier 3138 *inf.* = essuiier.

tendu 2702 *p. pf.* = entendu.
tiene vous 2661 *impér. pl. 2* = tenez.
tot 2644 = tost 2845.
toute 2698. 3156 *sg. m.* = tout.
toutes 3362 *pl. m.* = touz.
trapés 3363 *p. pf. pl.* = atrapez.

trouvera 4495 *fut. pl. 2* = trouverez.

un 2705. 3127. 3155. 3158 *sg. f.* = une.
une 3131 *sg. m.* = un.

va 3148 *ind. pr. sg. 1* = vois vois.
vena 3105. 3151 *ind. imp. sg. 3* = venoit.
vené 2639 *p. pf.* = venu.
venu 3135 *p. pf.* = avenu.

verras 3164, *fut. pl. 2* = verrez.
viene vous 2818. 2836. 3163 *impér. pl. 2* = venez!
voeles 2840 *ind. pr. sg. 2* = veus.
vol 2650 voelle 2661 *ind. pr. sg. 1* = vuel.
vola 3153 *imp. sg. 1* = voloie (*pf.* vols 3114) — 2700. 3165, *imp. sg. 3* = voloit.
vole 2644 vola 2779. 2816 voelle 2649, *ind. pr. pl. 2* = volez.
volra 3118. 3143 *cond. sg. 3* = voudroit.

ERRATA ET CORRECTIONS

Tome I.

Ecrire en un mot maltalent *JBl.* 4967 *etc.* (*voy. Man.* 8149), malbailli *JBl.* 1740. 1845, *et en deux mots* mau gre *Man.* 6638 mal gre *JBl.* 3982.

Un point a été omis Man. 214. 1726. 4124 *JBl.* 1892.

p. xxxvi, *ligne* 12, *lisez* court.
p. xlviii, *ligne* 21 acre] *lisez* Sacre.
p. l, *ligne* 16, *lisez* parti.
p. li, *ligne* 3, p. 133] *lisez* p. 313.
p. lxxxvi, *ligne* 12, *lisez* laissez.
p. lxxxix, *ligne* 4 *d'en bas* : s'est] *lisez* serait.
p. xcviii, *ligne* 5, *lisez* la douleur.

Man. v. 314 *lisez* A conseil se sont arengié (*Man.* 8050 *Sal.* 356).
    412 *lisez* Car ses peres de l'estincele (ms.).
    414 *lisez* Se laisse en son cemin embatre.
    2326 *lisez* Cascun.
    2610 *lisez* Maint'.
    2657 Lille] *lisez* l'Ille.
    2731 de (ms.).] *lisez* des.
    2773 *mettez une virgule après* tencent.
    2901 *supprimez la virgule.*
    4361 *la leçon est bonne, l'hiatus étant motivé par la virgule, comp. le* Rou de Wace II. 6383.
    5139 le (ms.)] *lisez* se.
    5445 *peut-être* s'entremirent (6822. 7902).
    5499 *mettez une apostrophe après* nul.
    6150 les] *lisez* leur (6608).
    6469 l'a] *lisez* la (7254).
    6773 *mettez une virgule à la fin du vers.*
    7342 ainc (ms.)] *lisez* ains.
    7560 *lisez* l'i ont.

p. 276 *ligne* 10, *lisez* a grevez.
  277, 1 *lisez* il a fait.
  279, 9 telle *(ms.)*] *lisez* celle,
  299, 7 *d'en bas* quis] *lisez* puis *(ms.)*.
  303, 19 *lisez* [f. 92rˢ].
  307, 4 *d'en bas, ajoutez* se *(ms.) après* Mais.
  308, 16. 327, 4 *d'en bas lisez* s'i lui plaist.
  310, 23 *lisez* ma damme.
  321, 4 *mettez* ¹ *après* unes.
    6 *d'en bas lisez* cest' et comp. 335, 2.
  359, 2 *d'en bas lisez* poisson *(ms.)*.
  360, 24 fixer] *lisez* finer *(ms.)*.

Tome II.

JBl. v. 888 Pour] *lisez* Par *(ms.)*.
  1116 *supprimez la variante*.
  1386 *transporter à la fin du v.* 1386 *le point et virgule qui est à la fin du v.* 1387.
  1770-1 *supprimer la virgule après* deporter, *et le point après* fille, *et mettre une virgule après* contesse.
  1780 l'estuet *(ms.)*] *lisez* s'estuet.
  1844 truisse] *lisez* truise *(ms.)*.
  2348 *var. lisez* 2347.
  2358 *lisez* Cheles *(ms.* Certes), ma fille, mes a trois.
  2896 *mettez un point après* muse *et une virgule après* pleure, *v.* 2898.
  3129 *mettez un point et virgule après* cheval.
  3622 *lisez* Petit et mains d'amour loial.
  4049 pri] *lisez* pris *(ms.)*.
  4109 Quanque] *lisez* Quanques.
  4148 trenchiet *(ms.)*] *lisez* brochiet.
  4454 *mettez une virgule après* garis.
  4456 sont *(ms.)*] *lisez* fu.
  5548 l i.
  5940 Dont se leverent *(ms.)*] *lisez* Adont se leva.
  6201 *mettez une virgule après* arde.
FLarg. 137 *lisez* sanniere *(ms.)*.
Lai 56 *mettez un point et virgule après* chierisse.
  113 *mettez une virgule après* batus.
p. 342 *var. ligne* 7 *mettez un point et virgule après le premier* manque.
p. 363 *ajoutez* : aproier *Man.* 2134 voy. asproier.

TABLE

Tome I.

		Pages
Introduction		
I	Vie de Beaumanoir	II
II	Le manuscrit des œuvres poétiques	XIV
III	Date de la composition. Éditions antérieures	XX
IV	La Manekine	XXIII
V	La Manekine transformée en chanson de geste	LXXXI
VI	La Manekine dramatisée	LXXXIV
VII	La Manekine mise en prose	XC
VIII	Jehan et Blonde	XCVI
IX	Jehan et Blonde transformé en livre populaire	CXII
X	Petites poésies	CXVIII
XI	Langue des poésies de Beaumanoir	CXXVII
XII	Versification	CXLVII
XIII	Traitement du texte par l'éditeur	CLV
	Quelques remarques complémentaires	CLIX
La Manekine		1
Le Roman en prose de la Manekine par Jean Wauquelin.		265

Tome II.

	Pages
Jehan et Blonde	1
Salu d'amours	195
Conte d'amours	231
Conte de fole larguece	255
Première Fatrasie	271
Lai d'amours	285
Ave Maria	297

Seconde Fatrasie.................. 303
Salut à refrains.... 311

APPENDICE. — Les trois Versions de la nouvelle des *Gesta Romanorum*..
    A Version *Pollentius*............................... 319
    Traduction anglaise de la Version *Pollentius*........ 330
    B Version *Herodes*................................ 337
    Traduction allemande de la Version *Herodes*........ 344
    C Version *Imperator*...... 351

Abréviations 357

Vocabulaire.. 359

Noms propres.. 405

Le français du comte de Gloucester 415

Errata et corrections...................................... 421

Publications de la Société des anciens textes français.
(En vente à la librairie Firmin Didot et Cie, *56, rue Jacob, à Paris.)*

Bulletin de la Société des anciens textes français (années 1875, 1876, 1877, 1878, 1879, 1880, 1881, 1882, 1883, 1884)..... (Ne se vend pas).

Chansons françaises du xve *siècle*, publiées d'après le manuscrit de la Bibliothèque nationale de Paris, par Gaston Paris, et accompagnées de la musique transcrite en notation moderne par Auguste Gevaert (1875). *Epuisé.*
Il reste quelques exemplaires sur papier Whatman, au prix de.... 37 fr.

Les plus anciens Monuments de la langue française (ixe, xe siècles), publiés par Gaston Paris. Album de neuf planches exécutées par la photogravure (1875)... 30 fr.

Brun de la Montaigne, roman d'aventure, publié pour la première fois d'après le manuscrit unique de Paris, par Paul Meyer (1875)............... 5 fr.

Miracles de Nostre Dame par personnages, publiés d'après le manuscrit de la Bibliothèque nationale de Paris, par Gaston Paris et Ulysse Robert. t. I à VII (1876, 1877, 1878, 1879, 1880, 1881, 1882), le vol...... 10 fr.

Guillaume de Palerne, publié d'après le manuscrit de la bibliothèque de l'Arsenal à Paris, par Henri Michelant 1876)................... 10 fr.

Deux Rédactions du roman des Sept Sages de Rome, publiées par Gaston Paris (1876)... 8 fr.

Aiol, chanson de geste publiée d'après le manuscrit unique de Paris, par Jacques Normand et Gaston Raynaud (1877)..................... 12 fr.
(Ouvrage couronné par l'Académie des inscriptions et belles-lettres.)

Le Débat des Hérauts de France et d'Angleterre, suivi de *The Debate between the Heralds of England and France*, by John Coke, édition commencée par L. Pannier et achevée par Paul Meyer (1877)............ 10 fr.

Œuvres complètes d'Eustache Deschamps, publiées d'après le manuscrit de la Bibliothèque nationale, par le marquis de Queux de Saint-Hilaire, t. I, II, III et IV (1878, 1880, 1882, 1884), le vol..................... 12 fr.

Le Saint Voyage de Jherusalem du seigneur d'Anglure, publié par François Bonnardot et Auguste Longnon (1878)............................. 10 fr.

Chronique du Mont-Saint-Michel (1343-1468), publiée avec notes et pièces diverses par Siméon Luce, t. I et II (1879, 1883), le vol........... 12 fr.

Élie de Saint-Gille, chanson de geste publiée avec introduction, glossaire et index, par Gaston Raynaud, accompagnée de la rédaction norvégienne traduite par Eugène Koelbing (1879)................................. 8 fr.

Daurel et Beton, chanson de geste provençale, publiée pour la première fois d'après le manuscrit unique appartenant à M. A. F. Didot, par Paul Meyer (1880)... 8 fr.

La Vie de saint Gilles par Guillaume de Berneville, poème du xiie siècle, publié d'après le manuscrit unique de Florence, par Gaston Paris et Alphonse Bos (1881).. 10 fr.

Raoul de Cambrai, chanson de geste, publiée par Paul Meyer et Auguste Longnon (1882)... 15 fr.

Le dit de la Panthère d'Amours, par Nicole DE MARGIVAL, poème du xiii⁰ siècle, publié par Henry A. TODD (1883)............................ 6 fr.
Les œuvres poétiques de Philippe de Remi, sire de Beaumanoir, publiées par H. SUCHIER, t. I-II (1884-85) .... 25 fr.
La Mort Aymeri de Narbonne, poème du xiii⁰ siècle, publié par J. COURAYE DU PARC (1884)... 10 fr.

Le Mistére du Viel Testament, publié avec introduction, notes et glossaire, par le baron James DE ROTHSCHILD, t. I, II, III et IV (1878, 1879, 1881, 1882) le vol. .... 10 fr.
(Ouvrage imprimé aux frais du baron James de Rothschild et offert aux membres de la Société.)

Tous ces ouvrages sont in-8°, excepté *Les plus anciens Monuments de la langue française*, album grand in-folio.

Il a été fait de chaque ouvrage un tirage sur papier Whatman. Le prix des exemplaires sur ce papier est double de celui des exemplaires en papier ordinaire.

Les membres de la Société ont droit à une remise de 25 p. 100 sur tous les prix indiqués ci-dessus.

La Société des Anciens Textes français a obtenu pour ses publications le prix Archon-Despérouse, à l'Académie française, en 1882, et le prix La Grange, à l'Académie des Inscriptions et Belles-Lettres, en 1883.

Le Puy. — Imprimerie de Marchessou fils, boulevard Saint-Laurent, 23.

www.ingramcontent.com/pod-product-compliance
Lightning Source LLC
Chambersburg PA
CBHW050915230426
43666CB00010B/2167